D1751899

Erich Schmid

Verhör und Tod in Winterthur
Eine Reportage

Limmat Verlag
Zürich

Im Internet
Informationen zu Autorinnen und Autoren
Materialien zu Büchern
Hinweise auf Veranstaltungen
Schreiben Sie uns Ihre Meinung zu diesem Buch
www.limmatverlag.ch

Umschlagbild von Aleks Weber
(«Befragung zur Person», Ausschnitt)
Umschlaggestaltung von Urs Berger-Pecora, Wil
Typografie von Sonja Schenk

Überarbeitete und ergänzte Neuauflage der 1986
erschienenen Erstausgabe
© 2002 by Limmat Verlag, Zürich
ISBN 3 85791 382 7

Inhalt

Sulzercity im Sommer 1985	6
Hunde- und andere Geschichten	40
Der Schreibtisch war spiegelblank	74
Erbarmen, was heisst Erbarmen!	108
Die Mutter im «Frosch»	137
Der anonyme Brief im Milchkasten	163
Analogien bei Majuskeln und Minuskeln	197
Abschied von Aleks Weber	204
Nachwort	209
Zeittafel	213
Namenregister	221

Sulzercity im Sommer 1985

Im Intercity nach Winterthur sausen rechts, dicht am Bahndamm, kleine braune Pünthüttchen im Schnellzugstempo vorbei. Es ist Sommer 1985. Ein Winterthurer im Abteil gegenüber erklärt einem Fahrgast, eine russische Zeitung habe kürzlich Fotoaufnahmen von solchen Schrebergärten abgedruckt und dazu kommentiert: Die Kehrseite des Kapitalismus – so sehen die Slums in der Schweiz aus.

In der Stadt, der wir uns nähern, herrscht noch immer kalter Krieg; zum ersten Mal hatte ich diesen Unsinn über die Winterthurer Pünten vor mehr als 20 Jahren gehört – ebenfalls auf einer Bahnfahrt nach Sulzercity.

Der Zufall wollte es, dass ich in der Nacht zuvor im selben Zug jener Persönlichkeit begegnete, die diesen kalten Krieg seit Jahren schürte: Alt-Bundesrat Rudolf Friedrich, Winterthurer Rechtsanwalt und Exponent des Wirtschaftsfreisinns. Er hat sich stets für die schweizerische Rüstungsindustrie eingesetzt und schiesst selber auf manches, was ihm politisch als links erscheint.

Die Legende über die jetzt vorüberziehenden braunen Hüttchen erinnert mich an Friedrich, wie er im April 1983 das gängige Schreckensbild der Sowjetunion dazu benutzt hatte, die Friedensbewegung in der Schweiz zu diskreditieren. Sie sei von Moskau gesteuert und gefährde «die innere Sicherheit der Schweiz». Diese und viele andere Behauptungen stellten sich nachträglich als völlig unhaltbar heraus. In Wirklichkeit nahmen die friedlichen Friedensdemonstrationen des Jahres 1981 für Friedrich offensichtlich bedrohlichere Ausmasse an als die zu jener Zeit nahe der Schweizer Grenze stationierten US-Atomraketen Pershings und Cruise Missiles.

Als ich letzte Nacht Alt-Bundesrat Friedrich zufällig im gleichen Abteil traf, ging ich zu ihm hin und fragte: «Sind Sie nicht zufällig Herr Friedrich?» – «Nein, nicht zufällig, sondern tatsächlich», lachte er.

«Es würde mich sehr interessieren, was Sie über die Winterthurer Ereignisse denken», fuhr ich fort.

«Welche Ereignisse?», fragte er.

Ich erklärte ihm, dass das Wohnzimmerfenster seiner Villa vor einem Jahr, im August 1984, Ziel eines so genannten Sprengstoffanschlags gewesen sei.

«Ach, diese Geschichte, die hab ich längst vergessen!» Wieder lachte er und wollte sich abwenden. Da sprach ich ihn auf ein Interview in einer Schülerzeitung vom Februar 1985 an. Darin hatte er – gut ein Jahr vor Abschluss der Untersuchung – erklärt, die im Zusammenhang mit den Winterthurer Anschlägen von 1984 verhafteten Jugendlichen seien lediglich «von ein oder zwei Rädelsführern angestiftet» worden. – Woher er diese Information habe?

Friedrich lehnte sich zurück und versprach, auch mir ein Interview zu geben, auf das ich dann verzichtete, nachdem ich ihn an den Anschlag auf sein Haus hatte erinnern müssen.

Mit Rädelsführer konnte Friedrich nur den verhafteten jungen Künstler Aleks Weber gemeint haben, der als lokaler Shootingstar aus politischen Gründen Probleme hatte. Gerade hatte ihm der Stadtrat den ersten Preis des Winterthurer Kunststipendiums verweigert – angesichts des Verdachts, am Anschlag auf Friedrichs Haus beteiligt gewesen zu sein.

Ein Blick aus dem Zugfenster auf die Autobahnunterführung beim Rossberg in Winterthur-Töss, auf der gigantischen Stützmauer, grauer Sichtbeton, das Nachtwerk von Sprayenden: «Freilassung aller Gefangenen der Winterthurer Razzia!»

Am 20. November 1984 hatten Stadt- und Kantonspolizei bei der grössten je durchgeführten Verhaftungsaktion auf einen Schlag 32 Jugendliche flächenartig festgenommen; sechs wurden zur Fahndung ausgeschrieben und zwei in die Ermittlungen einbezogen.

Etwas weiter vorn auf der Stützmauer hat jemand ein schwarzes Kreuz zum Andenken an Aleks' Freundin Gabi aufgespritzt.
Gabi, 23-jährig, hatte sich einen Monat nach ihrer Verhaftung im Winterthurer Bezirksgefängnis mit dem Kabel eines elektrischen Tauchsieders erhängt. Nach über *sieben* Stunden Verhör durch zwei Beamte der Bundespolizei hatte sie keinen andern Ausweg mehr gesehen. – War es «der einfachste Weg», wie der verantwortliche Bezirksanwalt nach ihrem Tod behauptete?

Dass von diesem langen Verhör lediglich *fünf* Seiten Protokoll existieren, bereitet den Verteidigern grösste Sorgen; bei Gabis letzter Einvernahme sei etwas nicht mit rechten Dingen zugegangen, ein Einvernahmeprotokoll von *fünf* Seiten entspreche in der Regel der Verhördauer von *einer* Stunde. – Was geschah in den übrigen sechs Stunden? Was war zwischen den beiden Bundespolizisten und der jungen Frau während der Marathoneinvernahme vorgefallen?

Von den Aufschriften beim Rossberg und dem Mahnkreuz für Gabi hat in diesem Städteschnellzug kaum jemand Notiz genommen; hier an der Peripherie fährt der Intercity noch zu rasch, und ausserdem unterbrechen schon bald meterhohe Ufergebüsche eines Wiesenbächleins die Sicht auf die Mauer. Dennoch sind die Sprays den städtischen Behörden ein Dorn im Auge. Für ein sauberes Winterthur hat die Bauverwaltung in den letzten Jahren Zehntausende von Franken ausgegeben.

Strasseninspektor W., zuständig für die Reinigung von «Schmierereien», wie er sagt, hat mich vor drei Stunden telefonisch in sein Büro eingeladen. Er möchte mir gerne die amtsinterne Dokumentation über die Sprayaktionen der letzten Jahre zeigen, damit ich mir «von den Sachbeschädigungen ein Bild machen könne». Ich bin unterwegs zu ihm – und anschliessend mit zwei Opfern der Razzia in einem Gartenrestaurant verabredet.

Zu Recht hat Winterthur den Ruf einer Gartenstadt. Kaum ein Wohnhaus ohne einen Streifen Grün davor. Die Winterthurer Arbeiterschaft sollte es ein bisschen besser haben als die Zürcher in ihren gedrängten Mietskasernen; die Rechnung der Oberschicht war aufgegangen.

Zur Linken flitzen kilometerlang die Sichtbacksteinfassaden und Milchglasfensterfronten der grossen Industriebetriebe Sulzer und Rieter vorüber. Hier fielen 1937 mit der knappen Verhinderung eines Streiks die letzten Würfel für das noch heute geltende Friedensabkommen zwischen Gewerkschaften und Unternehmern. Hier hat sich im Verlauf von Jahrzehnten eine nationale Hochburg firmentreuen Verhaltens gebildet. Lange Zeit erhielt die Arbeiterschaft dafür die Sicherheit des Arbeitsplatzes.

Erst seit einiger Zeit bröckelt die Sicherheit ab: Rationalisierungsmassnahmen und Einbrüche in der Auftragslage. In kurzer Zeit sind bei Sulzer in relativer Stille Tausende entlassen worden. Doch der Glaube an die Aktiengesellschaft, die – zu Unrecht – immer noch die Aura eines Familienunternehmens verbreitete, blieb ungebrochen. Man arbeitete nicht in der Maschinenfabrik oder bei der Firma Sulzer, sondern bei «Sulzers».

Das war der Nährboden eines ausgeprägten Kleinbürgertums, das in der verschlafenen Industriestadt Winterthur tiefe Wurzeln geschlagen hat. Hier wird sensibel reagiert, wenn jemand gegen die Moral verstösst – und die ist: so früh wie möglich in die Federn, damit man am Morgen fit zur Arbeit erscheint.

Bloss die oppositionelle Jugend hat den Glauben an die Winterthurer Industrie spätestens seit der 1980 erfolgten Lieferung von Atomanlagen (Schwerwasser) der Firma Sulzer an die faschistische Militärjunta Argentiniens verloren; von Argentinien wusste man damals, dass es an A-Waffen bastelte – heute weiss man, dass es solche hat. Aus Schülern und Lehrlingen, Schülerinnen und Lehrtöchtern entstanden mitunter «Die winzigen Feinde», wie sich eine Gruppe Winterthurer Jugendlicher nach dem Titel ihrer Untergrundzeitung bezeichnete. Für sie gab es in diesem Klima der Anpassung keinen Platz.

Schon vier Jahre vor der grossen Verhaftungsaktion waren die gleichen Personen an die Front marschiert, die später am Drücker der fatalen Winterthurer Ereignisse von 1984 waren: Eugen Thomann, Geschäftsleiter der Bezirksanwaltschaft, Untersuchungsrichter Peter Marti und Rudolf Friedrich, einflussreicher Nationalrat und politischer Scharfmacher von rechts. Zweieinhalb Wochen nach einer Demonstration gegen die Sulzer-Lieferungen liessen Thomann und Marti trotz friedlich verlaufener Kundgebung zwei junge Manifestanten auf dem Weg zur Arbeit verhaften. Der eine blieb zwei Wochen lang in Untersuchungshaft, bis sich herausstellte, dass er am 18. Oktober 1980 überhaupt nicht in Winterthur gewesen war. Dies bezeugte sein Arbeitskollege. Doch statt diesem zu glauben, liess Bezirksanwalt Marti auch ihn einsperren. Angeblich wegen falscher Zeugenaussage. Erst als eine ganze Reihe von weiteren Zeugen den Sachverhalt bestätigten, musste Marti die beiden Jugendlichen freilassen, den einen nach 32 Stunden und den vermeintlichen Demonstranten nach 14 Tagen Einzelhaft. Mit Entschädigungsfolgen für den Staat.

Der andere nach der Demo verhaftete Winterthurer war Aleks Weber. Er war neun Tage in Einzelhaft, weil er während der Kundgebung Sprayende vor Polizeispitzeln gewarnt hatte. Obschon er selber nicht gesprayt hatte, wurde er trotzdem wegen Hinderung einer Amtshandlung zu einer Gefängnisstrafe verurteilt. Dies löste schon damals, 1980, einiges Kopfschütteln aus.

Die Rede war von einem «kriminalisierenden Vorgehen der Justiz». Selbst das wenig behördenkritische bürgerliche «Weinländer Tagblatt» schrieb: «Es bleibt unklar, was die Behörde mit diesen unverhältnismässigen Massnahmen erreichen will. Sie sind bestens dafür geeignet, das ruhige Klima anzuheizen.» Der «Stadtanzeiger» doppelte nach, in Winterthur verhalte sich eine «völlig verunsicherte Behörde ungeschickt». Und die Jugendhausleitung entrüstete sich über «die auffällige Häufung» von Razzien und Personenkontrollen, die «leicht das Gefühl entstehen lassen, hier sei im Hintergrund etwas im Gange, was bei vielen Betroffenen Zweifel an unseren demokratischen Verhältnissen hervorruft». Das Jugendhaus Winterthur schloss Bezirksanwalt Eugen Thomann, der Mitglied der Trägerschaft war, aus dem Verein aus. Noch nie wurde bisher jemand aus dem Verein ausgeschlossen.

Kurz darauf – war es die Antwort? – gabs im Jugendhaus eine Razzia, die bisher grösste. Thomann liess erneut fünf Jugendliche verhaften, darunter wieder Aleks Weber, und ordnete das härtest mögliche Haftregime an.

Nun wuchs der lokale Winterthurer Protest zu einem gesamtschweizerischen an. Die Demokratischen Juristen forderten die sofortige Aufhebung der unrechtmässigen Untersuchungshaft; sie klagten die Totalisolation der Häftlinge an und die Kontaktsperre der Anwälte, sie warfen der Justiz vor, sie habe ungesetzlich Zeugen inhaftiert, und sprachen von Beugehaft. Worum es der Justiz damals eigentlich ging, war niemandem mehr klar. Nur der damalige Nationalrat und spätere Bundesrat Rudolf Friedrich behielt einen klaren Kopf. Er warf den Demokratischen Juristen im «Landboten» vor, sie brächten mit ihren «seltsamen» Protesten die «Strafverteidigung als Institution in Verruf». Friedrich forderte, dass sich die Aufsichtskommission der Rechtsanwälte damit befasse. Das war 1980/81 ein vorläufiger Abschluss der Vorgeschichte der Winterthurer Ereignisse, die mit der Lieferung der Schwerwasseranlagen begann und ohne weitere Folgen endete.

Inzwischen ist der Intercity angekommen. Vom Winterthurer Hauptbahnhof bis zur Wülflingerunterführung sind es nur wenige Schritte. Hier hat das Winterthurer Tiefbauamt «am häufigsten reinigen lassen müssen», wie mich Strasseninspektor W. vor zwei Stunden am Telefon vorinformiert hat. Es ist ein heisser Julinachmittag im Jahr 1985. Ich irre beinahe fröstelnd in dieser kolossalen Strassenunterführung herum und erkunde den Tatort. Da und dort spreche ich meine Eindrücke leise in mein Diktafon. «Tod den Schweinen». Dieser Spray entstand wohl nach Gabis Tod.

Ich notiere auch ältere, teils schon verblichene, teils halb gereinigte Sprays. «Ich sehe überall Elche», seltsam und bedeutungsvoll zugleich, hingeschrieben mit einem dicken wasserfesten Filzstift; er hat die Putzequipen überlebt, dazu ein Elchgeweih, ein A in einem Kreis für Autonomie, ein Totenkopf, «Beton ist hohl» und «Friedrich heil». Statt eines i-Punkts auf dem «heil» ein Hakenkreuz für den Bundesrat, an dessen Haus im August 1984, also vor knapp einem Jahr, ein Sprengsatz detonierte. – Friedrich ein Nazi?, überlege ich. Nein, das geht zu weit, obschon ein paar der Vorfahren seiner Kreise damals gerne mitgemacht hätten. Aber vielleicht steht der anklagende i-Punkt im Zusammenhang mit Friedrichs Verlautbarung nach Gabis Tod. Es bestünde «keinerlei Anlass, daran zu zweifeln», meinte er, «dass die Untersuchungsbehörden die Strafverfahren korrekt und rechtgemäss zum Abschluss bringen». Ein Denkzettel aus der Spraydose, weil Gabi noch vor dem unrechtgemässen Abschluss im Gefängnis starb?

Ich blicke in die Richtung von Friedrichs Haus, es ist nur 100 Meter von hier entfernt. Da bemerke ich plötzlich im gleissenden Licht der Tunnelöffnung eine dunkle Gestalt, die zur Seite springt. Ich gehe neugierig hin, sehe aber keine Menschenseele. – War es eine Sinnestäuschung?

Der Rückweg zur Innenstadt führt mich über eine Fussgängergalerie. Sie ersetzt auf der Höhe der Eisenbahngeleise, hoch über den Fahrbahnen, die einstigen Fussgängerstreifen unten auf der Strasse. Die bequemen Zebrastreifen sind zwecks Verflüssigung des Strassenverkehrs verschwunden und haben Platz geschaffen für ein breites Blumenbeet mit widerstandsfähigen Sträuchern. Diese Grünanlage liegt nun dem sagenumwitterten Geschäftssitz der «Gebr. Volkart» zu Füssen und ziert den imposanten Rundbau wie Marzipan eine Torte.

Die öffentliche Hand hat das Grün ebenso diskret hingepflanzt, wie die Herren der Firma ihren weltweiten Baumwoll- und Kaffeehandel und ihr europaweit bekanntes Mäzenatentum betreiben. In Winterthur, der Stadt der privaten Museen, läuft in der Kultur praktisch nichts ohne Zutun der «Gebr. Volkart». Allerdings wäscht die eine (öffentliche) Hand die andere (private) hinter einem Schleier der Besitzes- und Namensverwirrung. Von den Volkarts blieb nur mehr der Name. Mitte des 19. Jahrhunderts hatte die Familie Volkart das Handelshaus gegründet. Das männliche Geschlecht starb vor der Jahrhundertwende aus, und die letzte Erbin heiratete einen Reinhart. Aus irgendwelchen Gründen heisst heute noch «Volkart», was in Wirklichkeit längst den Reinharts gehört. Und das ist viel. Viel mehr jedenfalls, als sich hinter der Tortenfassade bei der Wülflingerunterführung vermuten lässt. Immer wieder haben Journalisten zu recherchieren versucht. Ohne viel Erfolg. Auch die etablierte «Schweizerische Handelszeitung», die am ehesten über einen Draht zu Volkart/Reinhart verfügt, ist auf Schätzungen angewiesen. Sie vermutet einen Jahresumsatz von rund drei Milliarden Franken (entspricht rund einem Viertel der Migros-Kette) bei minimalstem Aufwand an Personal. Laut Wirtschaftsmagazin «Bilanz» (4/1984) beschäftigen die «heimlichen Giganten» 450 Angestellte, 130 davon in Winterthur. Diese wenigen, unkontrollierbaren Koordinaten des Familienunternehmens beziehen sich nur auf den Hauptsitz und die fünfzehn hundertprozentigen Tochtergesellschaften. Die wirkliche Grösse lässt sich nur erahnen. Beispielsweise anhand der weiteren indischen und pakistanischen Beteiligungsgesellschaften mit bis zu 30 Prozent Anteilen. Voltas Limited Bombay importiert in Indien europäische Güter, darunter Chemikalien, und beschäftigt allein 9000 Angestellte. Diese Volkart-Reinhart-Firma ist nur eine von neun deklarierten Beteiligungsgesellschaften. «Daneben existieren mehrere Beteiligungen mit finanziellem Charakter», heisst es in der jüngsten Volkart-Festschrift schlicht, wo es um Milliardengeschäfte geht.

«Verschwiegenheit zeichnet die Familienmitglieder des Handelshauses Gebr. Volkart auch am Übergang von der vierten zur fünften Generation aus.» So beginnt ein Artikel des «Tages-Anzeigers» vom 26. November 1980. Man muss Jahre zurückblättern, bis man etwas über das Unternehmen und seine Geschichte erfährt. In den Fünfzigerjahren des 19. Jahrhunderts habe der junge Salomon Volkart «die Chance genutzt, die sich mit der Aufhebung der britischen Navigationsakte 1849 eröffnete», als der freie Welthandel oder die Globalisierung begann. Damals griff ein Volkart-Konsortium mit drei eigenen Segelschiffen in den internationalen Baumwollhandel ein. Heute ist die Volkartgruppe – weltweit – eine der bedeutendsten im Baumwoll-, Kaffee- und Kakaogeschäft. Nach eigenen Angaben verkauft sie global ein Zwanzigstel aller über alle Grenzen verschobenen Baumwollmengen und ebenso viel Kaffee sowie ein Zweiunddreissigstel allen Kakaos der Erde.

Die Kolonialzeit bescherte dem Unternehmen in wenigen Jahrzehnten einen ungeheuren Reichtum. Über das Wie und Wo munkelt man hinter vorgehaltener Hand: Volkart habe bis zum Sezessionskrieg in den USA nicht nur Rohstofffasern aus dem Baumwollgürtel der US-Südstaaten nach Europa transportiert, sondern auf dem Hinweg über Afrika auch schwarze Sklaven mitgenommen. Gegen dieses Gerücht spricht jedoch, dass das Winterthurer Grossbürgertum, darunter auch Salomon Volkart, seinerzeit die Nordstaaten unterstützte.

«Solche Märchen» seien im Zusammenhang mit der Finanzierung der bedeutenden Kunstsammlung von Oskar Reinhart aufgetaucht, bestätigte mir die Konservatorin der Reinhartschen Stiftung Am Römerholz. Obschon Lisbeth Stähelin jahrzehntelang unter dem Mäzen Oskar Reinhart gearbeitet hatte, habe sie mit «dem Herrn Doktor» nie über die Herkunft des Reichtums gesprochen. «Er war sonst schon aufgeschlossen, der Herr Doktor», sagte Frau Stähelin, «aber darüber schwieg man sich in diesen Kreisen aus.»

Man schweigt bis heute. Dafür sorgte erst vor kurzem, genau am 17. Juni 1985, der immer wieder als Sprecher in Angelegenheiten der Familie Reinhart auftretende Winterthurer Stadtpräsident Urs Widmer. Mit einer persönlichen Note an Fernsehgeneraldirektor Leo Schürmann murkste er einen («Schauplatz»-)Beitrag des Schweizer Fernsehens zum 100. Geburtstag von Oskar Reinhart ab. TV-Journalisten hatten versucht, die Hintergründe des Reinhartschen Mäzenatentums auszuleuchten.

Auch der durch Lesungen in seiner Villa am Greifensee im Kulturkuchen beliebte Filmproduzent Georg («Tschöntsch») Reinhart, der einst Kaffeeagent in Brasilien war, hüllt sich in Schweigen. Auf die Frage, woher denn sein vor 20 Jahren verstorbener Grossonkel Oskar das viele Geld gehabt habe, meinte Tschöntsch: «Da müssen Sie ihn selber fragen …» Allen Ernstes riet er mir schliesslich, die Stadtbibliothek oder das Stadtarchiv aufzusuchen, die ebenfalls schweigen wie ein Grab, und nun ist Tschöntsch auch hingeschieden.

Hier, am Ende der Wülflingerunterführung, am St.-Georgen-Platz, wundere ich mich nicht sonderlich darüber, dass auch der trutzige Volkart-Rundbau mit seinen bunkerähnlich vergitterten Erdgeschossfenstern im ereignisreichen Jahr 1984 einige Sprayparolen abbekommen hat.

Im Vorübergehen schnappe ich bei der Boulevardbestuhlung des nahen Restaurants «Talgarten» die Bemerkung über «einen Neger mit einem weissen Schwanz» und das darauf folgende Gelächter auf – als Witzecho aus einem giftig gelben Bierstangenwald.

Es ist früher Nachmittag. Der Winterthurer Alltag spielt Ordnung und Reinlichkeit. Zwischen neu emporgeschossenen Geschäftshäusern der inneren City sind die Sprayparolen zum grössten Teil verschwunden. Erst am Parkhaus bei der Archstrasse tauchen die bunten Zeugnisse des Protests wieder auf. Farbkleckseputzen habe sich hier als Sisyphusarbeit erwiesen, versichert die Gebäudeverwaltung.

Ein paar Schritte weiter gegen das Technikum hat das genossenschaftliche Hotel «Winterthur», früher hiess es «Volkshaus», im November 1984 ebenfalls ein Stücklein Winterthurer Geschichte geschrieben.

Hier soll sich kurz vor den Massenverhaftungen Kommissär Vogt, der leitende Ermittler der Bundesanwaltschaft aus Bern, an der Rezeption als «Terrorist» angemeldet haben.

Obschon dieser Vorfall nur ein typisches Polizistenscherzchen aus Kommissär Vogts Repertoire war, hatte der entsprechende Meldezettel Folgen. Er gelangte aufs Pult von Eugen Thomann, der inzwischen zum stellvertretenden Kommandanten der Zürcher Kantonspolizei befördert worden war, derweil Bundespolizist Vogt aus Bern nie einen Hehl daraus gemacht hatte, dass er die Taktik der Zürcher Kantonspolizei als plump empfand und insbesondere das laute Auftreten von Eugen Thomann verachtete – und diesmal demonstrierte es der Berner Vogt mit seiner Anmeldung im Hotel. «Bei den Dummköpfen in Winterthur», sagte Vogt einmal im Kreis von Angehörigen, «könnte man sich womöglich gar im Hotel als Terrorist einschreiben, ohne dass die etwas merken würden.»

Aber bei Thomann war er an den Falschen geraten. Thomann beschwerte sich über den provozierenden Kommissär bei den Vorgesetzten der Bundesanwaltschaft in Bern und verlangte, dass man Vogt unverzüglich aus Winterthur zurückziehe.

Es mochte an der Nervosität während der soeben angelaufenen Grossrazzia gelegen haben, dass die Berner ihren Kommissär schon einen Tag nach Bekanntwerden der Hotelanmeldung in aller Schärfe rügten. Die Rede war (in Anlehnung an eine Fernsehserie) von den «seltsamen Methoden des Inspektor Wanninger». Vogt wurde stante pede in die Bundesstadt zurückgepfiffen und in den Innendienst strafversetzt.

Doch die Aussicht auf Büroarbeit an der Taubenstrasse 16, nach jahrelanger aufregender Delinquentenjagd im Aussendienst, trieb den 45-jährigen Kommissär zur Verzweiflung. Vogt trat den Innendienst nicht an, sondern fuhr am folgenden Arbeitstag frühmorgens statt ins Büro zu seiner Tochter. Von ihr verabschiedete er sich mit den Worten, er gehe «jetzt auf eine lange Reise». Die Zürcher Kantonspolizei habe gegen ihn intrigiert und seine Versetzung erreicht.

Nach diesen Abschiedsworten fuhr Hans Vogt zum Grab seines Schwiegervaters und schoss sich mit der Dienstpistole eine Kugel durch den Kopf. Er hinterliess zwei Kinder aus erster Ehe und seine zweite Frau mit einem sechs Wochen alten Töchterchen.

In Erinnerung der bei der Razzia verhafteten jungen Winterthurer war Kommissär Vogt der einzige Polizeibeamte, mit dem man «normal reden konnte». Vogt habe menschlich gewirkt. Aber in Wirklichkeit war er ein äusserst raffinierter Polizist, der – im Grunde ein scharfer Strafverfolger – nach aussen die weiche Tour markierte: Menschlichkeit und psychologisches Geschick als Mittel zum Zweck. Vogts Methoden waren beispielsweise Schokolade als kleine Aufmerksamkeit beim Besuch in der Zelle oder die Reservation eines Bildes von Aleks Weber in der Weihnachtsausstellung des Winterthurer Kunstmuseums.

Auf meinem Weg zum Strasseninspektorat sehe ich rechter Hand an der Technikumsstrasse die Fachhochschule. Dieses klassizistische Gebäude, eingesäumt von bestandenen Alleebäumen und Hecken, war am 21. September 1984 ebenfalls Ziel eines politischen Anschlags. Ein mit 250 Milliliter Schwarzpulver aus Feuerwerkskörpern hergestellter Sprengsatz detonierte kurz nach Mitternacht und richtete Sachschaden an; nach grober Schätzung von Staatsanwalt Pius Schmid «ca. Fr. 4143.–» (Anklageschrift).

Während ich nun auf der Suche nach dem Strasseninspektorat die wenig befahrene, stirnseitig gelegene Zeughausstrasse entlangflaniere, fallen mir drei unauffällige Personenwagen auf, die abwechselnd im Kriechtempo an mir vorüberrollen. Zweimal von vorn, dreimal von hinten.

Im Büro des Strasseninspektors erklärt mir Herr W., dass die Bauverwaltung kurz vor dem eidgenössischen Frauenturnfest im Frühjahr 1984 eine gross angelegte Reinigungsaktion vorgenommen habe. Angeordnet habe sie sein Vorgesetzter, Stadtrat Peter Arbenz, persönlich. Arbenz sei der Meinung gewesen, dass Winterthur eine saubere Stadt sein müsse, wenn Tausende von Frauen aus der ganzen Schweiz hierher kämen. «Da machen die Schmierereien doch keine Gattung!», habe er immer wieder gesagt.

«Daraufhin erstellte ich eine Liste von allen Sprayereien in der ganzen Stadt», fährt W. fort, «und dieser Liste bin ich dann mit dem Stadtrat im Auto von Spray zu Spray nachgefahren. Wir haben die Unterführungen, Stützmauern, ganze Strassenzüge und private Häuserfronten nach Schmiereien abgesucht. Und Arbenz sass neben mir und sagte jeweils: Das fällt auf, dieses ist weniger schlimm, dieser Spruch ist *gruusig* ...»

Strasseninspektor W. meint, man habe eigentlich keine Kriterien für die Reinigung gehabt, ausser dass er alles habe ankreuzen müssen, was irgendwie auffällig gewesen sei. Dann sei man generalstabsmässig vorgegangen. Nach Einholen von Offerten verschiedener Reinigungsfirmen habe die Bauverwaltung losgelegt in der Hoffnung, den «Schmierern» bleibe bis zum Turnfest keine Zeit mehr, um erneut zu sprayen. Diesen Wettlauf um die Sauberkeit der Stadt hätten die Behörden damals gewonnen.

Aber der Blitzeinsatz mit Eimer und Bürste habe eine schöne Stange Geld gekostet. Insgesamt war dem Stadtrat der Schein, in Winterthur sei alles in Ordnung, 73 000 Franken wert. Und wie ich höre, kamen auf diese Weise eine ganze Menge von privaten Hauseigentümern – ungefragt – zu einer frisch geputzten Aussenfassade.

«Die Stadt hat sich gegenüber den privaten Hauseigentümern sehr nobel verhalten», meint Strasseninspektor W., «etwa ein Drittel der Reinigungskosten wurden für private Hauseigentümer aufgewendet — und ausgerechnet mit diesen haben wir die schlechtesten Erfahrungen gemacht», klagt W.

Die Hauseigentümer reklamierten wegen entstandener Farbunterschiede im Aussenanstrich. So habe man ganze Fassaden nach der Reinigung reparieren müssen. «Und als beispielsweise eine unserer Putzequipen beim ‹Landboten› zu reinigen begann», gesteht der Strasseninspektor, «rief mich der Chefredaktor an und schimpfte, was uns eigentlich einfalle, ungefragt die Aussenwand zu säubern. Ich erklärte ihm, dass wir im Auftrag von Stadtrat Arbenz reinigen, worauf der ‹Landbote›-Chef meinte, selbst wenn der Stadtrat dies angeordnet habe, lasse er sich solche Eingriffe nicht gefallen.»

Es gab dann eine Korrespondenz zwischen «Landbote» und der Bauverwaltung, bei der die Zeitung darauf bestand, dass die Schmierereien als «Mahnmal der Epoche» stehen bleiben sollten.

Der Winterthurer Strasseninspektor kratzt sich am Kinn. Schwierigkeiten seien auch bei der Steinberg-Apotheke, bei der

Krankenfürsorge, bei der Stadtkirche, der Kirche Wülflingen und beim Parkhaus Archstrasse aufgetreten. Zum Teil habe man begonnene Reinigungen vorzeitig abbrechen müssen.

Schliesslich sei er gezwungen gewesen, bei Stadtrat Arbenz zu intervenieren, weil die Reinigungskosten in ein «*chaibe* Geld hineingingen».

W. holt ein paar pralle Ordner hervor und zeigt mir seine umfangreiche Foto-Dokumentation von Sprays in der ganzen Stadt. «Ins intensive Fotografieren sind wir erst gekommen, als sich die Kantonspolizei letztes Jahr vor der ‹Engpass›-Razzia immer stärker für die Sachbeschädigungen interessierte. Es war zum Verrücktwerden, plötzlich tauchten Beamte auf, die wir vorher nie gesehen hatten, beinahe täglich. Sie haben uns aufgefordert, Strafanzeigen einzureichen. So viele wie möglich. Früher hatten wir jeweils einfach da und dort gereinigt und gehofft, dass dies irgendwann einmal aufhört. Aber vor der ‹Engpass›-Aktion verlangten die Kantonspolizisten auf einmal Fotos von sämtlichen Sprays, um sie als Schadenereignis dokumentieren zu können. Wir nahmen dann jedes Mal einen Fotoapparat mit, wenn wir ausrückten, und fotografierten praktisch alle Sprays in der Stadt, die alten und die neuen. Doch dies bedeutete natürlich eine erhebliche Mehrarbeit. Für jede kleinste Kleckserei verlangte die Polizei eine separate Schätzung der Instandstellungskosten. Sie bräuchten diese Unterlagen für die Strafuntersuchungen. Sie müssten ganz genau wissen, wann rot, wann schwarz oder wann grün gesprayt worden sei. Bei der Wülflingerunterführung zum Beispiel waren auf kleinster Fläche drei verschiedene Farben zu erkennen. Die Kantonspolizisten klärten uns dann auf, dass es sich dabei um drei verschiedene Straftaten handle.» – Auf diese Weise sei man im Jahr 1984 auf die Zahl von 450 bis 500 Sachbeschädigungen gekommen, erklärt mir der Strasseninspektor.

Zuständig für Sprays war bisher immer die Stadtpolizei gewesen. – Warum übernahm diese Aufgabe plötzlich die Kantonspolizei? Weshalb erst im Vorfeld der Razzia? Strasseninspektor W. wusste es auch nicht. – Brauchte man eine möglichst grosse Anzahl von Straftaten, um den Teufel an die Wand zu malen? Brauchte die Polizei eine grosse Anzahl von Straftaten, um die Öffentlichkeit leichter überzeugen zu können, dass man gegen die mutmasslichen Sprayer hart durchgreifen müsse?

Tatsächlich warf dann die Justiz die harmlosen Sachbeschädigungen mit den Sprengstoffanschlägen in einen Topf und verdächtigte pauschal die ganze junge Winterthurer Punkerszene, um alle miteinander einzusperren. Durch die vielen Aussagen, so rechnete man, würden sich die ungelösten Fälle wie von selbst aufklären.

Unter der Tür des Strasseninspektorats, wo mir die Polizeitaktik der «Engpass»-Aktion des Jahres 1984 plötzlich klar geworden ist, sagt mir W. zum Abschied: «Was mir jetzt auf dem Magen liegt, sind die neuen Verunreinigungen beim Rossberg. Kaum haben wir die Stützmauer fotografiert, gereinigt und zum Schutz mit einem Speziallack imprägniert, ist ein riesiges schwarzes Kreuz hingeschmiert worden. Jeder internationale und jeder regionale Zug von und nach Zürich fährt daran vorbei, und jeder Abonnementfahrer sieht die Inschriften – ein besseres Aushängeschild hätten sich die Schmierer gar nicht auswählen können!»

Während ich an das schwarze Kreuz für Gabi auf der Stützmauer der Autobahnunterführung beim Rossberg denke, dem im Intercity nach Winterthur kaum jemand Beachtung geschenkt hat, sehe ich vor mir auf dem Werkhof des Strasseninspektorats einen Personenwagen, der mir bereits vor dem Besuch bei W. aufgefallen ist. Aber ich habe keine Zeit, darüber nachzudenken. Ich hoffe nur, dass die beiden Wintis, Jürg und Sirup, immer noch auf mich warten, denn ich bin schon eine halbe Stunde zu spät. – Auf dem Weg zum Gartenrestaurant beschleicht mich wieder dieses merkwürdige Gefühl, das ich fortan in Winterthur nicht mehr loswerden sollte.

Beim Treffen mit den beiden Razziaopfern halte ich noch immer eher für «Bullenparanoia», was mir Jürg und Sirup, die beiden Wintis, zu erklären versuchen: Wer zur Wintiszene gehöre, werde noch heute, ein halbes Jahr nach den Massenverhaftungen, überwacht. «Pass nur auf, du wirst es schon noch erleben, wenn du noch ein paar Mal mit uns sprichst», sagt Sirup. Er ist siebzehn.

«Du hast keine Ahnung, was letztes Jahr, 1984 – Georg Orwell lässt grüssen –, alles los war in Winterthur. Sonst würdest du dich nicht mehr wundern. Erinnerst du dich an die beiden Fahndungsfotos, die eine Woche nach den Verhaftungen in der Presse erschienen sind?»

Der Winterthurer «Landbote» hatte den Fahndungsaufruf der Kantonspolizei als erste Zeitung veröffentlicht – neben einem Bericht über die Brandstiftung in zwei Schützenhäusern.

«Durch diese Aufmachung wurden Assoziationen provoziert, die für die Betroffenen mehr als unangenehm sind», schrieb darauf eine Leserin. Umstritten waren jedoch nicht bloss die «Assoziationen» zwischen der Brandstiftung und dem Fahndungsfoto, sondern auch die grundsätzliche Frage einer öffentlichen Ausschreibung von Minderjährigen. Dies war der Grund, weshalb andere Zeitungen auf die Publikation des Fahndungsfotos eines 17-Jährigen verzichteten. Doch Robert Leiser, Chef der Pressestelle der Kantonspolizei (der übrigens zu jener Zeit mit seiner Crew an der Zürcher Kasernenstrasse eine intensive Freundschaftsbeziehung zur südafrikanischen Apartheidpolizei unterhielt), war Sturm gelaufen. Mit dem überregionalen «Tages-Anzeiger» hatte Leiser wegen des Fahndungsaufrufs eine heftige Auseinandersetzung über den Persönlichkeitsschutz. Doch dann gab der «Tages-Anzeiger» klein bei und publizierte die Porträts von Sirup und Res, dasjenige von Sirup ziemlich schief, am 28. November 1984 zweispaltig mit Kästcheneinrahmung, oben rechts auf Seite 27 als Blickfang.

«Der Schiefe war ich», fährt Sirup fort, «das Bild entstand ziemlich genau vor einem Jahr. Damals hatte mich ein Stadtpolizist, immer derselbe, wochenlang durch die Stadt gejagt, weil ich angeblich ein Mofa geklaut hätte. Ich hatte Angst. Es gab laufend Personenkontrollen. Die Bullen drangen jede Woche mindestens einmal in unsere WG ein. Ohne Haft- oder Durchsuchungsbefehl. Sie spazierten einfach rein, und nachts verfolgten sie uns mit Streifenwagen auf dem Heimweg und machten sich einen

Spass daraus. Einmal konnte ich mich nur noch im letzten Moment mit einem Sprung in den Hintereingang des ‹Widders› retten, worauf der Streifenwagen auf dem Trottoir prompt die Hausecke rammte. Der Mauerschaden ist noch heute sichtbar.

Nachdem ich erfahren hatte, dass die Bullen mich überall suchten – immer noch im Zusammenhang mit dem Mofa –, wagte ich mich kaum mehr auf die Strasse. Aber einmal entdeckten sie mich doch auf der Marktgasse. Sofort nahmen sie die Verfolgung auf. Es war eine richtige Hatz. Ich rannte in ein Schallplattengeschäft und riss in Panik die Gestelle um. Ich entkam. Doch am folgenden Tag verhaftete mich derselbe Stadtpolizist, der mich im Visier hatte, in unserer WG an der Neuwiesenstrasse. Später, auf dem Posten am Obertor, liess er mich stundenlang in einer engen Abstandszelle warten. Bei der Einvernahme warf er mir den Mofadiebstahl vor. Man hat mich dann aber gar nie angeklagt. Es war eine Verwechslung.

Irgendwann, nach Stunden, führten mich die Beamten in einen Raum, wo sie mich fotografieren wollten. Ich hatte damals einen schön ausrasierten Irokesenschnitt. Sie setzten mich vor die Kamera, konnten die erkennungsdienstliche Behandlung aber nicht begründen. Sie sagten bloss, sie wollten ein Bild von meinem neuen Haarschnitt. Da hielt ich eben nicht still. Ich drehte mich immer wieder weg. Der Stadtpolizist drohte, wenn ich mich noch einmal wegdrehe, schlage er mich zusammen; ich sei nämlich der Erste der Winterthurer Szene, der ins Gras beissen müsse. Genau so hat er es gesagt, ins Gras beissen. Als ich wieder den Kopf wegdrehte, packte mich ein Bulle von hinten und einer versetzte mir einen Faustschlag in den Bauch. Ich klappte zusammen, und als ich mich hochrappelte und schräg nach oben blickte, drückte der Fotograf auf den Auslöser. – Genau dieses Bild erschien in den Zeitungen: als Fahndungsfoto!»

Zu dritt sitzen wir im «Rheinfels», einer der schönsten Gartenwirtschaften der Gartenstadt. Sie liegt am Rand des Stadtparks, ein Idyll mit Goldfischteich, Springbrunnen und Pergola, umgeben von neoklassizistischen Bauten. Nordöstlich gelegen das Kunstmuseum, wo 1924 die erste Einzelausstellung von Ernst Ludwig Kirchner in der Schweiz auf vehemente Ablehnung stiess und der berühmte Kunsthistoriker Georg Schmidt während eines Vortrages am Reden gehindert wurde – bevor Kirchners Kunst von den Nazis als entartet klassifiziert wurde. Unmittelbar daneben die Stadtbibliothek, das Stadthaus und am anderen Ende die «Stiftung Oskar Reinhart», ein ehemaliges Gymnasium, das heute eine der teuersten Privatsammlungen Europas beherbergt.

«Wie ein Märchen» mute es an, schrieb der «Landbote» zum 100. Geburtstag des Mäzens Oskar Reinhart, dass die Arbeiterstadt im Dezember 1939 bei einer Stimmbeteiligung von 78 Prozent einen städtischen Finanzbeitrag von 1,3 Millionen Franken zum Umbau des Gymnasiums in ein Museum gutgeheissen habe.

Es freute sich damals der Ex-Rohstoffhändler, endlich Räume zu bekommen, damit er seine unzähligen, durch den ganzen Kontinent gejagten und nach Winterthur verbrachten Kunstwerke alter Meister endlich an einem schönen Ort unterbringen konnte. Oskar Reinhart liebte das restaurative 19. Jahrhundert über alles. – «Expressionismus, Kubismus, Abstraktion bleiben fern, auch allzu Dramatisches, Heftiges, Lautes liebt er nicht», sagte Dr. Michael Stettler am 11. Juni 1985 in seiner Festrede, um dann die Sammlerpersönlichkeit mit deren eigenen Worten zu beschreiben: «Ich sammle, wie ich es sehe, und nicht, wie die Kunstgeschichte es will!» – L'art, c'est moi!

«Nachdem die Bullen mein Porträt geschossen hatten, schlossen sie mich wieder in die kleine Abstandszelle, wo ich mit ausgestreckten Armen beide Wände berühren konnte», fährt der 17-Jährige fort. «Nach dem Faustschlag gönnten sie mir eine kurze Erholung, damit ich nicht allzu angeschlagen den Polizeiposten verlasse. Da begann ich wie wild die Zellenwände zu zerkratzen, von oben bis unten. Ich weiss nicht mehr, weshalb, ich tat es einfach. Nach einer halben Stunde liessen sie mich frei.

Doch nur drei Tage später verhaftete man mich wieder – diesmal wegen Sachbeschädigung in der Abstandszelle. Der Schaden belaufe sich auf 500 Franken. Jetzt musste ich mich splitternackt ausziehen. Die Beamten filzten meine Kleider und nahmen mir alles ab, damit ich, wie sie sagten, die Mauern nicht mehr beschädigen könne. Sie sperrten mich in eine längliche Zelle, wo ich nichts hatte und nicht wusste, wann ich diesen Polizeiposten je wieder verlassen konnte. Nach langer Zeit kam ein Polizist herein, pflanzte sich vor mir auf und zog wortlos ein rotes Klappmesser aus der Tasche. Er öffnete die Klinge und schritt auf mich zu. Ich hatte Todesangst und dachte, jetzt ist es vorbei. Mein ganzer Körper verkrampfte sich bis ins Innerste.

Er befahl mir, die Arme vorzustrecken, und fuhr mit der Klinge unter meine Lederarmbänder und schnitt sie durch. Zuerst links, dann rechts. Darauf verliess er die Zelle ebenso wortlos, wie er hereingekommen war.»

Sirup und Jürg blicken immer wieder nervös zur Seite, und während am Tisch nebenan einige Gäste Platz nehmen, rücken wir etwas näher zusammen.

Jürg war drei Wochen, Sirup länger im Gefängnis. Sirup wird bald abreisen, umso vorsichtiger ist er jetzt bei der Schilderung seiner Erlebnisse. Wir reden vom «Delphin», der Liegenschaft gegenüber dem Rheinfels, die im Juni 1981 nach einer 1.-Mai-

Besetzungsaktion abgebrochen worden war – trotz eines Abbruchverbots der kantonalen Baudirektion. Stadtrat und Bauvorstand Peter Arbenz, Bruder des Untersuchungsrichters Ulrich Arbenz, war persönlich vor Ort, um sich der gründlichen Arbeit der Baumaschinen zu versichern.

Der «Delphin», ein exaktes Doppel der aufwändig renovierten «Villa Ehrenberg» bei der Hohen Promenade in Zürich, findet sich heute nur noch im Inventar schützenswerter historischer Bauten. Auf dem leeren Grundstück mit kümmerlich dahinvegetierendem Unkraut weiden manchmal Schafe. Eine Exklusivität mitten im Stadtzentrum.

Sirup spricht nun etwas leiser: «Wegen des Faustschlags beim Fotografieren beschwerte ich mich beim Polizeikommando. Der Stadtpolizist wurde meines Wissens sogar gerügt. Aber er liess nicht locker. Im Gegenteil: Ich wurde seine Hassfigur. Kurze Zeit später liess er bei den Eltern meines Freundes, die den Maronistand beim Neumarkt haben, sinngemäss durchblicken, dass ich drankäme, wenn ich ihm das nächste Mal über den Weg laufe.»

Dieses nächste Mal war an einem Sommerabend 1984, wieder auf der Marktgasse, erzählt Sirup. «Der Stadtpolizist jagte hinter mir her, die Gasse hinauf. Beim Eingang meines Hausarztes flüchtete ich ins Treppenhaus und rannte mit letzter Kraft hinauf zur Praxis. Aber sie war bereits geschlossen. Ich rüttelte an allen Türen bis ins oberste Stockwerk. Alle waren verriegelt, und dort stand ich nun vor verschlossener Estrichtür. Ich sass in der Falle. Unter mir hörte ich die schweren Bullenschritte. Sie kamen höher und höher, Etage um Etage. Verzweifelt riss ich die Tür eines Wandschranks auf. Ich kroch hinein und wartete, bis die Schritte ganz nah bei meinem Versteck verstummten. Da zog ich verzweifelt mein Taschenmesser hervor. Wieder krampfte sich

mein ganzer Körper zusammen. Eine ganze Weile blieb es still, und irgendwann verhallten die schweren Schritte im Treppenhaus. Ich hatte Glück gehabt.»
Glück für wen, für Sirup oder den Beamten? Wir entschliessen uns, das Gespräch ohne Nachbarschaft fortzusetzen, und fahren zur Aussichtsterrasse auf dem Goldenberg. Es ist dunkel geworden. Wir stellen unseren Wagen auf den Parkplatz eines weiteren Winterthurer Reinhart-Museums, es ist dies die «Sammlung Oskar Reinhart Am Römerholz», und spazieren auf der Allee des Goldenbergs aufwärts. Ab und zu bleiben wir kurz stehen. Oben angekommen, legt sich Sirup behaglich auf die zentimetergenau kubisch geschnittene Zierhecke, kippt auf den nachgebenden Zweigen beinahe die Böschung hinunter, fängt sich wieder auf und räkelt sich jetzt im Thujagrün.

«Nun fehlen mir nur noch die Trauben», scherzt er – im Hintergrund die verschlafene Kleinstadt im Dunstnebel, und mitten drin, als wärs eine überdimensionierte Kommandozentrale, leuchten die Fenster eines einsamen Wolkenkratzers, des Verwaltungsgebäudes der Gebr. Sulzer. An Weihnachten wird die Bürobeleuchtung jeweils so geschaltet, dass die erleuchteten Fenster das Bild eines 95 Meter hohen Christbaumes ergeben. Die Kulisse hinter Sirup ist perfekt; er greift mit würdevoller Geste in eine nicht vorhandene Tonschale und schiebt sich imaginäre Traubenbeeren in den Mund. Träume Am Römerholz.

Auf einmal springt er von der Hecke. «Seht mal, wir bekommen Besuch!» Am unteren Ende der Allee erlöschen die Scheinwerfer eines Kombiwagens. Nichts rührt sich. Nach einer Weile steigt ein Mann aus. Er schaut in alle Richtungen, scheint etwas zu suchen. Ein anderer wartet im Wagen. Der Mann kommt uns einige Schritte entgegen. Er bemerkt uns nicht. Dann geht er zum Parkplatz und schaut unseren Wagen an.

«Nun erlebst du mal den Unterschied zwischen Bullenparanoia und Wirklichkeit: Was du jetzt siehst, ist echt.» Jürg stösst mich in die Rippen.

Die Lichter gehen wieder an. Langsam fährt der Kombiwagen den Goldenberg hinunter. «Dem werden wir heute Abend bestimmt noch mal begegnen», sagt Jürg.

Auf dem Rückweg in die Stadt folgt uns tatsächlich ein Kombiwagen, biegt jedoch bald ab. Bei der nächsten Kreuzung erwartet uns allerdings wieder ein Fahrzeug mit zwei Gestalten, die sich, wie mir scheint, auffällig unauffällig nach uns umschauen. – Ob dieser zweite Wagen dazugehört?

Wir fahren zu einer der drei Wohngemeinschaften, die bei der «Engpass»-Razzia ausgehoben worden waren. Sie ist inzwischen an die Felsenhofstrasse im Quartier Veltheim gezogen.

Das Haus, eine städtische Liegenschaft, hatte Bauvorstand Peter Arbenz – vier Jahre nach dem «Delphin»-Abbruch – den aus dem Gefängnis entlassenen Szenenleuten zur Verfügung gestellt. Frisch verwanzt im Dienste seines Bruders Ulrich Arbenz, der als Leiter der Bezirksanwaltschaft immer noch nach Beweisen jagt? Die WG, die ständig beschnüffelt wird, hält vieles für möglich. Man hat an der Felsenhofstrasse jedenfalls ein Lebensgefühl, als ob man sich in den eigenen vier Wänden nicht alles sagen könnte, was man gerne möchte. Die Nachricht über den Verbleib und das Befinden eines flüchtigen Angeschuldigten wird mir in diesem Haus auf einer abgerissenen Zeitungsecke schriftlich hingeschoben. Nachher wird sie verbrannt.

Der Gedanke an all die Einschränkungen und immer wieder die Frage, was Bullenparanoia und was Wirklichkeit ist – das lähmt und verwirrt fürs Erste.

Im selbst verwalteten Restaurant «Widder», öffentlicher Szenentreffpunkt, setzt die Polizeistunde um 23 Uhr meiner letzten Verabredung an diesem Sommertag ein jähes Ende. Der staatlich verordnete Vormitternachtsschlaf, lasse ich mir sagen, zeige deutlich, wer bestimme, wos in dieser Stadt langgeht. Die Winterthurer Oberschicht, durch Ehen und Verwandtschaften mit den grossen Industriellen verflochten, sei daran interessiert, dass die Arbeitskräfte ausgeruht zur Arbeit erscheinen.

Auf dem Trottoir vor dem «Widder» höre ich von einem Kulturschaffenden, dass Winterthur trotz sorgsamer Pflege alles Musealen für neuere Kultur ein Holzboden geblieben sei. Der Vorstoss der Sozialdemokraten, im alten Zeughaus ein Kulturzentrum einzurichten, sei mit dem Argument, man wolle hier nicht etwas Ähnliches wie die Rote Fabrik in Zürich, gebodigt worden. Solches dürfe man in Winterthur ungestraft sagen und ernte nicht einmal Hohngelächter. Winterthur baue ein protziges Theater, leiste sich aus Kostengründen aber kein eigenes Ensemble. «Vor allem die Bau-Lobby verdient an der Kultur!», ruft mir einer der Herumstehenden im Weggehen nach. Halb im Scherz, halb verbittert.

Popopoi führt mich zu ihrem alten, auffälligen Wagen auf dem Parkplatz vor dem Technikum. Wir lassen beide Vordertüren offen, ein warmes Lüftchen durchzieht das Innere. Wir lehnen behaglich in die Lederpolster, Popopoi erzählt, und ich mache ab und zu Notizen.

«Im Herbst 84 wollten wir ein Theater aufführen – ohne Worte. Erster Akt: Ein Landstreicher spielt im Park Gitarre. Eine Frau schlendert vorbei. Die beiden lächeln sich zu. In diesem Augenblick fährt ein Streifenwagen vor. Uniformierte verbieten dem Landstreicher, ohne Bewilligung öffentlich zu musizieren.

Er wehrt sich. Es kommt zu einem Handgemenge. Der Strassenmusikant wird zusammengeschlagen und verhaftet.

Zweiter Akt: Freunde und Freundinnen des Landstreichers ziehen vors Gefängnis und fordern seine Freilassung. Die Frau vom Park schliesst sich der Demonstration an. Sie hört den Landstreicher um Hilfe schreien und sieht ihn durch die Gitterstäbe. Da stürzt sie nach vorn, eine Menschenmenge reisst sie mit, und bald schlagen Flammen aus dem Knast – der Landstreicher ist frei und landet in den Armen der jungen Frau.»

Das Stück mit brennender Gefängniskulisse ist nie aufgeführt worden. Denn unmittelbar vor der Premiere waren die Akteure und Akteurinnen, darunter auch Popopoi, bei der «Engpass»-Razzia vom 20. November verhaftet worden. Statt der vorgesehenen Premiere veranstalteten Freunde der Verhafteten einen Solidaritätsabend. Ein paar waren inzwischen wieder freigelassen worden und informierten über die Untersuchungshaft der 15 immer noch inhaftierten Wintis.

«An jenem Abend stand die Stadt wie unter Schock. Überall Streifenwagen, Fusspatrouillen, Strassenkontrollen. Das Kleintheater am Gleis, wo wir uns versammelten, war umstellt. Zuvor hatten sich Zivilisten nach den Personalien der Organisatoren erkundigt. Dabei war weder eine Demo noch eine Kundgebung geplant. Das Polizeiaufgebot sollte uns wohl einschüchtern. Wir bekamen eine ungeheure Wut, aber liessen uns nicht provozieren.

Die Polizei bezeichnete uns als Terroristen und infiltrierte das Kleintheater mit Spitzeln. Ein paar von denen wollten dann im Nachhinein gehört haben, dass ein Mitglied der Revolutionären Sozialistischen Jugend, der RSJ, zu Brandstiftungen aufgerufen habe. Das war ein ganz junger Bursche, völlig harmlos. Trotzdem wurde er zwei Tage später auf dem Heimweg festgenommen und neun Tage lang in Untersuchungshaft gesetzt. Bezirksanwalt Peter Marti forderte drei Monate Gefängnis wegen Aufrufs zu einem Verbrechen. In Wirklichkeit hatten wir lediglich über das weitere Vorgehen nach der Razzia diskutiert, und dabei wurde gesagt, man solle sich jetzt nicht provozieren lassen – auch wenn unsere Freundinnen und Freunde wegen Brandanschlägen angeschuldigt und inhaftiert seien.»

Wer die Polizeispitzel waren, erfuhren später nicht einmal die Richter. Anstelle der Spitzel erschien «Engpass»-Leiter Eugen Thomann vor Gericht. So, wie er auftrat, fühlte er sich offensichtlich als Pionier des Strafrechts, indem er als Novum der Rechtsprechung den so genannten Zeugen vom Hörensagen einführen wollte, der den Richtern die Aussagen seiner Spitzel überbrachte, um deren Identität nicht aufdecken zu müssen.

Aber die Richter wollten sich juristisch nicht auf dünne Äste hinauswagen und sprachen den jungen Revolutionär frei, bestraften ihn aber mit der Auferlegung der Untersuchungskosten. So musste man ihm keine Entschädigung für eine unrechtmässige Untersuchungshaft zahlen und sorgte gleichzeitig dafür, dass er noch eine ganze Weile damit beschäftigt sein würde, all die Anwalts-, Untersuchungs- und Gerichtskosten abzustottern.

Die letzten Besucher des Winterthurer Nachtlebens sind inzwischen auf dem Heimweg. Es ist eine halbe Stunde vor Mitternacht. Neben uns entstehen Parklücken. Ein Sommerabend geht zu Ende. Nichts Aussergewöhnliches, ausser dass immer wieder die gleiche Gestalt als kleines Figürchen ganz leise und weit weg im Rückspiegel vorbeihuscht.

«Niedergeschlagenheit», fährt Popopoi fort, «breitete sich aus nach der Razzia. Unsere Freundinnen und Freunde waren in irgendwelchen Knästen verschwunden. Für Wochen, einige für Monate. Was man ihnen konkret vorwarf, wussten wir nicht. Mich hatte man verhaftet, bloss weil ich im ‹Widder› arbeitete, wo die Szene verkehrte.

Während meiner Untersuchungshaft in einem merkwürdigen Polizeigefängnis auf dem Autobahnstützpunkt Ohringen, wo sich eine Art unterirdischer Geheimknast befindet, stellten mir die Beamten immer wieder die gleichen Fragen: An welchen Tagen ich mit wem wohin gefahren sei. Über mich selbst wollten die Bullen gar nichts wissen. Es war sonnenklar, sie brauchten Hinweise, und aus diesem Grund wurde ich offensichtlich als Zeugin eingebuchtet. Sie wollten mehr über die einzelnen Wintis erfahren und über die Wohngemeinschaften.

Als ich wieder draussen war, hörten wir nichts mehr von denen drinnen, ausser ab und zu von einer Verlegung in ein anderes Gefängnis. Wir durften weder Briefe noch Päckli schicken, nicht einmal die Botschaft ‹Ich umarme dich› wurde weitergeleitet. Wegen Kollusionsgefahr in einem Strafverfahren, hiess es jeweils. Obwohl angeblich die Richtigen verhaftet waren, war die Polizei nach der Razzia überall präsent. Beinahe stündlich fuhren Streifenwagen vor, wo auch immer wir uns befanden. Es war reine Schikane, Einschüchterung. Man wollte unseren Protest gegen die Verhaftungen zum Schweigen bringen.

Wenn man daran denkt, wie die uns behandelten, und man mitbekommt, wie sie mit einem Dieter Bührle umgegangen sind, der Waffen in Kriegsgebiete geliefert hatte und nie ein Gefängnis von innen sah und nur eine bedingte Gefängnisstrafe erhielt, um dann im gleichen Stil, aber einfach ein bisschen geschickter, mit Lizenzverträgen und dergleichen weiterzumachen – und wenn man das dann vergleicht mit der unbedingten Gefängnisstrafe von acht Monaten, welche die Bezirksanwaltschaft Winterthur für eine Farbaktion am Volkart-Gebäude fordert …

Nach dreiwöchiger Ungewissheit über die Vorgänge im Gefängnis», fährt Popopoi fort, «kam endlich der erste Gefangene frei. Es war Jürg. Er erzählte uns, was man ihm vorgeworfen hatte. Er sei eines Abends auf dem Heimweg mit Freunden durch die Wülflingerunterführung gegangen. Vor dem Eingang der Fussgängerröhre sei er stehen geblieben und habe gepinkelt. Die andern waren inzwischen weitergegangen, blieben dann aber stehen und warteten auf ihn. Da habe Sirup mit Filzstift auf die Tunnelwand gekritzelt: ‹Ich sehe überall Elche›. Und das war nicht einmal übertrieben, wir wurden ja laufend überwacht. Jürg und seine Freunde seien dann nach Hause gegangen. Als er am 20. November mit uns allen verhaftet wurde, warf ihm Untersuchungsrichter Arbenz vor, er habe in der Wülflingerunterführung mit der Aufschrift ‹Ich sehe überall Elche› eine Sachbeschädigung von 350 Franken begangen. Da dieser Betrag allzu offensichtlich überrissen war, habe man ihn dann auf 240 Franken reduziert.

Bezirksanwalt Arbenz habe ihm nie geglaubt, dass er nur gepinkelt habe. Drei Wochen lang hielt er Jürg immer wieder vor, seine Schilderung des Tathergangs sei doch nicht logisch, weil niemand gegenüber einem Blumenbeet an eine Stützmauer pisse, denn beim Pissen an jene Mauer wäre ihm die Pisse ja gegen die Schuhe gelaufen. Arbenz habe nie ‹urinieren› gesagt. Auch in der Anklageschrift stand ‹pissen› – wie bei einem Hund.»

Später sprachen die Richter Jürg von Schuld und Strafe frei, aber ohne Entschädigung für die unrechtmässige Untersuchungshaft und ebenfalls mit der Auflage, die Kosten der Untersuchung zu übernehmen.

«Von Jürg hörten wir zum ersten Mal, wie es für ihn war im Knast und wie es den andern ungefähr zumute sein musste, die noch drinnen waren. Wie es mit dem Recht stand, die Aussage zu verweigern, und was eine Isolationshaft eigentlich bedeutete. Wir organisierten sofort Informationsabende für die Eltern, die Freunde und Freundinnen, für Angehörige und Betroffene. Wir protestierten mit Flugblättern gegen die Isolationsfolter im Gefängnis, und am 15. Dezember, es war an einem Samstag, gingen wir gemeinsam auf die Strasse. Es war eine der grössten Demonstrationen, die in Winterthur je stattgefunden haben. Aber wir waren hermetisch abgeriegelt, umzingelt von Grenadieren in Kampfausrüstungen, so weit das Auge reichte. Nur drei Tage später, am folgenden Dienstag, es war der 18. Dezember, erfuhren wir von Gabis Tod im Gefängnis.»

Popopoi starrt an mir vorbei ins Leere. Sie spricht nicht gern darüber. Sie hat offensichtlich keine Worte, die ausdrücken könnten, was sie zum Tod ihrer Freundin empfindet.

Ich lasse sie schweigen. Fast eine Stunde lang hat sie erzählt. Jetzt werden die Ledersitze unbequem. Die Wagentüren stehen immer noch offen. Das Lüftchen hat sich etwas abgekühlt. Im matten Schein der Innenbeleuchtung schaue ich Popopoi lange Zeit von der Seite an. Sie hat den Kopf gesenkt. Ich werde unruhig, blicke mal dahin, mal dorthin, bohre mit dem Kugelschreiber ein Loch in meine Notizen – und schaue dann auf. Irgendetwas, das schon vorher die ganze Zeit da war, hat sich im Rückspiegel bewegt. In diesem Augenblick. – Ist es wieder die Figur, die schon vorher hinter unserem Wagen auf und ab gegangen ist?

Mit einem Ruck drehe ich mich um und sehe, wie eine Gestalt zur Seite springt und hinter einer Hecke verschwindet. Sehe ich doppelt? Tatsächlich sehe ich sie doppelt, zum einen sehe ich sie in Originalgrösse hinter der Hecke vor dem Schulgebäude verschwinden, zum andern sehe ich die Fortsetzung der sprunghaften Bewegung als zehn Meter hohen Schatten an der Fassade des Technikums. Die Gestalt ist, ohne sich der Konsequenzen bewusst zu sein, vor einem Bodenscheinwerfer durchgelaufen und verursachte auf diese Weise einen unübersehbaren Schattenwurf. Bullenparanoia? Ich steige aus und sehe mich um.

Es ist inzwischen Mitternacht vorbei. Winterthur ist menschenleer. Umso auffälliger erscheint der Mann, der jetzt dem Schulgebäude entlanghuscht und sich davonzustehlen sucht. Es ist sonst niemand da, nur er konnte den Riesenschatten verursacht haben. Als er mich bemerkt, werden seine Schritte länger. Entschlossen, den Schnüffler zu stellen, folge ich ihm.

«Hallo Sie, ja ich meine Sie, warten Sie doch bitte mal einen Augenblick! Wer sind Sie?», rufe ich ihm zu.

Der Mann läuft jetzt am Velounterstand vorbei in die Dunkelheit. Aber ich bin nur noch wenige Schritte hinter ihm. Da bleibt er plötzlich stehen und dreht sich um.

«Wer sind denn *Sie?*», fragt er zurück.

Seine Entschlossenheit überrascht mich. Ich habe immer noch gehofft, einem harmlosen, verklemmten Voyeur hinterher zu sein. Aber vor mir steht ein selbstbewusster Mann.

«Sagen Sie mir nun bitte, was Sie von uns wollen?», wiederhole ich meine Frage, etwas unsicherer als zuvor.

Da holt der Mann mit seinem rechten Arm zu einem Schlag aus. Dicht vor meinem Gesicht stoppt er ihn ab und sagt: «Das frage ich Sie!»

Verschwommen sehe ich in der offenen Handfläche ganz nah vor meinen Augen einen Plastikausweis mit den Grossbuchstaben POLIZEI.

Noch bevor ich mich in der Dunkelheit auf die Lesedistanz von ungefähr drei, vier Zentimetern einstellen kann, ist der Ausweis verschwunden.

«Polizei», sagt der Mann. Er schaut ins Gebüsch und fügt hinzu: «Zentrale! Personenkontrolle am Technikum!», dann wieder zu mir gewandt: «Wie heissen Sie?»

Ich überlege, wen er wohl mit Zentrale meint, und schaue ebenfalls ins Gebüsch.

«Wie heissen Sie?», wiederholt er.

«Das habe ich Sie zuerst gefragt», antworte ich, «und ich weiss immer noch nicht, wer Sie sind.»

«Meinen Ausweis habe ich Ihnen gezeigt! Sagen Sie jetzt endlich, wer Sie sind!», wiederholt der Polizist.

Ich versuche ihm beizubringen, dass ich den Ausweis wohl gesehen hätte, nicht aber seinen Namen.

«Meinen Namen sage ich Ihnen auf dem Polizeiposten, wenn Sie jetzt nicht endlich Ihre Personalien angeben, dies kann ich Ihnen versichern! Sie kommen mit auf die Wache!»

Ich denke an Popopoi; sie hat schon genug Ärger mit der Polizei gehabt.

Alles geht sehr schnell. «Zentrale!», wiederholt der Beamte. Von der Zentrale höre ich nichts. Der Schnüffler hat ein drahtloses Mini-Hörgerät im Ohr und offensichtlich ein verstecktes Mikrofon irgendwo in der Jacke. Als ich meine Personalien durchgebe, gehen sie direkt auf die Zentrale. Der Beamte wiederholt sie nicht. – Vor mir steht also die Mensch gewordene Wanze. Die Zentrale scheint jetzt Schwierigkeiten mit meinem Geburtsdatum zu haben.

«Stimmt Ihr Geburtsdatum?», fragt die Wanze.

«Ja.»

«Haben Sie einen Führerausweis?»

«Ich habe einen Fahrausweis.»

«Zentrale – bitte Führerausweis kontrollieren!»

Nun wartet der Beamte die Antwort ab. Wir stehen uns stumm gegenüber. Er mustert mich. Dann sagt er: «Gehen Sie doch wieder zurück nach Zürich!»

Inzwischen hat die Zentrale meine Personalien offenbar überprüft. Ich frage ihn nochmals nach seinem Namen. «Müller,

Stadtpolizei!», sagt er im Weggehen, und es hätte ebenso gut ein Scherz sein können.

«Aber Herr Müller …», rufe ich ihm nach, «weshalb haben Sie uns eigentlich beobachtet?»

«Ihr Wagen hätte ja gestohlen sein können – und Sie ein Autodieb …»

Während ich mir einen Autodieb vorstelle, den die Polizei eine Stunde lang bei eingeschalteter Innenbeleuchtung und geöffneten Vordertüren beobachtet, wie dieser mit jemandem redet, kommt Popopoi daher. Rasch wende ich mich ab, um keine weitere Personenkontrolle zu provozieren. Ich eile ihr entgegen. Da schlägt plötzlich ein harter Gegenstand an meine Stirn.

Ich taumle und stelle fest, dass ich kopfvoran in den Stahlträger des Fahrradunterstandes gerannt bin.

Am Ende dieses langen Tages in Winterthur frage ich mich immer mehr, was in dieser Stadt bloss vorgefallen war. Ich fühle mich benommen und bin entschlossen, dass ich es jetzt umso genauer wissen will.

Hunde- und andere Geschichten

Lange Zeit habe ich die Anfrage bei Gabis Eltern hinausgezögert. Ich wollte so viel wie möglich über Umstände und Hintergründe von Gabis Tod im Gefängnis erfahren, aber der Familie ging es schlecht. Anfänglich, nach der Razzia vom 20. November 1984, war die Mutter an den Elternsitzungen noch erschienen; auch sie war – wie die übrigen Angehörigen der Verschwundenen von Winterthur – tief besorgt über die Informationssperre der Behörden.

Die Eltern trafen sich untereinander, um das Leid zu teilen, um über ihre Sorgen zu reden und mit den Anwälten, zumeist aus dem Zürcher Anwaltskollektiv, das mögliche Vorgehen zu besprechen. Eine grosse Ungewissheit trieb sie dazu: Über die Verhaftungen, den Ort der Gefangennahme und den Gesundheitszustand von über 32 Söhnen und Töchtern erfuhren die Eltern und Angehörigen nichts. Sie wussten jedenfalls nicht mehr als das, was die Behörden in der Presse verlauten liessen.

Die Berichte in den Medien stützten sich auf die Auskünfte jener Behörden, die schon 1980 bei der Sulzer-Demo, am Anfang der Dinge, am Drücker gewesen waren, auf den freisinnigen Eugen Thomann, den «blutigen Eugen», der als stellvertretender Kommandant und Stabschef der Zürcher Kantonspolizei die Verhaftungen leitete. Sie stützten sich auch auf Angaben von Peter Marti, überzeugtem Mitglied der Schweizerischen Volkspartei, der trotz seines Ehrgeizes immer noch Untersuchungsrichter der Bezirksanwaltschaft Winterthur war. Eher im Hintergrund agierte der ebenfalls freisinnige Geschäftsleiter der Bezirksanwaltschaft, Ulrich Arbenz, Oberaufsicht über die Strafuntersuchungen hatten der schweizerische Bundesanwalt Rudolf Gerber, ebenfalls ein Freisinniger, und sein Stellvertreter Jörg H. Rösler (Volkspartei).

Die Polizei und die Strafverfolger sind vielleicht die ungeliebtesten Amtsträger einer jeden Gesellschaft, weil sie die Bürger mit Vorschriften plagen, Bussen verteilen und im schlimmsten Fall gar den einen oder anderen einsperren. Sie müssen andauernd um Akzeptanz kämpfen und sich ständig legitimieren. Das ist ihr Los. Was ihnen bleibt als Kompensation, ist das Spiel mit der Macht, die sie objektiv besitzen. Je gelassener sie damit umgehen, desto weniger unangenehm treten sie in Erscheinung. In Winterthur haben die Strafverfolger von diesen Grundregeln anscheinend noch nie etwas gehört. Denn sie schlugen unverhältnismässig hart drein und rechtfertigten sich mit umso markigeren Worten, um die Misserfolge der «Engpass»-Aktion zu kaschieren.

Deshalb verbreiteten die Strafverfolger in Winterthur zunächst vor allem Erfolgsmeldungen. Dazu waren sie geradezu gezwungen, nachdem die Politiker ihrer eigenen Couleur im Zusammenhang mit den Anschlägen in halbseitigen Zeitungsinseraten eine «Gefahr für den Staat» heraufbeschworen und lautstark zu «hartem Durchgreifen» aufgefordert hatten. – Die Erfolgsmeldungen waren vorprogrammiert, weil man endlich Erfolge sehen wollte, und so konnten dann die Strafverfolger in der Presse stolz berichten, über 100 Polizeibeamte hätten am frühen Morgen des 20. November 1984 im Verlaufe der Polizeiaktion «Engpass» 32 Jugendliche aus drei Winterthurer Wohngemeinschaften verhaftet, Hausdurchsuchungen hätten wichtige Sachbeweise ergeben, die in einem Zusammenhang mit 26 Brandanschlägen, sechs Sprengstoffdelikten und mehreren hundert Sachbeschädigungen der vergangenen Jahre standen. Der freisinnige «Landbote» titelte zustimmend: «In Winterthur schnappte die Falle zu». Der gerne zitierte «Engpass»-Leiter Eugen Thomann sprach von einer «bestimmten Form von Terrorismus», und Ulrich Arbenz behauptete vielsagend, ein Teil der Verhafteten sei den «Autonomen Zellen» zuzuordnen. Der Begriff war neu und verblüffte, weil ihn niemand kannte. Aber bald geriet er ebenso rasch in Vergessenheit, wie er aufgetaucht war, und wen kümmerte es schon, dass es eine Organisation wie die «Autonomen Zellen» überhaupt nie gegeben hatte ...

Mit solcherlei Angaben waren die Informationen von Eltern, Angehörigen, Freunden und Freundinnen der Inhaftierten erschöpft.

Eine Ungewissheit machte sich breit und wurde umso drückender, je mehr die Behörden jede Anfrage kurz angebunden abwiesen und die einfachsten Auskünfte nach den konkreten Haftgründen verweigerten. Im Bezirksgebäude hiess es bloss stereotyp und unverbindlich: «... den Untersuchungszweck nicht gefährden ...», «das Ermittlungsstadium noch zu wenig fortgeschritten ...», «Verdacht auf Zugehörigkeit zu einer kriminellen Vereinigung ...».

Durch solche Auskünfte wirkten die Untersuchungsbehörden arrogant und gerieten ihrerseits in Verdacht, dass die Ermittlungen ein Flop seien und sie schweigen würden, weil sie effektiv nichts wüssten und nichts zu sagen hätten.

Gabis Mutter ist eine einfache Frau. Sie hörte von den Anwälten das eine und von den Behörden etwas anderes, ohne das Spiel zu durchschauen. Sie wusste nur, dass Gabi hinter den Mauern des Winterthurer Bezirksgefängnisses in einer Sicherheitszelle eingesperrt war und nicht mehr nach Hause kommen konnte.

Erst nach und nach drangen bruchstückhafte Informationen zu den Eltern. Aber sie weckten nur ein noch tieferes Misstrauen in die Justizbehörden. Man hörte, dass in vielen Fällen die Haftbefehle gar nicht vorgelegt wurden. Einige Wintis, darunter Sirup, flüchteten und waren zur Fahndung ausgeschrieben. Dutzende von Passanten wurden allein auf Grund ihres Äusseren, das vielleicht nicht gerade dem Winterthurer Mittelmass entsprach, kontrolliert, einzelne auf Grund von Verwechslungen in ein Gefängnis geschleppt. Der Bruder eines angeblich wegen «Sachbeschädigung» Gesuchten versuchte erfolglos zu erklären, er kenne die Wintiszene gar nicht. Erst als er mitten im Verhör zum mutmasslichen Corpus delicti, mitgeführten Nägeln und Stahlmuttern, aussagte, er sei Dachdecker, wurden die Beamten allmählich stutzig und mussten ihn schliesslich laufen lassen.

Ein anderer, der ein Stockwerk über der Wohngemeinschaft in Winterthur-Seen wohnte, beschwerte sich zwei Tage nach der «Engpass»-Aktion beim kantonalen Polizeikommando über die «Unverhältnismässigkeit» und die «Frechheit, Unverschämtheit und Arroganz gewisser Beamter» in einem offenen Brief: «Dienstag, 20.11.1984, ca. 06.30 Uhr, liege ich noch im Bett. Plötzlich wird die Wohnungstür aufgebrochen. Etwa fünf bis zehn Polizeibeamte stürmen die Wohnung. Zwei Beamte in Kampfanzug postieren sich vor meinem Bett und richten ihre Pistolen gegen mich mit der Aufforderung: ‹Hände in den Nacken und keine Bewegung!› Dann wird mir befohlen aufzustehen. Ein wahrscheinlich etwas höher gestellter Beamter eröffnet mir, dass ich nicht gesucht werde. Trotzdem darf ich nur unter Aufsicht auf die Toilette: Duschen unter Polizeiaufsicht! Wie gesagt, es wird nicht nach mir gefahndet. Ich verlange eine Erklärung über den ganzen Vorfall. Diese wird mir verweigert. Ca. eine halbe Stunde nach Beginn des Überfalls kommt der Einsatzleiter und meint lapidarisch: ‹Es ist gut, Sie können jetzt arbeiten gehen›.»

Drei Zeitungen haben den Brief abgedruckt.

Die Eltern hörten in ihren Kreisen immer häufiger von derartigen Vorfällen, und bald war in der Industriestadt die Rede von den «Winterthurer Ereignissen». Die angeblich bedrohte Staatssicherheit sollte offenbar jedes polizeiliche Mittel heiligen.

Allein die Gesinnung der jungen Wintis schien den vom Rechtsbürgertum kontrollierten Behörden gefährlich: ihre eigene Kultur, ihre Punkmusik, ihre grotesken Comics, die Lebensformen in Wohngemeinschaften, ihre Vorstellungen vom Zusammenleben in Gruppen, ihre unverblümten Zeitungen und Flugblätter, ihre selbst verwaltete Wirtshauskultur und so weiter.

Dieses Eigenleben der Wintiszene, die auch eine eigene Sprache und Schrift pflegte, zum Beispiel Aleks statt Alex, diese Kultur wurde seit der Jugendhausblüte von 1980 kontinuierlich eingeschränkt, wobei die Behörden mit einer fatalen Kombination von kleinbürgerlicher Pedanterie und hartem Anpacken vorgingen: Aufmüpfige Druckschriften und Flugis wurden nicht toleriert, sondern konsequent beschlagnahmt, laute Punkkonzerte wurden nicht angemahnt, sondern gleich mit Polizeigewalt aufgelöst, der «Widder», ihre Beiz, mit gesundheits- und wirtschaftspolizeilichen Vorschriften schikaniert, die Wohngemeinschaften ständig auf Grund von irgendwelchen banalen Anschuldigungen durchsucht.

Auf der einen Seite erfuhren die Wintis am eigenen Leib, dass es im überschaubaren Winterthur besonders schwierig war, sich nicht anzupassen. Auf der andern Seite entstand daraus ein politisches Bewusstsein. Bald stellten sie die Gesellschaft generell in Frage und kritisierten die zwei, drei Grossbetriebe recht differenziert auf lokaler und exportwirtschaftlicher Ebene. Die Tatsache, dass der Wohlstand zu einem grossen Teil auf der Armut in der Dritten Welt beruhte, war der Szene nicht gleichgültig. Verschuldung war ihr bald kein Fremdwort mehr. Sie protestierte nicht nur gegen den Sulzer-Konzern wegen seiner Argentinienexporte, sondern legte sich 1981 in Form eines Menschenteppichs vor den Eingang der Internationalen Waffenmesse «W81», die in Winterthur abgehalten wurde. Sie besetzte leer stehende Häuser und protestierte gegen die Wohnungsnot und die profitorientierte Immobilienspekulation. Sie wehrte sich, wie nur junge Menschen es tun können, gegen die Ungerechtigkeiten –- und wurde kriminalisiert.

Die Winterthurer Justizbehörden schauten zu, wie eine rechtsextremistische Bürgerwehr Schweinegülle auf den Menschenteppich vor der Waffenausstellung spritzte, unter den Zuschauern Eugen Thomann, der daraufhin die Teilnehmenden des Menschenteppichs wegen Verdacht auf Hausfriedensbruch und Störung von Ruhe und Ordnung längere Zeit in Untersuchungshaft setzte. Die Bürgerwehr, die leicht hätte eruiert werden können, wurde nicht behelligt, während die Polizei die Wintiszene immer häufiger observierte.

Im Alternativrestaurant «Widder» hatten die Spitzel ihren Stammtisch, auf dem Heimweg regnete es Personenkontrollen; Verfolgungen unter irgendeinem Vorwand gehörten bald zum Alltag. Übereifrige Beamte schlugen Jugendliche und Angehörige von Randgruppen auf dem Polizeiposten regelmässig zusammen, bis die Sozialdemokraten mit einer Motion im Gemeinderat eine unabhängige Untersuchung forderten. Aber auch das führte zu nichts, obschon auf Grund von Zeugenaussagen mehr als ein Zehntel des Polizeikorps in die Befragungen einbezogen werden mussten. Nur in zwei Fällen hatte es Folgen. Sie wurden als Einzelfälle taxiert, und der Journalist Kurt-Emil Merki, der mit seiner polizeikritischen Berichterstattung den Stein ins Rollen gebracht hatte, verlor seine Winterthurer Redaktorenstelle.

Die Wintis bezeichneten die Polizeiübergriffe als «Kleinterror». Sie wurden immer mehr ausgegrenzt und schlossen sich noch enger zusammen. Schliesslich landeten sie in der Klandestinität und machten ihrem Unbehagen mit Sprayereien Luft. Es war eine Art Hyperventilieren aus der Dose. Sie malten und spritzten ihren Protest in Unterführungen, an Stützmauern und an die Fassaden öffentlicher Gebäude und Firmensitze. Der Konflikt eskalierte, und bald sah sich das Kleinbürgertum in seiner ganzen Selbstgefälligkeit fundamental in Frage gestellt: Wo immer die Wintis auftraten, mit ihrem punkigen Outfit, ernteten sie feindselige Blicke, ihre Kleidung rief demonstratives Kopfschütteln hervor, ihre Musik empfand der Bürger als Störung der «Winterruh in Winterthur» (Sprayparole).

Das alles schaukelte sich gegenseitig hoch, bis es 1984 brannte und knallte. Die Spannung wurde weiter angeheizt. Auch innerhalb der Wintiszene begannen sich Brüche abzuzeichnen. Während die einen in den politischen Anschlägen eine Art von Frühlingserwachen sahen, wurden andere nachdenklich und fragten sich ängstlich, wohin dies führe. Mit dem Abfackeln von zwei Armeefahrzeugen, so genannten Pinzgauern, wurde die Armee in Frage gestellt, mit dem Sprengkörper am Technikum der technische Fortschritt und mit der Explosion an Bundesrat Friedrichs Villa die Landesregierung der Schweiz.

Die Fronten traten jetzt effektvoll und überdeutlich hervor. Immer mehr frage ich mich, wo denn eigentlich ich selber stehe als aussenstehender Berichterstatter. – Ist es möglich, Distanz zu wahren und neutral zu bleiben? – Neutral ...

Während meiner Recherche Mitte der Achtzigerjahre geht gerade wieder einmal ein kräftiger Schub Ausländerfeindlichkeit durch die Schweiz, angezettelt vor allem von der so genannten Nationalen Aktion, die in Winterthur eine der stärksten Parteien ist. Die neuste Bundesinitiative für die Ausweisung möglichst vieler Fremdarbeiter und politischer Flüchtlinge aus der Schweiz hat ihre Wurzeln in Winterthur. Elisabeth Kopp, die freisinnige Nachfolgerin des zurückgetretenen Bundesrates Friedrich, suchte sich als Rausschmeisser der Nation den Winterthurer Stadtrat Peter Arbenz aus, der in Bern das neu geschaffene Amt eines «Delegierten für das Flüchtlingswesen» antrat. Unter dem Druck harter Asylschicksale erwies sich Peter Arbenz dann freilich nicht ganz so stur, wie man es vielleicht von ihm (als Winterthurer) erwartet hätte. Zuerst versuchte er zwar noch, eine harte Linie zu fahren, und wollte als Präzedenzfall ein paar tausend Tamilen ins sri-lankische Krisengebiet zurückschicken. Doch die Berner Kantonsregierung, die für den Vollzug der Zwangsrückkehren zuständig war, weigerte sich, den Entscheid des Duos Kopp/Arbenz zu vollziehen. Einen amtlichen Ungehorsam dieser Art hatte die Schweiz bisher noch kaum je erlebt. Er schränkte Arbenz ein. Zudem wurde er bei einem persönlichen Augenschein im tamilischen Norden Sri Lankas selber Zeuge jener Zustände, welche die Flüchtlinge zu Protokoll gaben.

In Winterthur ist das Boot besonders rasch voll; hartnäckig haben sich hier die Schimpfwörter einstiger Judenhetze gehalten. Besoffene rufen heute noch durch die vormitternächtlich verschlafenen Gassen: «Du verdammter Synagogenheizer!» – «Du elender Pharisäer!» – Und der «gestampfte Jud» (Büchsenfleisch aus schweizerischen Armeebeständen) gehört bis hinauf zu den Arrivierten und Kultivierten zur Alltagssprache.

Die Spuren solcher Schimpfwortrelikte führen in die dunkle Vergangenheit von Winterthur, die Niklaus Meienberg im «Gedenkblatt für die Familie Sulzer» dokumentiert hat. In den Dreissiger- und Vierzigerjahren ging es jedoch weniger um eine xenophobe Stimmung in der Bevölkerung – es gab im Volk auch starke Opposition dagegen – als vielmehr um eine gewisse Nazifreundlichkeit innerhalb der Industriellenfamilie, deren

Verdienste heute noch – vorbehaltlos – gewürdigt oder sogar bewundert werden. In Staats- und Wirtschaftskunde der Schulen wurde verschwiegen, dass Dr. Hans Sulzer noch 1943 (nach Stalingrad!) den Nazis den Sieg über die Alliierten wünschte und dass Dr. Oscar Sulzer dem schweizerischen Faschistenführer Ernst Hofmann aus Winterthur, Chef der Eidgenössischen Sozialen Arbeiterpartei (ESAP), mit namhaften Geldbeträgen und eigenen Artikeln für das Naziblatt «Schweizervolk» unter die Arme griff. Alt-Bundesrat Rudolf Friedrich, mütterlicherseits Sulzer-Nachkomme, apostrophierte die Enthüllungen Meienbergs als «primitiv» und «psychopathisch», «dumme Geschichtlein im Boulevardstil». Es durfte einfach nicht wahr sein. Und wer solche Tatsachen dennoch beim Namen nannte, wurde mundtot gemacht. Geschehen mit dem Winterthurer «Stadtanzeiger», der Meienbergs Enthüllungen am 27. Juli 1978 veröffentlicht hatte und sich anschliessend – ganzseitig! – dafür entschuldigen musste. Friedrich und die Firma Sulzer hatten Macht und Einfluss über den Inseratengiganten Publicitas spielen lassen und dem Medienunternehmen vorübergehend das Werbebudget von zwei Millionen Franken im Jahr entzogen.

Jahre später machte ein noch unter Friedrichs Amtsführung entstandener Bericht der Bundesanwaltschaft über «Einige Erkenntnisse und Gedanken zu Asylgesuchen in der Schweiz» Schlagzeilen. Es handelte sich um ein internes Papier, das derart aggressiv formuliert war, dass es die fremdenfeindliche Nationale Aktion sogleich als Werbebroschüre in Grossauflage verwenden konnte. Der «Tages-Anzeiger» schrieb am 30. Mai 1985 dazu: «In der Bundesanwaltschaft gibt es offenbar Leute, die bezüglich rassistischer Tendenzen und polemischer Methoden der Nationalen Aktion nahe stehen.»

1986 war Rudolf Friedrich Präsident der Stiftung Pro Juventute, die wegen ihres Hilfswerks «Kinder der Landstrasse» in die Schlagzeilen geriet. Diese Organisation hatte über Jahrzehnte hinweg den jenischen Familien und den Fahrenden systematisch ihre Kinder entrissen, mit dem Ziel, sie sesshaft zu machen. Tausende von Verschleppungsaktionen, die an Nazimethoden erinnerten, tauchten auf einmal aus neu zugänglich gewordenen Archiven auf. Der oberste Verantwortliche der Pro Juventute war somit gefordert und sollte in der Öffentlichkeit Stellung dazu nehmen. Doch was fiel dem Ex-Bundesrat Friedrich aus Winterthur als Pro-Juventute-Präsident dazu ein? – Er nehme keine Stellung, meinte er, denn es liege in der Natur der Sache, dass eine Stiftung kein Bewusstsein habe und sich deshalb auch keiner Schuld bewusst sein könne. «Eine Institution hat kein Gewissen.»

Im Vorfeld der «Engpass»-Aktion vom 20. November 1984 war derselbe Friedrich am Drücker. Da er Geschädigter und oberster Vorgesetzter der Strafverfolgungsbehörden in Personalunion war, ging die Bundesanwaltschaft und ihre Bundespolizei, die Bezirksanwaltschaft und die Kantonspolizei ganz in seinem Bewusstsein vor, zum Beispiel beim selbst verwalteten Alternativrestaurant «Widder» in der Winterthurer Altstadt, wo die Wintiszene ein- und ausging.

Mehrere Tage umstellte eine Heerschar uniformierter und ziviler Polizeibeamter das Hauptgebäude, das Nebengebäude und den Hinterhof, kontrollierte jeden Gast und das gesamte Personal, postierte sich im Korridor, im Keller, auf den Treppen und im Estrich und durchkämmte den ganzen Häuserkomplex. Im zweiten Stock brachen die Polizisten ohne Vorwarnung die Wohnungstüre ein und stürmten sämtliche Zimmer, WC und Bad einer völlig ahnungslosen Familie mit Kleinkindern, obschon ein Durchsuchungsbefehl bloss für einzelne Räume im obersten Stockwerk vorhanden war. Dieser galt Popopoi, die als Zeugin und mögliche Auskunftsperson verhaftet wurde.

«Man stelle sich vor», hiess es auf einem Flugblatt, «um neun Uhr morgens umstellt die Kantonspolizei mit 100 Beamten die Hulzer-Zentrale. Hulzer steht unter dem Verdacht, durch die Lieferung von Atomanlagen den faschistischen Generälen Argentiniens die Möglichkeit zum Bau von Atomsprengsätzen eröffnet zu haben. Der Hulzer-Konzern wickelte in den letzten Jahren ein Halbmilliardengeschäft mit der Lieferung nuklearer Komponenten an Argentinien ab. Hulzer und die 21 Manager sind jetzt der Komplizenschaft an diesem Verbrechen gegen die Menschheit angeschuldigt. Die 21 Personen werden bis auf weiteres wegen Kollusions- und Fluchtgefahr in Untersuchungshaft gehalten.»

Oder man stelle sich vor, meinte ein Teilnehmer an den Elternsitzungen, im «Grandhotel Dolder» in Zürich werde ein Delinquent wegen Grossbetrügereien gesucht, was schon vorgekommen sein dürfte, und die Polizei stürme die Suiten mit dem Hackbeil, postiere sich mit Maschinenpistolen im Entrée, auf Terrassen, Treppen und Emporen und unterziehe sämtliche Gäste und das Personal einer näheren Personenkontrolle ...

Hilflosigkeit und Ohnmacht gegenüber einer tief empfundenen Ungerechtigkeit breiteten sich aus. «Man hat mit Kanonen auf Spatzen geschossen», fand auch die Mutter von Gabi, die ihre Tochter gut zu kennen glaubte und die wusste, dass Gabi niemals an Brand- oder Sprengstoffanschlägen beteiligt gewesen sein konnte. An den Sitzungen wirkte sie verzweifelt. Sie machte sich grosse Sorgen, weil ihre Gabi schon als Kind ein lebensfrohes und sensibles Mädchen war, das über wenig Reserven verfügte und nun – eingeschlossen in Gefängnismauern – verzweifeln musste.

Am 12. Dezember 1984, fünf Tage vor Gabis Tod im Gefängnis, warnten die Eltern in einem Brief an den für Gabi zuständigen Bundesanwalt Jörg H. Rösler vor den unabsehbaren Folgen von Einzelhaft und den Folgen der ungewöhnlichen Einschränkungen von Besuchen und Anwaltsrechten. Dies bedeute für ihre Tochter eine unzumutbare psychische Belastung, schrieben die Eltern – eine Belastung, welche die Bundesanwaltschaft zu verantworten habe.

Gabis Mutter hatte zwei Kinder. Ihr Sohn war ein Jahr zuvor völlig unerwartet ums Leben gekommen, und zu Hause hatte sie einen gesundheitlich geschwächten Ehemann mit düsteren Vorahnungen: «Du wirst sehen, wir werden auch noch unsere Gabi verlieren», habe er ihr immer wieder gesagt.

Nach vier Wochen Einzelhaft im Winterthurer Bezirksgefängnis wurde der absehbare Horror, vor dem die Eltern immer wieder gewarnt hatten, mit allen grausamen Begleitumständen Realität. Gabis Mutter blieb danach den Elternsitzungen fern.

Um die Familie zu schonen, zögerte ich sehr lange, bis ich die Mutter Anfang Oktober 1985 – fast ein Jahr nach Gabis Tod – das erste Mal anrief. – «Es hat doch alles keinen Sinn mehr», eröffnet sie mir sogleich, «wie bitte, Sie wollen die ganze Geschichte nochmals aufrollen? – Wissen Sie, wir haben uns gesagt, mein Mann und ich, dass wir mit der Vergangenheit – mit einer solchen – abschliessen sollten. Schon nach der Razzia hat man mit den Demonstrationen gegen die Justiz doch alles nur noch verschlimmert. Bei den Behörden hat dies doch nur eine Verhärtung ausgelöst. Hören Sie, die öffentliche Kritik führte in Wirklichkeit bloss zu schlechteren Haftbedingungen im Gefängnis – und dann ist das mit unserer Tochter passiert.»

Die Mutter, so höre ich, schwankt hin und her in der Frage, wer schuld am Tod ihrer Tochter war: Hier war die Justiz, die Gabi in ihrer Gewalt hatte, und dort waren die Kritiker der Justiz, die gegen die Haftbedingungen protestierten.

Nur zwei Tage vor Gabis Tod im Gefängnis warnten nochmals eindringliche Flugblätter, Transparente und Sprechchöre vor der «mörderischen Isolationshaft». Hunderte demonstrierten gegen das «generalisierende Vorgehen der Justiz», gegen die «Flächenverhaftungen» und die Verweigerung von Anwaltskontakten.

Als ich Gabis Mutter am Telefon daran erinnere, meint sie: «Aber auf der andern Seite hat die Justiz doch bestimmt nicht ganz grundlos verhaftet.» An den Sitzungen und Demonstrationen sei die Freilassung aller Gefangenen gefordert worden, aber die konnten doch nicht einfach alle laufen lassen, wenn die Beweise, wie die Behörden immer wieder betonten, auf dringenden Tatverdacht schliessen liessen. – «An diesem Protest stimmte doch etwas nicht», sagt die Mutter. «Aber Gabi war das Liebste, was ich im Leben hatte, und nach dem Tod meines Sohnes habe ich sie beinahe vergöttert.» Sie sei nicht an die Elternsitzungen gegangen, um politisch die Einzelhaft zu kritisieren, sondern allein um ihrer Tochter willen. «Für Gabi wollte ich das Beste, was noch zu erreichen war.»

Doch die gemeinsamen Vorstösse, denen sich die Mutter teilweise noch angeschlossen hatte, schlugen allesamt fehl. Wie alle übrigen Verhafteten bekam auch Gabi ihre Verteidigerin wochenlang nicht zu sehen, auch niemand sonst durfte Gabi besuchen – zuletzt nicht einmal ihre Mutter. Die Untersuchungsorgane hatten die Wintis vollständig isoliert, Gabi durch Zellenverlegungen noch zusätzlich innerhalb des Gefängnisses. Sie sollte möglichst bald reden, weil sie die Freundin von Aleks Weber war, der als einer der beiden Hauptschuldigen galt.

«Ich weiss nicht, ob es richtig ist, wenn ich Sie treffe», sagt die Mutter am Schluss unseres Telefongesprächs. Dennoch vereinbaren wir ein erstes Gespräch in einem Winterthurer Tea-Room. Es wäre ihr lieb, fügt sie bei, wenn Popopoi oder sonst noch jemand aus Gabis Freundeskreis dabei sein könnte. Sie würde gerne einmal eine Freundin über ihre Tochter reden hören. Lange Zeit habe sie sich zurückgezogen. «Wir hatten einfach nicht mehr die Kraft, mein Mann und ich.»

Am 10. Oktober 1985 fahre ich wieder einmal an den Pünten und Milchglasfensterfronten, hinter denen auch Gabis Mutter arbeitet, vorbei nach Winterthur, lehne ins Polster des Intercitys und versuche mich an möglichst viele Einzelheiten zu erinnern, die ich bisher über Gabis Leben und Sterben in Untersuchungshaft erfahren habe. Ich will gut vorbereitet sein. Das heutige Treffen mit der Mutter wird vielleicht die bedeutendste meiner Annäherungen an die Winterthurer Ereignisse sein.

Vor wenigen Tagen war ich bei Gabis Anwältin. Sie klagte, die Mandanten von Anwälten, die politisch links stehen, seien im Gefängnis besonders krass isoliert worden. Die Behörden hätten das Haftregime je nach politischer Herkunft des Verteidigers angeordnet. Bürgerliche Anwälte erreichten bei den Behörden sofort unbeaufsichtigte Gefängnisbesuche, während die Mitglieder des Anwaltskollektivs noch nicht einmal ein Aktenstück zu sehen bekamen.

Die Bezirksanwaltschaft Winterthur äusserte die Befürchtung, die Verhafteten könnten sich über das Zürcher Anwaltskollektiv gegenseitig absprechen, und mit der Begründung von Kollusionsgefahr schränkte sie formal die Anwaltsrechte ein. Doch hätte ein solches Verhalten der Anwälte die Standesregeln verletzt. Allein die Befürchtung, diese könnten verletzt werden, führte bereits zu harten Massnahmen. Das waren Zeichen von grosser Verunsicherung, welche die Justiz mit ungewöhnlicher Aggression kompensierte. Es ging auch gar nicht um die Einhaltung von Standesregeln, sondern um die Verhinderung einer anwaltschaftlichen Kontrolle der Strafuntersuchung. Weil es keine brauchbaren Beweise gab, benötigte die Justiz Aussagen und im besten Fall Geständnisse. Deswegen wurden vor allem jene Anwälte in ihren Verteidigungsrechten eingeschränkt, die ihre Mandanten möglicherweise auf das Aussageverweigerungsrecht aufmerksam gemacht hätten. Das Recht auf Aussageverweigerung eines Gefangenen betrachtete die Winterthurer Bezirksanwaltschaft als «justizfeindliches Verhalten».

Die Feindseligkeiten gegenüber den Verteidigern erreichten nach Gabis Tod einen dramatischen Höhepunkt. Die Bezirksanwälte Ulrich Arbenz und Peter Marti behaupteten, Gabi sei unter einem «enormen Gruppendruck» gestanden, «der teilweise auch von den Anwälten an sie herangetragen wurde». Auf diese Weise wurde jenen Anwälten eine Mitschuld an Gabis Tod unterstellt, die kurz vorher vor allen möglichen Folgen gewarnt hatten – und auch schon wegen dieser Warnungen angegriffen worden waren.

Es wurde immer absurder. Die Unterstellung, die Justizkritiker hätten Druck auf die Tote ausgeübt, war perfid und pervers im schlimmsten Sinne des Wortes. Denn genau das Gegenteil war der Fall. In Wirklichkeit verfügten einzig die Strafverfolger über die Macht, auf Gefangene Druck auszuüben – und sie machten davon Gebrauch, wo sie nur konnten: bei den Besuchsbewilligungen, bei der Briefzensur und bei den Anwaltsrechten. Aber die Behörden unterdrückten alles, was die Untersuchungshaft hätte erleichtern können. Respekt schienen sie bloss vor dem Einfluss aus dem eigenen politischen Lager gehabt zu haben, etwa vor demjenigen des Rechtsanwalts Dr. iur. Werner Stauffacher, selbst Freisinniger und zudem persönlicher Vertrauter der Eminenz des Winterthurer Bürgertums, Rudolf Friedrich.

Stauffacher kannte Friedrich schon lange, wie er mir in einem Gespräch erklärte. Von Friedrich übernahm er – nach dessen Wahl in den Bundesrat – eine Reihe von Wirtschaftsmandaten. Stauffacher war bis Herbst 1983 Zentralsekretär der Stiftung Pro Juventute und hatte dort mit seinem umstrittenen Führungsstil für einige Schlagzeilen in der Presse gesorgt. Genauer: Die Affären um Stauffachers Personalpolitik füllten Zeitungsseiten. Im Herbst 1983 wurde Stauffacher nicht wieder gewählt, blieb aber weiterhin Delegierter der Pro-Juventute-Stiftungskommission. In diesem Gremium traf er genau sechs Tage vor der Aktion «Engpass», am 14. November 1984, mit Friedrich zusammen, der an diesem Tag als Ex-Bundesrat zum Präsidenten der Pro Juventute gewählt wurde. Und so ergab sich bei dieser Gelegenheit auch ein Gespräch über die Winterthurer Strafverfahren. Hier wurde unter politischen Vorzeichen vorgespurt, was nachher als Realität in eines der 30 Verfahren floss: Stauffacher wurde Verteidiger von Dev, der von allen verhafteten Wintis am meisten belastet war – und ausgerechnet Dev wurde unter mysteriösen Umständen schon sehr bald freigelassen und konnte nach England auswandern, wo er nie mehr behelligt wurde.

Die Sonderbehandlung von Dev begann mit dem Mandat von Stauffacher. Als Verteidiger hatte er dank richtiger – oder besser rechter – politischer Gesinnung und der Fraternité mit Friedrich als erster Anwalt der Winterthurer Verfahren sofort das Recht auf unbeaufsichtigte Gefängnisbesuche bei Dev. Stauffacher schrieb dies freilich nicht seinen besonderen Beziehungen zu, sondern seinen beruflichen Fähigkeiten. Als guter Verteidiger, meinte er, habe er mit den Behörden überhaupt keine

Schwierigkeiten gehabt. Dev sei sehr zuvorkommend behandelt worden. Er verstehe die Proteste gegen die Winterthurer Justiz nicht.

«Zur Einvernahme in der Zürcher Polizeikaserne», erzählte mir Stauffacher als Beispiel, «musste Dev von Regensdorf nach Zürich transportiert werden. Auf diesen Fahrten ist es ihm jeweils übel geworden. Als ich deswegen intervenierte, suchte die Polizei für Dev ein Transportfahrzeug aus, das nicht rumpelte. Und später klagte er mir, er habe im Gefängnis Milch bestellt, aber keine erhalten. Darauf wurde ich ranzig und sagte den Polizisten, das sei eine ganz grosse Sauerei: Zuerst müsse die Milch her, dann erst könne das Verhör beginnen. Da ging der zuständige Kantonspolizist über die Strasse und kaufte in der Nähe auf Staatskosten Milch. Dass dieser Polizist selber in einen Laden ging, um für einen Gefangenen etwas einzukaufen, fand ich gut. Aber, zugegeben, es verwunderte mich dann auch ein bisschen, als der Beamte nach seiner Rückkehr aus dem Milchladen die Strafanstalt Regensdorf anrief, um sich bei den dortigen Aufsehern zu beschweren, dass Dev seine Milch nicht rechtzeitig bekommen habe. Darauf haben sich die Regensdorfer sogar noch entschuldigt. Während der Einvernahme haute dann der Untersuchungsrichter Arbenz plötzlich die Faust auf den Tisch und begann laut zu fluchen: ‹Gopferteli nonemal!› – Aber da sagte ich ganz ruhig, ich wolle hier keine lauten Diskussionen. Aber Arbenz fluchte weiter: ‹Gopferteli nonemal, jetzt hat Dev das eine Mal so ausgesagt und das andere Mal wieder anders! Und nun sagt er wieder etwas Neues!› – Da griff ich als Anwalt ein und erklärte Arbenz ganz klar, dass die Einvernahme auf diese Weise natürlich nicht weitergehen könne. Zunächst müsse man doch in aller Ruhe einmal herausfinden, weshalb mein Mandant das eine Mal so und das andere Mal anders aussagte. Ich schlug vor, eine Pause einzulegen. Darauf wurde Arbenz vernünftig und erlaubte uns, alleine am hinteren Tisch Platz zu nehmen. Dort konnte ich mit Dev ungestört reden, bis wir allmählich begriffen, dass die unterschiedlichen Aussagen lediglich auf einem Missverständnis beruhten. Danach kehrte ich vom hinteren Tisch zu Arbenz zurück und erklärte ihm, dass die Aussage A falsch verstanden worden war und sie deshalb anders sei, als man nach der Aussage B hätte erwarten müssen.»

Dies habe dann auch dem Untersuchungsrichter eingeleuchtet, meinte Stauffacher mit einem Lächeln, um seine Fähigkeiten als Anwalt nochmals zu unterstreichen.

Der ausgebügelte Widerspruch in den Aussagen von Dev und die Einvernahmepause am hinteren Tisch seien im Protokoll nicht erschienen.

Stauffachers Verteidigung war ein individuelles Herausmischeln von Dev und ein abgekartetes Spiel auf höchster politischer Ebene – der eingebildete Anwalt war ein williges Werkzeug, um die solidarische Front der übrigen Anwälte zu durchbrechen, die ihren Mandanten so lange zur Verweigerung von Aussagen rieten, wie die Behörden Akteneinsicht und unbeaufsichtigte Besuche verweigern sollten.

Stauffacher forderte Dev auf, Aussagen zu machen, und dafür erhielt er dann Anwaltsrechte, die den andern Verteidigern verwehrt blieben. Von der Sonderbehandlung erwarteten die Behörden natürlich Informationen, aber diese Rechnung ging nicht auf. Nach seiner Freilassung erklärte Dev seiner damaligen Freundin, er habe schon beim ersten Gespräch bemerkt, dass Stauffacher auf der andern Seite stand.

Stauffacher war Wirtschaftsanwalt und übernahm nur selten Straffälle. Von einer anderen rätselhaften Ausnahme abgesehen: In den Siebzigerjahren vertrat er Andreas Kühnis, einen Spitzel des rechtsextremen freisinnigen Subversivenjägers Ernst Cincera, nachdem dessen skandalöses Schnüffelarchiv aufgeflogen war. Auch damals ging es darum, in einer dem Bürgertum unangenehmen Angelegenheit die Kastanien aus dem Feuer zu holen.

Die meisten andern Verteidiger, vor allem diejenigen, die öffentlich protestiert hatten, machten ganz andere Erfahrungen mit der Winterthurer Justiz. Gabis Anwältin musste zweieinhalb Wochen warten, bis sie ihre Mandantin erstmals besuchen durfte – und dies nur unter Aufsicht. Die Strafprozessordnung erlaubt zwar, dass ein Verteidiger nach zwei Wochen Anrecht auf unbeaufsichtigte Gefängnisbesuche hat. Aber in Winterthur wendete die Bezirksanwaltschaft, sanktioniert von der Anklagekammer des Obergerichts, Ausnahmebestimmungen an, um diese Frist hinauszuzögern.

Zur offiziellen Begründung wurden zwei fadenscheinige Argumente vorgebracht: Einerseits die behauptete «Anwältekollusion», anderseits wurde Gabi ganz einfach der Teilnahme an Sprengstoffanschlägen verdächtigt, womit ihr Verfahren automatisch in die Zuständigkeit der Bundesanwaltschaft fiel; und auf dieser Ebene kann die viel strengere Bundesstrafprozessordnung angewendet werden, die einen Verteidiger fast beliebig lang ausschliessen kann. Erst viel später sollte ein Anwalt, der gegen dieses Vorgehen rekurrierte und bei allen helvetischen Instanzen unterlag, in Strassburg vor der Europäischen Menschenrechtskommission Recht bekommen ...

Der Verdacht auf Sprengstoffdelikte entbehrte bei Gabi jeder Grundlage. Weder war sie jemals in der fraglichen Zeit durch entsprechendes Verhalten aufgefallen, noch lag sonst ein Hinweis gegen sie vor. Der Verdacht auf ein Sprengstoffdelikt war pures Konstrukt, das, wie die meisten Anstrengungen der Untersuchungsbehörden, immer denselben Zweck verfolgte: Zermürbung durch strenge Einzelhaft und Isolation, ganz besonders bei Gabi, weil sie die Freundin von Aleks war.

Auch andere Freundinnen von Beschuldigten steckten in diesen eigentlichen Geheimverfahren der Bundesanwaltschaft. Auch sie sollten so lange wie möglich von ihren Anwälten fern gehalten werden, bis sie endlich gegen deren Ratschläge irgendetwas aussagten. Längst wussten es alle, die es wissen wollten, und Bundespolizeikommissär Hans Vogt vertraute sich verzweifelt seinen Bekannten an, die es weiter herumerzählten: Die Justiz hatte nichts in der Hand, obschon die Wintiszene seit Monaten unter polizeilicher Beobachtung stand.

Aus dieser Verzweiflung heraus begann Vogt im Hintergrund zu operieren. Bei den ersten Einvernahmen von Gabi protokollierte er entgegen den Vorschriften nichts, und als die Verteidigerin von Gabi ihre Mandantin nach knapp drei Wochen erstmals (unter Aufsicht) besuchen durfte, lauschte kein Bundesbeamter mit, sondern ein Kantonspolizist namens B. Das war genau am 6. Dezember 1984.

Was an jenem Samichlaustag der Aufsichtsbeamte B. aus dem Gespräch zwischen Gabi und der Anwältin heraushörte, entsprach wohl nicht den Erwartungen der Strafverfolger. Denn Gabi empörte sich während der ganzen Besuchszeit vor allem über zwei Kantonspolizisten, die ihr immer wieder einen anonymen Brief vor die Nase hielten, den sie gut eine Woche vor der Razzia erhalten hatte und bei ihrer Verhaftung zufällig noch auf sich trug.

Der anonyme Brief diffamierte Aleks, ihren Freund, in primitiven und rüden Worten und sollte bei Gabi Eifersucht auslösen und Rachegefühle wecken. Sie liebte Aleks, der einer der Hauptangeschuldigten und im Grunde längst vorverurteilt war. Nachdem Gabi den anonymen Brief per Post erhalten hatte, trug sie ihn tagelang mit sich herum und werweisste zusammen mit anderen Wintis, wer der üble Verfasser sein könnte. Der Brief verursachte eine grosse Verunsicherung in der Wintiszene und säte Misstrauen. Gabi hatte schon vor ihrer Verhaftung, noch in Freiheit, praktisch nur noch von diesem Brief gesprochen, weshalb sie ihn bei ihrer Festnahme auch immer noch bei sich hatte. Und jetzt in der verzweifelten Lage im Gefängnis, in der Einzelhaft, abgeschottet von Freunden, Eltern und Verteidigung und zudem angeschuldigt wegen Sprengstoffdelikten in einem Verfahren mit ungewissem Ausgang, war sie ganz allein mit ihrem Kummer. In dieser Situation, in der Gabi mit niemandem darüber reden konnte, benutzten die Verhörbeamten eben diesen anonymen Brief, um sie gegen ihren Freund aufzuhetzen.

Es dauerte ganze drei Wochen, bis sie ihr Herz der Verteidigerin ausschütten konnte. Zwei Beamte hätten sie gegen Aleks aufgewiegelt, sagte sie immer wieder. Die beiden hätten ihr gesagt, sie sei doch der «letzte Dreck» für Aleks und sie solle so einen doch nicht länger decken mit Aussageverweigerung. Aus diesem Brief – die beiden Beamten hätten ihr immer wieder diesen anonymen Brief hingestreckt – gehe doch hervor, dass Aleks sie schlecht behandle und mit andern Frauen betrüge.

Gabis Klagen über diese Druckversuche beanspruchten beinahe den ganzen ersten Anwaltsbesuch, der auf 45 Minuten eingeschränkt war. Am Ende der Besuchszeit, die nur allzu rasch verging, wandte sich Gabis Verteidigerin konsterniert an Kantonspolizist B., den Aufsichtsbeamten: «Haben Sie gehört, mit welchen Mitteln Ihre Kollegen meine Mandantin terrorisieren? Haben Sie das in Ihren Notizen auch aufgeschrieben?»

Die Untersuchungsbehörden mussten nach der Abhörung des Anwaltsbesuchs bei Gabi frustriert gewesen sein: statt Aussagen und Hinweisen bloss Beschwerden! Immer noch blieb die Beweislage mager. Die vorliegenden Ermittlungsergebnisse deuteten bestenfalls auf einen Täterkreis im Umfeld der Wintis hin, reichten aber bei weitem nicht aus, um den Verhafteten einzeln eine Straftat zuzuordnen. Es musste also noch mehr Druck ausgeübt werden, um Aussagen oder Geständnisse zu bekommen. Um jeden Preis, insbesondere im Prestigefall des Anschlags auf das Haus von Bundesrat Friedrich. Aber gerade da klemmte es. Der Hauptbeschuldigte, der junge, etwas verrückte Künstler Aleks Weber, verweigerte jede Kooperation mit den Behörden. – Was blieb da anderes übrig, als seine Freundin Gabi weich zu kochen?

Um den Skandal zu verifizieren, dass Gabi vor ihrem Selbstmord mit dem anonymen Brief unter Druck gesetzt worden war, gebe ich meinen Recherchen eine neue Richtung. Ich möchte mich nicht nur auf das Erinnerungsvermögen der Anwältin stützen, sondern will tiefer ins Verfahren und in die Akten eindringen, um auf diesem Weg vielleicht einmal Einsicht in die Gesprächsnotizen von Kantonspolizist B. zu bekommen.

Nicht zuletzt aus diesem Grund bin ich wieder einmal unterwegs nach Sulzercity, in der Tasche eine Vollmacht von Gabis Anwältin, die den Aktenzugang erleichtern könnte. – Wird eine Akteneinsicht ein Beweisstück für die seelische Folter während der Verhöre liefern? Die Vollmacht ist nur noch zu unterzeichnen von Gabis Mutter, die ich heute Nachmittag mit Popopoi in einem Winterthurer Café treffen werde.

Auf die Auskünfte der Mutter bin ich besonders gespannt, umso mehr als die behördlichen Stellungnahmen zu den Wintiverfahren wenig überzeugten und die Verlautbarungen zu Gabis Tod im Gefängnis geradezu grotesk waren.

«Suizid im Zusammenhang mit Friedrich-Anschlag» titelte der «Tages-Anzeiger» am 19. Dezember 1984. – Wie hat dies Gabis Familie aufgenommen? War die Mutter beispielsweise informiert über die von der Bezirksanwaltschaft Winterthur in eigener Sache durchgeführten Untersuchungen der Todesursache von Gabi?

Bevor ich die Mutter anrief, hatte ich mich routinehaft und ohne viel zu erwarten, bei Bezirksanwalt Peter Marti danach erkundigt. Er erklärte trocken: «Eine solche Untersuchung muss bei jedem aussergewöhnlichen Todesfall eingeleitet werden, um abzuklären, ob ein strafrechtlich relevantes Drittverschulden vorliegt.» – Ob dies nun Suizide seien oder bei irgendeinem Drogentoten oder weiss nicht was ...

In Gabis Fall sei die Untersuchung nach gründlicher Arbeit sistiert worden, meinte Marti. Die Behörden hätten nicht nur eine allfällige Fremdeinwirkung im Zusammenhang mit dem Selbstmord überprüft, sondern auch die psychische Drucksituation, in der sich Gabi während ihrer Untersuchungshaft befunden habe. Da sei nichts, aber auch gar nichts hängen geblieben.

Ob an den beiden Bundespolizisten Stadler und Knaus auch nichts hängen geblieben sei, die Gabi am letzten Tag ihres Lebens über *sieben* Stunden lang verhört hatten? – Nein, nichts, auch denen hatte die Bezirksanwaltschaft Winterthur keine Regelverletzungen nachweisen können, versicherte Marti. – Weshalb denn das Protokoll des letzten Verhörs, das unter normalen Umständen einen Umfang von 30 Seiten ergeben hätte, bei Gabi bloss *fünf* Seiten umfasst habe? – Da eiferte sich Marti und geriet aus der Fassung: «Haben Sie sich eigentlich auch schon einmal Gedanken gemacht über den psychischen Druck, der von *aussen* an Gabi herangetragen worden ist – von den Anwälten, von Gleichgesinnten, auch von der Presse – ja gerade auch vom ‹Tages-Anzeiger›!»

Marti wusste, dass ich für diese Zeitung jahrelang Gerichtsberichterstatter gewesen war. Zum ersten Mal während meiner Recherchen ahnte ich, dass es in Winterthur wenig braucht, in meinem Fall nur eine einzige berechtigte Frage, um auf die Anklagebank zu geraten. – Wenn das nur gut geht …

«Dieser Druck war enorm», beschwor mich Marti, nachdem er sich wieder abgekühlt hatte, «und im Zusammenhang mit Gabis Tod ausserordentlich wichtig!» – Er wisse, wovon er rede, sagte der Bezirksanwalt vielsagend. Denn er habe Gabi relativ gut gekannt, von früheren Strafuntersuchungen her … Wie sich herausstellen sollte, hatte Bezirksanwalt Peter Marti jedoch nur in einem Fall je mit Gabi zu tun gehabt, genauer: in einem Hundeverfahren.

Im Juli 1984, vier Monate vor der spektakulären «Engpass»-Razzia, war die Stadtpolizei von ihrer Hauptwache am Obertor 17 zu einem ersten grösseren Einsatz an die Waldeggstrasse 8 in Winterthur-Seen ausgerückt. Er galt dem umgebauten Bauernhaus, wo Gabi und Aleks und vier weitere Wintis (darunter Dev) gewohnt hatten. An jenem Sommerabend war die Wohngemeinschaft ausgeflogen. Als Eve um halb elf nach Hause kam, sah sie vor dem Haus zwei Streifenwagen. Nach monatelanger polizeilicher Observation, die der WG nicht entgangen war, und dem anhaltenden «Kleinterror» mit Verfolgungen von Polizeiwagen auf der Strasse, nächtlich aufblitzenden Scheinwerfern an den Fenstern und zertrampelten Blumenbeeten rund ums Haus schien die Lage diesmal ernst. Eve kehrte um und benachrichtigte ihre Mitbewohner, um gemeinsam nach Hause zurückzukehren.

Eine halbe Stunde später trafen die Wintis ein. Die Polizeistreifen waren inzwischen verschwunden. Aber die Haustür stand sperrangelweit offen. Aufgebrochen. Und von den Hunden, die sie in der Wohnung zurückgelassen hatten, fehlte jede Spur. Erste Anrufe bei der Stadtpolizei brachten keine Klärung, doch nach und nach stellte sich heraus, dass die Hunde wegen

«Nachtruhestörung» verhaftet worden waren. Die Häftlinge befänden sich wohlbehalten im Tierheim. Die Polizei habe eingreifen müssen, nachdem die Nachbarschaft wegen anhaltenden Bellens reklamiert habe.

Die Nachbarn berichteten jedoch von einem ruhigen mondhellen Abend, an dem zwar hin und wieder ein Hund gekläfft habe, und nicht allein im Haus der Wohngemeinschaft. Die Polizei hatte also die Abwesenheit der Bewohner benutzt, um sich im Haus umzusehen, vermuteten die Wintis. So ganz abwegig war der Gedanke nicht, nachdem der Ort seit dem Turnfest unter Dauerbeobachtung stand. Noch am gleichen Abend forderten die Wintis die sofortige Freilassung der Hunde. Doch die Beamten lehnten ab und beriefen sich auf irgendwelche Tierschutzvorschriften. Nach weiteren Anrufen erklärten sie sich schliesslich bereit, die Hunde gegen Vorweisen der Impfzeugnisse am nächsten Morgen herauszurücken.

Die Hunde waren jedoch vorschriftsgemäss geimpft. Nun drohten die Wintis ihre Punkmusik auf volle Lautstärke zu drehen, um gegen den Hundeklau und das Aufbrechen der Haustüre zu protestieren. Und als diese Warnung erfolglos blieb, taten sie es.

Erneut fuhren Streifenwagen vor. Es dauerte nicht lange. Auf dem Vorplatz verlangten vier Polizisten sofortige Ruhe. Beim Hauseingang forderten die Bewohner lautstark und mit musikalischer Untermalung die Freilassung der Hunde: «Ohne Hunde – keine Ruhe!» Es war mitten in der Nacht.

Aleks Vater war Architekt und hatte das Bauernhaus der WG zur Verfügung gestellt, die beim Umbau mithalf und dafür mietfrei darin wohnen durfte. Der Vater wohnte im Nebenhaus und kam jetzt herbeigeeilt. Er wollte schlichten und rief den Sohn zu sich: «Aleks, komm doch mal her!» – Aber Aleks kam nicht weit. Ein Beamter riss ihn zu Boden. Aleks schrie. Einige

Bewohner eilten ihm zu Hilfe. Es kam zu einem Handgemenge mit der Polizei. Aleks keuchte im Würgegriff eines durchtrainierten Beamten. Er bekam offensichtlich keine Luft mehr und rang nach Atem. Verzweifelt schlug er mit dem Arm auf den Boden. Nun bekam es Gabi mit der Angst zu tun. Sie lief hin und rief: «Lasst ihn doch endlich los, er ist ja schon ganz blau im Gesicht!» Sie versuchte Aleks wenigstens die Brille abzunehmen. Dabei wurde sie von einem anderen Beamten zurückgerissen. Aleks wurde schliesslich in Handschellen gelegt und abtransportiert. Zur Hauptwache am Obertor 17.

Ob er dort Ähnliches erleben würde wie 1981, als er nach der Besetzung des leer stehenden Hauses an der Marktgasse 13 zum zweiten Mal in seinem jungen Leben festgenommen worden war? Damals protestierte Aleks gegen den gleichen Stadtpolizisten, der auch Sirup stundenlang in eine enge Abstandszelle gesperrt hatte. Als dieser Stadtpolizist in der Hundenacht Aleks erneut vor sich hatte, hielt er ihm vor, dass er jedes Mal rülpse, wenn er auf der Strasse einem Polizisten begegne. Solange er sich so flegelhaft benehme, solle er gefälligst das Maul halten! Aleks erwiderte frech, schlagfertig und aufmüpfig, ganz so wie er auch sonst war, er rülpse immer dann, wenn es ihm passe. Da schlug ihn der Stadtpolizist zusammen.

Man muss sich dieses Winterthurer Klima anhand solcher Episoden vorstellen. In der Hundenacht musste die Wohngemeinschaft kapitulieren, aber der Vorfall und die Sorge um Aleks gaben noch lange zu reden.

Polizeipräsenz an der Waldeggstrasse war längst nichts Ungewöhnliches mehr, Observationen gehörten zum Alltag. Seit zwei Kurzschlüsse der SBB-Fahrleitung die Heimreise der eidgenössischen Turnfestbesucher blockiert hatten, fuhren die Streifenwagen jeden Tag mindestens einmal bei der Waldeggstrasse vor. Sie hielten vor dem Haus, Beamte schauten herüber, und so gut es ging, in die Stube hinein, um nach einer Weile im Schritttempo zum Kehrplatz am Ende der Strasse weiterzufahren, dort zu wenden und ebenso langsam erneut vorbeizufahren – wieder mit Zwischenhalt vor dem Stubenfenster.

Die ganze Hundenacht über bewachte eine Polizeimannschaft das WG-Haus. Im Morgengrauen um fünf fuhren vier Streifenwagen, zwei Gefangenentransporter und ein Krankenauto vor. Unter dem Kommando von Bezirksanwalt Peter Marti stürmten über 20 Grenadiere der Kantons- und der Stadtpolizei mit Kampfausrüstung die Wohngemeinschaft und nahmen alle Bewohner fest. Marti eröffnete ihnen die Untersuchungshaft.

Es war an jenem Hundemorgen, als Bezirksanwalt Marti Gabi kennen gelernt hatte. Er setzte sie mit der Begründung eines dringenden Verdachts auf strafbares Verhalten gegenüber Beamten der Stadtpolizei eine Woche lang in Untersuchungshaft. Ebenso die anderen Wintis. Und wie zur Probe im Blick auf die folgende «Engpass»-Aktion ordnete Marti bei allen Gefangenen die Totalisolation an, wegen Kollusionsgefahr. Am sechsten Tag der Untersuchungshaft erklärte sich Marti endlich bereit, Aleks Webers Vater als Zeugen anzuhören. Gabi warf er vor, sie habe geholfen, eine Amtshandlung, nämlich die Verhaftung ihres Freundes, zu behindern.

Wenn Marti Gabi «relativ gut gekannt» haben wollte, wie er mir weismachen wollte, so bezog sich diese Behauptung einzig auf die Einvernahme im Hundeverfahren. Aus den Erkenntnissen von damals leitete er mir gegenüber ein Jahr später die psychologischen Hintergründe ihres Todes im Dezember 1984 ab. Eine psychologische Meisterleistung. Er habe Gabis Umfeld und ihre Schwierigkeiten, meinte Marti, damals auf Anhieb erkannt.

Gabi sei heimatlos gewesen. Geborgenheit habe sie leider nur in der Wohngemeinschaft gefunden. Von dort (und von den Anwälten) sei später der Druck gekommen, nichts auszusagen. Im Gefängnis sei Gabi jedoch aus diesen «Bindungen» ausgeschert, indem sie später zu den Anschlägen Aussagen gemacht habe. «Dort lag die Problematik», sagte Marti auf eine Weise, die mir klar machte, dass er selbst offensichtlich daran glaubte.

Aber mit Gabis Aussagen war es – einmal abgesehen von den zweifelhaften Umständen, unter denen sie entstanden – nicht weit her. Zwar hatten die Untersuchungsbehörden in der Öffentlichkeit immer wieder den Anschein zu erwecken versucht, die Aufklärung der Sprengstoff- und Brandanschläge sei durch Gabis Aussagen um ein wesentliches Stück vorwärts gekommen. In Wirklichkeit hatte sie in der letzten, mindestens siebenstündigen Einvernahme zum Fall Friedrich nur sehr vage zu Protokoll gegeben, dass ihr zeitweiliger Mitbewohner Res in der Küche einmal einen «Bekennerbrief angefertigt» habe. Und «ein inneres Gefühl» habe ihr gesagt, dass «eventuell» auch Dev, Stauffachers Mandant, «mit beteiligt sein könnte». Doch wisse sie es «nicht genau» und «möchte nichts Falsches sagen», hiess es im Protokoll der letzten Einvernahme, das an ihrem Todestag datiert war. Dass Gabi mehr wusste, als sie aussagte, ist nicht anzunehmen, denn wie es sich herausstellen sollte, wussten auch die anderen Mitbewohner nicht genau, was die beiden Wintis, die Gabi belastet hatte, mit den Anschlägen zu tun hatten. Fest steht bloss, dass Spuren gewisser Partikel des verwendeten Knallkörpers in den Räumen der WG an der Waldeggstrasse nachgewiesen werden konnten. Aber wer damit hantiert hatte, blieb bis zuletzt unklar.

Natürlich war es Aufgabe der Untersuchungsbehörden, das herauszufinden, aber es fragte sich, auf welche Art und vor welchem

Hintergrund dies geschah. Die paranoiden cinceristischen Verschwörungstheorien des kalten Krieges – etwa die nichtssagenden Begriffe «guerilla diffusa», «autonome Zellen» und «von Moskau gesteuert» – als geistige Grundlage der Ermittlungen führten konsequenterweise zu keinem Erfolg. Da mussten die Spuren, welche die tüchtigen Kriminaltechniker im WG-Haus lokalisiert hatten, einzelnen Tätern zugeordnet werden, und die befanden sich in einer Gruppe von heranwachsenden, zum Teil noch pubertierenden und nicht gefestigten Jugendlichen, die auf der Suche nach eigenen Lebensformen waren und in dieser Hinsicht untereinander oft uneinig und zerstritten; es handelte sich jedenfalls nicht um jene straff organisierte stalinistische Terrorzelle, welche die Chefermittler hinter den Anschlägen vermuteten. Aleks erklärte mir viel später einmal, sie hätten in der WG an der Waldeggstrasse untereinander oft heftigen Streit gehabt, ihm und Gabi sei es zu viel geworden, sie seien einmal sogar kurzfristig ausgezogen und für eine Weile nach Portugal gereist, um Abstand zu bekommen. Es sei einer der schönsten Augenblicke in seinem Leben gewesen.

Die Aussagen von Gabi waren im Gegensatz zu den handfesten Ergebnissen der Spurensicherung kaum brauchbares Beweismaterial. Gabi war so lange ausgequetscht worden, bis sie alles sagte, was sie wusste, und sogar noch ein bisschen mehr. Offensichtlich plagte man sie, bis sie sich auf das dünne Eis von Vermutungen begab, um endlich Ruhe zu bekommen. Und genau diese vagen Vermutungen warf man ihr posthum als Geständnis vor, um ihren Suizid zu erklären. Aber «ein inneres Gefühl» und «eventuell» waren keine Schlüsselwörter für eine seriöse Strafuntersuchung.

Dennoch argumentierte Marti, Gabi sei durch ihr Geständnis in eine «Zerrissenheit» hineingeraten. Der «Gruppendruck» (inklusive Anwälte und «Tages-Anzeiger») auf der einen und das «Geständnis» auf der anderen Seite hätten bei Gabi zu einer «Schizophrenie» geführt, an der die junge Frau schliesslich «gescheitert» sei. Gabi habe sich «quasi selber innerlich abgesetzt». Martis Worte für die Todesursache einer Gefangenen, die sich in der Gewalt der Behörden befand: Gruppendruck, Geständnis, Zerrissenheit, Schizophrenie (eine Geisteskrankheit).

Auf Grund solcher Aussagen hatte ich mir vorgenommen, bei meinen Recherchen eine Gegenuntersuchung vorzunehmen, also die Winterthurer Strafuntersuchung zu untersuchen. Dies schien mir eine sinnvolle Freizeitbeschäftigung für einen akkreditierten Gerichtsberichterstatter, der seinen Lebensunterhalt damit verdiente, für die grösste politische Tageszeitung des Landes den Richtern auf die Finger zu schauen. – Warum nicht einmal die Vorstufen der Strafprozesse genauer unter die Lupe nehmen? In dieser Hinsicht blieb beim erschütterndsten Winterthurer Ereignis unter dem Strich eigentlich nurmehr die überprüfbare Frage, auf welche Weise denn ein angeblicher Gruppendruck die Brandmauer von Gabis vierwöchiger Isolation im Gefängnis hätte durchbrechen können.

Eine Absprache mit anderen Wintis durch die Zellenwände war unmöglich. Konnte sie dies eventuell über die beschuldigten Anwälte tun? Gabi hätte die erste Möglichkeit beim Besuch ihrer Verteidigerin in der dritten Woche der Untersuchungshaft gehabt. Doch dieser Besuch war von Kantonspolizist B. überwacht. Da wäre jeder Gruppendruck sofort unterbunden worden. Nein, die Anwältin erfuhr bei dieser Gelegenheit so ziemlich genau das Gegenteil dessen, was die Behörden behaupteten. An jenem Samichlaustag konnte sie nur zuhören, wie Gabis Kummer wie ein Wasserfall über sie hereinstürzte. Für Verteidigungsstrategien blieb keine Zeit mehr, denn Gegenstand des Gesprächs war einzig, dass zwei Verhörbeamte Gabi immer wieder mit einem anonymen Brief psychisch unter Druck gesetzt hätten. Es lastete also kein Gruppendruck von aussen auf Gabi, sondern vielmehr ein massiver Psychoterror von innen. Die Problematik bei Gabi lag in diesem behördlichen Widerspruch. Alle Verteidigergespräche, auch die der anderen inhaftierten Wintis, wurden kontrolliert und überwacht. Unkontrollierbar waren einzig die Untersuchungsmethoden in den Verfahren der Bundesanwaltschaft, weil die Anwälte ihres Amtes nicht walten durften und von ihren Mandanten und den Akten fern gehalten wurden.

Die Strategie dahinter spielte sich auf zwei Ebenen ab: Auf der politischen wurden die Anwälte als «subversive Elemente» verschrien, die den Berufsstand in Misskredit brächten, und auf der juristischen Ebene wendete man die Bundesstrafprozessordnung an, um die Einschränkungen während der U-Haft zu legitimieren. Das Ganze zielte darauf ab, was Bezirksanwalt Peter Marti kurz vor Gabis Tod als ihren eigenen Entschluss interpretierte: dass die Jugendlichen im Gefängnis sich «innerlich» von der Szene «absetzen» sollten.

Gabi sollte sich vor allem von Aleks absetzen. Inzwischen hatte ich erfahren, dass die Beamten Gabi nicht nur den anonymen Brief vorhielten, sondern ihr auch erzählten, Aleks sei bei der Razzia am 20. November 1984 im Bett von Käti in der Wohngemeinschaft an der Neuwiesenstrasse verhaftet worden. Dass dies eine glatte Lüge war, konnte Gabi nicht wissen, weil sie bereits am Vorabend der Razzia in Zürich verhaftet worden war und nicht miterleben konnte, wie Aleks an der Waldeggstrasse gerade einem Mitbewohner die Haare schnitt, als am 20. November eine Hundertschaft der Polizei – im Beisein von Bezirksanwalt Marti – die Wohngemeinschaft stürmte. Darum ist anzunehmen, dass Gabi im Glauben, Aleks habe sie tatsächlich sitzen lassen, in den Tod gegangen war. Es war also nicht nur der anonyme Brief, der auf Gabis innerliche Absetzung von Aleks zielte, sondern auch die nachgedoppelte Falschinformation, ihr Freund sei in der Razzianacht fremdgegangen.

Einer der Urheber dieser Falschinformation war Bezirksanwalt Marti. Denn er hatte genau die gleiche Lügengeschichte – unter Verletzung des Amtsgeheimnisses – kurz nach der Razzia Kätis Vater erzählt, mit dem er in der Freizeit in der gleichen Partei politisierte. Kätis Vater war Vertreter der Volkspartei im Winterthurer Gemeinderat – jener Schweizerischen Volkspartei, die das Xenophobieprogramm der Nationalen Aktion übernahm, bis diese von der Volkspartei einverleibt wurde und von der Bildfläche verschwand.

Aber warum hatte Bezirksanwalt Marti Kätis Vater erzählt, dass Aleks bei seiner Tochter an der Neuwiesenstrasse verhaftet worden sei? Wie konnte er das, nachdem er während der «Engpass»-Razzia selber an der Waldeggstrasse war und mit eigenen Augen sah, wie Aleks dort verhaftet wurde und nicht an der Neuwiesenstrasse …

Ich konnte es zunächst einfach nicht glauben, dass Peter Marti sich derart irren sollte. Doch Kätis Eltern bestätigten im Beisein eines Anwalts nochmals, dass Marti ihnen genau diese Version von der Verhaftung tatsächlich erzählt hatte. Aber manchmal beruhen solche Wahrheiten ganz einfach auf irgendwelchen Missverständnissen.

Gabis Verteidigerin vermutete hingegen eine gezielte Strategie dahinter, die ihre Mandantin psychisch schwächen sollte, um sie dann in die Zange zu nehmen. Damit die Beamten freie Hand hatten, musste die Verteidigerin so lange wie möglich aus dem Verfahren ausgeschlossen werden. Diese Taktik kam immer deutlicher zum Vorschein, als sich die Anwältin um Akteneinsicht und Gefängnisbesuche bemühte. Sie blitzte eins ums andere Mal ab. Jeden zweiten Tag telefonierte sie nach Bern. Bundesanwalt Jörg H. Rösler hatte ihr mitgeteilt, dass für Gabis Verfahren Kommissär Hans Vogt zuständig sei. Aber diesen Vogt erreichte sie nie, und als der Kommissär plötzlich durch einen Herrn Schilling ersetzt wurde, fiel ihr nichts Besonderes auf. – Warum sollte es auch? Vogt verschwand ganz leise, als schämte man sich für die Tragik seines Suizids. Vielleicht hatte die Bundesanwaltschaft doch so etwas wie eine Art schlechtes Gewissen.

Für die Verteidigerin von Gabi kam es auf dasselbe heraus, ob nun Vogt oder Schilling, war einerlei. Das Verteidigungsmandat war nur eine Farce und diente einzig der Justiz als Alibi, um vor der Öffentlichkeit den Schein zu wahren, die Wintiverfahren würden «rechtmässig abgewickelt» (Friedrich) und jede und jeder Verhaftete sei durch einen Anwalt vertreten.

Gabis Verteidigerin durchschaute das Spiel, das Bezirksanwalt Peter Marti auf allen Klaviaturen mitzuspielen schien. Sie gab jedenfalls nicht auf und pochte in Bern immer wieder auf die ihr und ihrer Mandantin zustehenden Rechte. Sie wollte jetzt raschmöglichst einen unbeaufsichtigten Besuch bei Gabi.

Nach einem Monat Untersuchungshaft hatte sie endlich Erfolg. Kommissär Schilling versprach ihr einen ersten Gefängnisbesuch bei Gabi (ohne Aufsicht) auf Dienstag, den 18. Dezember 1984, morgens um acht. Aber vor diesem 18. Dezember wollten sich die Herren aus Bern Gabi noch einmal gründlich vorknöpfen ...

All diese Ereignisse, auf die ich im Lauf meiner Recherchen bisher gestossen bin, gehen mir auf der Fahrt im Intercity nach Winterthur durch den Kopf. Diesmal bin ich unterwegs zu Gabis Mutter, der ich noch ein paar Fragen stellen möchte. Noch haben wir das schwarze Kreuz linker Hand beim Rossberg nicht erreicht, und so bleibt mir noch ein wenig Zeit, um im ruhigen Abteil dicht am Ohr abzuspulen, was mir Gabis Anwältin zu ihrem ersten unbeaufsichtigten Gefängnisbesuch ins Diktafon gesprochen hatte.

Der Schreibtisch war spiegelblank

Klick. Ihre Stimme zittert: «Der 18. Dezember war ein Dienstag, und ich war wirklich guter Laune. Endlich konnte ich mich auf ein offenes Gespräch mit meiner Mandantin freuen. Schon vor acht Uhr morgens, also vor Arbeitsbeginn, stand ich im Winterthurer Bezirksgebäude. Ich fragte nach Gabi und erwartete Herrn Schilling von der Bundespolizei. Mit ihm hatte ich den Besuch vereinbart. Doch stattdessen erschien Untersuchungsrichter Arbenz. ‹Eine erfreuliche Überraschung›, sagte ich, als ich ihn kommen sah, ‹dies hat wohl zu bedeuten, dass für Gabi nun nicht mehr der Bund zuständig ist, sondern der Kanton.› Dieser Zuständigkeitswechsel wäre ein Zeichen gewesen, dass der ohnehin nie begründete, zweckgerichtete Verdacht auf Sprengstoffdelikte endlich fallen gelassen worden wäre.

Arbenz ging nicht darauf ein und blieb stumm. Es schien ihm nicht gut zu gehen. Er sah richtig schlecht aus und war entsetzlich bleich. ‹Der hat wohl eine lange Nacht hinter sich›, dachte ich. Arbenz forderte mich auf, ihm in sein Büro zu folgen. Es war seltsam. Diese Aufforderung klang wie ein militärischer Befehl. Jetzt kippte meine gute Stimmung endgültig um. Nach so langem Warten auf den Besuch bei Gabi, erklärte ich, wünsche ich nicht ihn, sondern endlich Gabi zu sehen. Wir stritten uns. Dann musste ich nachgeben.

In seinem Büro war der Schreibtisch aufgeräumt. Spiegelblank. Restlos. Kein einziges Papier. Da dachte ich: ‹Aha, die Akten sind weg – Gabi ist vielleicht schon draussen in Freiheit.› Neben dem Schreibtisch sass eine Polizeiassistentin. Ich scherzte über die fehlenden Aktenberge: ‹Da ist ja schon alles aufgeräumt, offenbar liegt doch nichts gegen meine Mandantin vor.› Doch der Bezirksanwalt und die Polizistin schwiegen beharrlich.

Arbenz setzte sich und wurde noch bleicher als zuvor. Ich solle mich ebenfalls setzen, befahl er.

Nun wurde es mir allmählich zu bunt. ‹Ich will jetzt endlich Gabi sehen und die kostbare Besuchszeit nicht in Ihrem Büro vertrödeln›, sagte ich. Der Besuch sei auf acht Uhr vereinbart, und falls sie beide vorgängig noch etwas zu sagen hätten, sollten sie dies jetzt endlich tun. – Es schien, als hätten sie mich gar nicht gehört. Mit steinernen Minen forderten sie mich erneut auf, Platz zu nehmen. Aber ich blieb stehen. Da sagte die Polizeiassistentin plötzlich: ‹Wir müssen Ihnen mitteilen, dass sich Gabi stranguliert hat.› Noch hatte ich nichts begriffen und schaute sie nur verwundert an. ‹Stranguliert, stranguliert …›, dachte ich, ‹ein merkwürdiges Wort.› Ich musste ziemlich verdutzt ausgesehen haben, denn die Polizeiassistentin wiederholte noch mal genau den gleichen Satz: ‹Wir müssen Ihnen mitteilen, dass sich Gabi stranguliert hat.› – ‹Stranguliert, stranguliert …›

Langsam begann ich zu verstehen, warum mich Arbenz in sein Büro zitiert hatte und warum ich mich dort hätte setzen sollen. Eine Weile schaute ich aus dem Fenster. Ich brachte kein Wort heraus. Ich war nicht einmal imstande, auch nur eine Frage über die Hintergründe zu stellen, über die Umstände, das Wie und Weshalb. Meine Kehle war wie zugeschnürt, stranguliert.

Nach all unseren öffentlichen Warnungen vor der Isolationsfolter im Gefängnis, vor den Einschränkungen der Kontakte, nach all den eindringlichen Appellen an die Vernunft der Untersuchungsbehörden! Ich sagte plötzlich, als wäre es gar nicht von mir gekommen: ‹*Jetzt händer de Dräck!*›

Ich sprach etwas aus, das in der Luft lag. Ich war ausser mir, gar nicht mehr ich selbst und hörte Arbenz nur noch wie von weit her.

Er schimpfte. Es war ein eigentlicher Wutausbruch. Meine Worte hatten ihn ins Innerste getroffen. Aber ich hatte keine

Energie mehr, mich zu wehren oder irgendwie Stellung zu nehmen. Nun war also das Schlimmste eingetroffen, was wir, die Anwälte, die Betroffenen, die Freunde und Freundinnen, die Eltern, die Besorgten, befürchtet hatten. Und vor mir sass die Person, die dafür mitverantwortlich war.

Wir schauten uns an, und im selben Augenblick wurde es mir absolut klar, ich sah es in seinem Gesicht: Gabis Tod war die Folge der Untersuchungshaft!

Arbenz würde den Suizid in der Öffentlichkeit wohl mit jenem selbstbewusstem Auftreten zu rechtfertigen versuchen, mit dem diese Herren jeweilen ihre ganze Erbärmlichkeit kaschieren. Aber jetzt, wie er in seinem Büro vor mir stand, hatte er das Gesicht verloren, war aschfahl und wirkte völlig unglaubwürdig. Er war vollends aus der Fassung geraten.

Ich weiss nicht mehr, wie ich an jenem Morgen das Bezirksgebäude verliess. Ich kam erst wieder zu mir, als ich zu meinem Entsetzen bemerkte, dass ich mit 150 Stundenkilometern auf der Autobahn zurück nach Zürich raste. Immer wieder kamen mir unsere öffentlichen Warnungen und all die Proteste nach der Razzia in den Sinn: die zahllosen Eingaben auf juristischer Ebene, die fast immer abgewiesen wurden, die Proteste der Betroffenen, der Eltern, die untergegangen sind, von den Medien meist verschwiegen. Ich dachte an die Worte der Mutter, die mich unmittelbar vor dem Gefängnisbesuch noch gefragt hatte: ‹Jetzt sitzt unser Kind schon drei Wochen in U-Haft! – Entspricht dies noch der Verhältnismässigkeit? – Wer trägt die Folgen?›

Jetzt, sagte ich mir, ist es nur noch eine Frage der Zeit, bis es auch der Öffentlichkeit klar wird, dass diese Winterthurer Justiz und ihre Auftraggeber in Bern Gabi umgebracht haben.»

Ich drücke auf die Stopptaste. Der Intercity fährt in den Winterthurer Hauptbahnhof ein. Es bleiben mir noch einige Stunden, bis wir in Popopois heruntergekommener Staatskarosse am späten Nachmittag zu Gabis Mutter fahren werden.

In eigenen Jugenderinnerungen an die Arbeiterstadt versunken, verlasse ich den Hauptbahnhof ohne bestimmtes Ziel durch den Hinterausgang und flaniere dem Migros-Markt entlang, wo ich als Lehrling über Mittag jeweils neben anderen Pendlern aus dem Thurgau Fleischkäse mit Pommes frites für 2 Franken 20 verdrückt hatte. Vorbei an den Geleisen, die ich mit 17 Jahren einmal um ein Haar als eisernes Kopfkissen für den letzten Ausweg aus dem Abhängigkeitsverhältnis mit einem ständig angetrunkenen Lehrmeister benutzt hätte. Ihm hatte ich im Laufe zweier Lehrjahre wohl gegen eine halbe Tonne Feldschlösschen angeschleppt. Das war Mitte der Sechzigerjahre. Ich kam mir damals ausgenützt vor. Hatte einen minimalen Lehrlingslohn, für den ich, am Reissbrett verblödend, Betondecken für Hunderte von Einfamilienhäusern ab der Stange zeichnen musste. Zwischendurch als Abwechslung Pläne für Luftschutzräume von Schulhausbauten – Aufträge, die sich der Partner meines dusseligen Chefs als Gemeinderat von Bülach verschafft hatte.

Winterthur, so schien es mir, war schon zu meiner Zeit ernüchternd und einengend. Bloss wehrte ich mich damals mit völlig untauglichen Mitteln nach innen statt nach aussen. Ein offensichtlich psychosomatisches Ekzem an beiden Händen erlaubte mir bald, nurmehr mit gazeverpackten Fingern für die Znünipause der Angestellten Semmeln und Aufschnitt einzukaufen. Herr Senn, Technikumsabsolvent mit Sportwagen, stellte mich ab und zu bloss. Ich solle doch zum Psychiater, der kriege mich schon wieder hin.

Nur Bruno V., mein unmittelbarer Vorgesetzter, mit dem ich ein kleines Büro teilte und der tolerierte, dass ich immer häufiger mit einem Buch irgendwo verschwand, verstand mich ein wenig. Auch er sah in Winterthur keinerlei Perspektiven. Ihm ging es nur deshalb ein bisschen besser, weil er nach Feierabend in seinen Alfa Romeo steigen und damit hochtourig herumfahren konnte, bis ihm auch dies verleidete und er schliesslich zu Hause am Rychenberg bei geöffneten Wagenfenstern, geschlossenem Garagetor und gezogenem Choke den Motor in die Ewigkeit hinein laufen liess. Das waren meine persönlichen Winterthurer Ereignisse vor mehr als 20 Jahren.

Plötzlich stehe ich unweit vom Hauptbahnhof vor der Kirche Sankt Peter und Paul. Satt, ruhig und sanft liegt sie da, das Mittelschiff rundherum leicht angekränkelt von einem bunten Farbausschlag. Zwei Joghurtbecher Rot stammen von Gabi.

Einige Wintis, darunter Gabi, hatten in der Nacht vom 9. auf den 10. Juli 1984 ihren Protest hier am frisch restaurierten Prunkstück nach aussen getragen. Die Kirche symbolisierte für sie den Zustand der Gesellschaft: aussen fix und innen nix.

Wenige Tage nach der offiziellen Einweihung mit Ehrengästen und Behördenvertretern hatte die fünf Millionen schwere Renovation die Wintis provoziert, als handle es sich bei der Auffrischung einer Kirche, die kaum noch besucht wird, um eine behördlich sanktionierte Übertünchung sozialer und politischer Missstände. Von einer an der Farbaktion beteiligten jungen Frau wusste ich, dass bei ihr auch eine Auflehnung gegen ihre durch und durch religiösen Eltern mitgespielt hatte.

Im letzten Polizeiverhör vor ihrem Gefängnistod hatte Gabi ein halbes Jahr später die Farbaktion als einzige Straftat, die sie je begangen hatte, zugegeben: Zwei vom Dutzend Joghurtgläser voll Farbe habe sie geschmissen. Die Kleckse erscheinen auf dem klotzigen Bau wie winzige Tupfer, es hätten kleine Kunstwerke von Wiener Aktionisten sein können.

Erst jetzt, bei deren Anblick, realisiere ich, wie sehr Bezirksanwalt Arbenz übertrieben hatte, als er nach Gabis Tod von einer «massiven Sachbeschädigung» sprach, welche die Inhaftierte begangen hatte. Er glaubte tatsächlich, mit diesen beiden Farbklecksen einen ganzen Monat strengster Untersuchungshaft rechtfertigen zu können.

Kommissär Knaus und Inspektor Stadler von der Bundesanwaltschaft, die das letzte über siebenstündige Verhör von Gabi auf dem Gewissen haben, rapportierten am 17. Dezember 1984 ihre Aussage zum Tatmotiv bei der Kirche Sankt Peter und Paul: «Ich kenne es nicht. Bei mir spielte jedenfalls nicht Hass oder dergleichen mit.» Vielleicht habe sie die Farbe geschmissen, weil die Kirche allzu schön ausgesehen habe.

Sie sieht immer noch schön aus, die Kirche. Vielleicht noch schöner als zuvor. Jedenfalls hat sich die katholische Kirchenpflege bis heute (Sommer 1985) nicht zur Reinigung entschliessen können, und auf einen bischöflichen Wink aus Chur zog sie die Strafanzeige wegen Sachbeschädigung schliesslich zurück, womit auch noch der letzte Haftgrund für Gabi in sich zusammenfiel.

Ich drehe der Kirche den Rücken zu und schlendere weiter nach Winterthur-Veltheim. – Wie viele Male hatte Gabi in den Einvernahmen gesagt, sie wolle ohne ihre Anwältin nichts aussagen? In fast jedem billigen TV-Krimi gehört es einstweilen zur Standardszene, dass irgendein Cop sagt: «Wir machen Sie darauf aufmerksam, dass ab jetzt alle Ihre Aussagen gegen Sie verwendet werden können, Sie haben das Recht, die Aussage zu verweigern und einen Anwalt beizuziehen …» Die Floskel kommt jeweilen wie ein Gebet daher. Nur in Winterthur galt nicht, was in allen angelsächsischen und europäischen Gefilden längst zur zivilisatorischen Selbstverständlichkeit gehört. Die Barbaren der Bundesanwaltschaft protokollierten während der insgesamt acht

Verhöre, wie Gabi 60 (sechzig) Mal unmissverständlich erklärt hatte: «Ich habe nichts zu sagen.» Sie beschwerte sich zudem jedes Mal laut Protokoll, sie «finde es eine Frechheit», dass sie über ihre Rechte «nicht informiert» werde und ihre Anwältin nicht sprechen könne.

Im Protokoll des letzten Verhörs, das nach offiziellen Angaben sieben Stunden, in Wirklichkeit einiges länger gedauert hatte, war von «längeren mündlichen Unterredungen» die Rede, von «Vorgesprächen», von einem «langen Schweigen» und an mehreren Stellen von «mündlichen Vorbesprechungen». – Was ist darunter zu verstehen?

Das alles kann ich mir nur auf Grund von Erfahrungen zusammenreimen, die andere Wintis mit den Bundespolizisten Knaus, Schilling und Stadler gemacht hatten.

Der 17-jährige Sirup hatte mir sein Verhör mit den Bundesbeamten so geschildert: «Ich war seit über einer Woche im Zürcher Polizeigefängnis in Untersuchungshaft. Es gab nichts in meiner Zelle – keinen Bleistift, kein Papier, und meine Comics und Bücher waren beim wissenschaftlichen Labor. Ich wurde von Zelle zu Zelle versetzt, von kalten, schmutzig grauen in Weiss getünchte, glanzpolierte, steril moderne. Mein Anwalt war angeblich seit Tagen unerreichbar. Und mit Spazieren war auch nichts. Ich war Tag für Tag, 24 Stunden drin.

Dann schreiten drei Polizisten zum Verhör: Stadler und Schilling vom Bund und Kantonspolizist B. Einleitend halten sie mir einige Geständnisse unter die Nase. Sie beschuldigen mich, an der bunten Veränderung der frisch renovierten Kirche Sankt Peter und Paul beteiligt gewesen zu sein. Ich verweigere die Aussage, und da ich schweige, holen die beiden Herren aus Bern zu einem offensichtlich einstudierten zweistündigen Vortrag aus:

Schweigen nütze nichts. Vernünftig werden. Mannhaft zur Sache stehen. Nicht den Helden spielen. Einen Strich darunter ziehen. Mir werde deswegen kein Haar gekrümmt. Das Gericht könne einem in solchen Fällen einetwegen verurteilen … Ich schweige. Ihre Stimmen heben an. Nun höre ich, dass mein Freundeskreis geradezu teuflisch sei und nur aus Dieben, Drogensüchtigen und Kriminellen bestehe, aus gefährlichen Personen, die mich schlecht beeinflusst, mich in den Terrorismus hineingezogen hätten. Die hätten nur meine aufrechten Gefühle ausgenutzt, meine Eigeninitiative missbraucht, mich in eine falsche Welt versetzt. Meine Freunde versauten mir die Lust am Arbeiten, an einer Lehre. Sie zerstreuten meine Gedanken an Familie und Zukunft, höre ich. Und ob ich überhaupt gewusst hätte, dass dieselben sogar ein Abhörgerät für Polizeifunk besassen. Die Bombenanschläge hätten Menschenleben in Gefahr bringen können, und falls ich wisse, wo das Sprengstofflager versteckt sei, solle ich es ihnen besser gleich sagen, bevor noch mehr Unheil über die Schweiz hereinbreche. Ob ich denn kein schlechtes Gewissen habe? Sie hätten bei mir zu Hause eine benützte Steinschleuder sichergestellt. Wie ich gelebt hätte, ohne zu arbeiten? Ob ich während meiner Ferien in Spanien Kontakte zu gleichgesinnten Gruppen unterhalten habe? Und so weiter.

Die beiden Bundespolizisten steigern sich in immer härtere Vorwürfe hinein. Abwechselnd. Inspektor Stadler übernimmt die Rolle des Aggressiven, ist ernst und geradezu böse. Schilling, ein bisschen älter, etwas beleibt, hat rote Bäcklein, ist der Gute, der Väterliche. Protokollführer B. von der Kapo ist freundlich und sagt fast nichts. Während Stadler und Schilling ihren taktischen Redeschwall über mich ergiessen, erwarten sie gar keine Antwort. Sie zeigen mir Fotos von Freunden und von Sachbeschädigungen, sie schimpfen über den Stumpfsinn des Verbrechens. Sie werfen mir vor, ich verweigere die Aussage nur, um später von diesem Lumpenpack wieder akzeptiert zu werden. Sie reden von Gruppendruck. Aber ich würde mich nur selber kaputtmachen. Ob ich denn lieber gottverlassen, von Freunden verraten, im Gefängnis den Helden spielen wolle! Hier drin habe es noch keiner lange ausgehalten. Früher oder später sei da noch jeder zur Vernunft gekommen. Und dann alles noch mal von vorn: die Kindheit, mein Liebesleben, meine Druck ausübenden Freunde. Inspektor Stadler brüllt. Er tobt und schlägt wiederholt die Faust auf den Tisch: Aschenbecher, Bleistifte und Büromaterial geraten in Bewegung. Kaum hat sich Stadler ausgekotzt, unternimmt Schilling einen neuen Anlauf. Sie hätten meinen Fall genauestens unter die Lupe genommen. Wüssten viel. Mein Schweigen zögere die Sache nur hinaus. Darauf wieder Stadler, der sich inzwischen erholt hat: Er sei schon lange Polizist, und er habe es bisher noch jedem gesagt, es dauere manchmal lange, Wochen und Monate, aber dann …

So vergehen zwei volle Verhörstunden. Schliesslich surrt Kantonspolizist B. einen Protokollbogen in die Schreibmaschine, nickt den Bundespolizisten zu und fordert sie zur ersten abgemachten Frage auf. Ich habe richtig gehört, abgemacht. Ich erhebe mich vom Stuhl und beharre auf meinem Recht zu schweigen. Zuerst wolle ich meinen Verteidiger sehen. Die drei starren mich an, als hätten sie nicht richtig verstanden. Dann befehlen sie, ich solle mich sofort setzen: ‹Hier bestimmen wir den Tagesablauf, nicht du!› Trotz wiederholtem ‹Setz-dich-du-frecher-Bengel› bleibe ich stehen. ‹Hören Sie›, brülle ich zurück, ‹seit zwei Stunden werde ich hier verhört, und auf dem Protokoll steht noch nicht mal eine einzige Frage! Sie haben es offensichtlich darauf abgesehen, meinen Anwalt so lange wie möglich fern zu halten. Ich mache das nicht mehr mit!› Jetzt dreht Inspektor Stadler durch. Sie seien heute eigens von Bern hierher gefahren, um mit mir zu reden, mich zur Vernunft zu bringen … – Und etwas solle ich mir früh genug merken: ‹Wir gehen niemals nach Bern zurück, ohne weitergekommen zu sein!› Stadlers Halsschlagader schwillt an. Seine Stimme überschlägt sich. Mit hochrotem Kopf brüllt er so lange auf mich ein, bis schliesslich der bisher eher stille Kantonspolizist B. dazwischenfährt. Schilling beginnt seinen Kollegen zu beruhigen, warnt mich aber, Herrn Stadler noch einmal zu reizen. Sonst müsse ich mich auf etwas gefasst machen. Dann öffnet er wortlos die Bürotür und sagt: ‹Los, verschwinde, geh in deine Zelle zurück!› – Ich werde abgeführt.»

Nach diesem Verhör ist Sirup hundemüde. Er fühlt sich ausgelaugt und deprimiert. In der Zelle wirft er sich auf die Pritsche und schlägt die Beine übereinander und schliesst die Augen. Nach einer Weile öffnet jemand die Essklappe in der Zellentür. Doch Sirup reagiert nicht mehr, ist niedergeschlagen. Er hat ein Gefühl der Leere, glaubt sich vollständig ausgeliefert. Als wärs von weit her, hört er den Zuruf: «Das aufgewärmte Nachtessen fassen!» Aber Sirup ist am Ende. Er schreit: «Ich scheiss auf euren Frass, mach das Loch zu!» Der Appetit ist ihm vergangen. «Geht es Ihnen nicht gut? Treten Sie in den Hungerstreik?», fragt der Klappenmann. – «Ja meinetwegen. Hungerstreik … Hau ab!» Die Klappe klappt zu. Schritte verhallen.

Nach wenigen Minuten stürmen zwei junge Polizeigrenadiere in die Zelle: «Bett machen und sofort mitkommen!» Sie packen Sirup an den Schultern und schleppen ihn durch einen unterirdischen Gang in die alte Kaserne ennet der Strasse und stecken ihn in eine Videozelle. Dort lebt er eingesperrt für 14 Tage mit einer Kamera hinter Panzerglas. Tag und Nacht brennt Licht. Ab und zu hört er aus dem Lautsprecher die monotone Männerstimme von Big Brother: «Zigarette auslöschen! Rauchen auf dem Bett ist nicht gestattet!» Mit jedem neuen Tag in der Videozelle wird der unsichtbare grosse Bruder bedrohlicher. Schliesslich beginnt die unhörbare Kamera zu surren und zu ticken.

Nach einer Woche darf der 17-Jährige erstmals spazieren. Die Handschellen schneiden eng in die Handgelenke. Das sind die kleinen Möglichkeiten, die man hat, um renitente Gefangene zur Vernunft zu bringen (oder zu noch grösserer Unvernunft). Handschellen anziehen wie eine Daumenschraube. Es ist beinkalt. Sirup spaziert umringt von vier Polizisten in einem stacheldrahtverhauenen Gefängnishof. Die Hände sind blau angelaufen. Nach einer Viertelstunde bringen sie ihn zurück. In der Zelle liegt ein geöffnetes Briefcouvert. Mit klammen Fingern zieht Sirup das erste Lebenszeichen von draussen heraus. Aufgeregt, hastig verschlingt er Zeile um Zeile. Dann bleibt er lange Zeit regungslos sitzen. Schliesslich lässt er sich langsam auf die Pritsche sinken und presst das Gesicht ins Kissen, bleibt so den ganzen Tag und schliesst in der Nacht kein Auge. Die unhörbare Kamera hämmert. Sirup hat die Nachricht von Gabis Tod erhalten.

Krieg
dachte ich mir,
kalter echter Krieg,
mit Gefangenen und Toten,
es ging ums nackte Überleben.

Dieses Gedicht von Sirup und einen Brief von ihm über die Hafterlebnisse trage ich auf meinen Stadtwanderungen durch Winterthur immer mit mir herum. Sirup hat sich ins Ausland abgesetzt. In der WG an der Felsenhofstrasse werde ich den Brief herumreichen, er enthält am Schluss auch liebe Grüsse für sie. Die Wintis werden über seinen Bericht über die U-Haft wenig erstaunt sein. Sie haben Ähnliches erlebt.

Aber wie wird Gabis Mutter darauf reagieren? Soll ich sie über die Hafterlebnisse der Wintis, die sich bei Gabi ungefähr gleich abgespielt haben dürften, überhaupt informieren? Soll ich ihr bei unserm bevorstehenden Treffen erklären, dass ihre Tochter ein mehr als siebenstündiges Verhör mit Methoden über sich ergehen lassen musste, die bei Sirup schon nach zwei Stunden derart bleibende Eindrücke hinterlassen hatten? Soll ich ihr sagen, was ich denke? Dass die Beamten aus Bern am 17. Dezember 1984 eigens wegen Gabi nach Winterthur hergereist waren und nicht nach Bern zurückkehren wollten, ohne weitergekommen zu sein?

Schwach scheint die Sonne ins Fenster einer Veltheimer Quartierbäckerei. Es ist ein warmer Herbstmittag. Mohrenköpfe glänzen spiegelblank in einer blitzsauberen Vitrine. – Hatte es letzten Sommer nicht einmal gebrannt in einer solchen Bäckerei? War da nicht sogar ein Quartiergerücht, die Leute von der Wohngemeinschaft an der Felsenhofstrasse hätten das Feuer gelegt? – Das war kurz vor einem Referendum zur Erhaltung eben jener städtischen Liegenschaft an der Felsenhofstrasse, die Peter Arbenz, der Bruder von Untersuchungsrichter Ulrich Arbenz, der WG zur Verfügung gestellt hatte und die jetzt abgebrochen werden sollte. Das böse Quartiergerücht über die WG konnte den Abstimmungsausgang freilich nicht beeinflussen, und die WG konnte noch eine Weile bleiben.

Nach einem zweiten Blick in die Vitrine kann ich den Mohrenköpfen nicht mehr widerstehen. Und weil der Laden gerade leer ist, frage ich die Besitzerin, ob es hier einmal gebrannt habe. – Es hatte. Unbekannte schütteten am Freitagabend, dem 20. Juli 1984, um 22.30 Uhr am hinteren Teil des Gebäudes, wo sich der Angestellten- und Lieferanteneingang befindet, eine «leicht entflammbare Flüssigkeit» oder «Brandbeschleuniger», wie es jeweils in den Gerichtsakten heisst, auf die Treppe und legten Feuer. Als die Flammen bedrohlich in die oberen Stockwerke züngelten, war Stadtrat Nägeli von der Volkspartei auf dem Heimweg und kam gerade an der Bäckerei vorbei. Sofort alarmierte er – so die Bäckersfrau – die Pflichtfeuerwehr. Diese konnte glücklicherweise im letzten Moment noch zwei jugoslawische Eheleute und ihre beiden Kleinkinder über eine ausgefahrene Drehleiter ins Freie evakuieren. Brandschaden 200 000 Franken. Die Bäckerei war zerstört, das Gebäude teilweise ausgebrannt und vollständig verrusst. Es musste von oben bis unten renoviert werden.

Verwundert habe sie zunächst, erklärt die Besitzerin, dass über diesen Brandfall im «Landboten» nur eine ganz kleine Notiz erschien. Aber dann hätten ihr die Beamten gesagt, dass in den Nächten jenes Wochenendes eine ganze Reihe von Brandanschlägen verübt worden seien, weswegen die Behörden keine Panikstimmung hätten verbreiten wollen.

Das Merkwürdigste sei gewesen, dass trotz verriegelter Haustür keine Einbruchspur zu erkennen gewesen war. Die Täter hatten offensichtlich – genau wie bei einer am gleichen Wochenende niedergebrannten Schreinerei – vorher am Tatort rekognosziert. Denn beide Brandanschläge, der auf ihre Bäckerei und jener auf die Schreinerei, hätten sich zu einem Zeitpunkt ereignet, als die Besitzer in den Ferien waren.

Nun stehe ich mit einem halben Dutzend Mohrenköpfen in der Hofeinfahrt der Bäckerei und betrachte den Lieferanteneingang und das Treppenhaus und stelle mir vor, was hier geschehen war. Plötzlich packt mich das Entsetzen. Wenn irgendwo in dieser, wie die Behörden klagten, von Terroristen bedrohten Arbeiterstadt je von einer ernsthaften Gefährdung für Menschen die

Rede sein konnte, dann war es hier! – Die Treppe, Decken und Trennwände, alles aus Holz – und unter dem Dachgebälk eine Familie mit kleinen Kindern.

Warum, frage ich mich, war ausgerechnet dieser Brand nirgends vermeldet worden? Ausser in einer knappen 15-zeiligen versteckten Meldung unter «Schwarze Chronik» im «Landboten»? Derweil andere Brandanschläge mit weit geringerem Sachschaden und ohne Aufsehen erregende Rettungsaktion fette Schlagzeilen machten: etwa der Schwarzpulveranschlag auf das Technikum, wo laut Behörden ein paar auf die Allee geschleuderten Glassplitter Menschenleben gefährdeten. Selbst Friedrich musste nicht aus dem Fenster klettern – im Gegensatz zur jugoslawischen Familie, die um ein Haar in den Flammen umgekommen wäre. Natürlich hatte Friedrich kraft seiner gesellschaftlichen Stellung ein grösseres Mediengewicht. Aber warum wurde am gleichen Wochenende der von der Bäckersfrau erwähnte Schreinereibrand, der wesentlich weniger gefährlich war, in den Medien ganz gross und gesamtschweizerisch breitgewalzt?

Die Notiz über den Bäckereibrand war ein Gemeinschaftswerk von Kantonspolizei und «Landbote». Unter dem Kürzel kp/ldb hiess es, der Brandausbruch sei von einem Hausbewohner entdeckt worden. Das konnte nicht stimmen, denn die jugoslawische Familie hatte sich bereits schlafen gelegt und besass nicht einmal ein Telefon. Die Besitzer waren abwesend. Zudem wusste die Bäckersfrau, dass Stadtrat Nägeli die Feuerwehr alarmiert hatte.

Und wenn es schon Quartiergerüchte gab, welche die Tat den Wintis zuordneten: Weshalb wurde den Wintis diese Brandstiftung bei den Verhören nicht vorgehalten?

Der Fall der Bäckereibrandstiftung wurde übrigens sehr bald sistiert. Es musste in jener Zeit in Winterthur also noch einen anderen Täterkreis gegeben haben, der Brandanschläge verübte. Waren Rechtsextremisten am Werk, die es auf Ausländer abgesehen hatten?

Es war schon fast kurios, dass der landesweit bekannte Subversivenjäger und freisinnige Nationalrat Ernst Cincera (der nachweisbare Beziehungen zum Rechtsextremismus hatte) im Februar 1986 an einem Vortrag im Kirchgemeindehaus Veltheim, unweit der Bäckerei, erklärte: «Es waren in Winterthur zwei Gruppen an den Anschlägen beteiligt, mindestens zwei Gruppen, und es gibt vermutlich noch andere Gruppen, die dabei waren.» Von verschiedenen Täterkreisen wusste auch die Polizei. Ins Kirchgemeindehaus war Cincera als Referent über die Winterthurer Anschläge vom stellvertretenden Kommandanten der Kantonspolizei, Eugen Thomann, eingeladen worden. Thomann war seinerseits freisinniger Kreisparteipräsident von Winterthur-Veltheim. – Aber warum informierte die Winterthurer Justiz nicht öffentlich und sachbezogen, dass es mehrere, eventuell sehr unterschiedliche Täterkreise gab, die für die «terroristischen Anschläge» in Frage kamen? Weshalb lastete man sämtliche Brand- und Sprengstoffanschläge pauschal den jungen Wintis an?

An Thomanns Parteiveranstaltung im Kirchgemeindehaus Veltheim begrüsste Nationalrat Cincera in seiner Eröffnungsrede salbungsvoll Stadtrat Nägeli als alten Freund in den Reihen der verehrten Gäste. Neben ihm stand immer noch Eugen Thomann, der Cincera zuvor das Wort erteilt hatte, als plötzlich aus den hinteren Zuhörerreihen Farbeier nach vorne flogen. Gleichzeitig wurde der Vortrag von laut krachenden Knallfröschen unterbrochen, und es hing dicker Rauch in der Luft. Der Saal musste kurzfristig geräumt und durchlüftet werden.

Als Cincera nach der unfreiwilligen Pause fortfuhr, wandte er sich rhetorisch gekonnt ans Publikum, dem er erklärte, dass es gerade Zeuge der terroristischen Gesinnung dieser Wintiszene geworden sei. Dann wandte er sich nochmals an Nägeli, den er nun schon seit 18 Jahren kenne. Mit ihm habe er 1968 – ebenfalls in Winterthur – eine auf ganz ähnliche Weise gestörte Veranstaltung bestritten, und zu welchem Terror beispielsweise in Deutschland und Italien die 68er-Revolte geführt habe, wisse man ja …

Cincera kamen die Farbeier wie gerufen. Inzwischen hatte sich der stellvertretende Polizeikommandant Thomann einen Lappen beschafft und putzte Cinceras noch unbenutzten Hellraumprojektor, um ihn für den politischen Grossangriff von rechts, der unmittelbar bevorstand, zu präparieren. Doch trotz vieler beweisführender Klarsichtfolien blieben die alarmistischen Ausführungen von Cincera und Thomann weitgehend unklar. Die ernsthaft konstruierten Zusammenhänge zwischen den Winterthurer Anschlägen und den weltweiten revolutionären Bestrebungen von einst und jetzt, von Hitler bis zu Gorbatschow und Khomeini, waren nur mehr peinliche Zeugnisse eines letzten Aufbäumens vor dem – damals freilich noch unabsehbaren – Ende des kalten Krieges.

Der Hellraumprojektor wurde zum mittelalterlichen Instrument des öffentlichen Prangers: Die beiden Fundamentalisten projizierten die vollständigen Namen und Adressen angeschuldigter Wintis auf die Leinwand. Es war, als spurte Thomann hier im Kirchgemeindehaus Veltheim in den Achtzigerjahren sein eigenes Schicksal vor, das ihn gut zehn Jahre später an einer Amtsgeheimnisverletzung scheitern liess. Daraufhin ergriff der freisinnige Kantonsrat Hans Bremi das Wort. Auch er setzte sich im Brustton der Überzeugung für den «Rechtsstaat» ein, und auch er sollte schon ein halbes Jahr später, im Sommer 1986, wegen Steuerhinterziehung und Urkundenfälschung aus dem Kantonsrat ausscheiden.

Cincera als Sprecher der Kantonspolizei im Kirchgemeindehaus, die aufgerundete Anzahl der Anschläge, die Sistierung von mehr als der Hälfte der 32 Wintiverfahren, das Nichtvorhalten von Delikten, die der Wintiszene unterschoben wurden, die polizeiliche Ermunterung von Privatleuten zur Einreichung von Strafanzeigen wegen geringfügiger Sprayereien – all dies scheint den Kritikern der grössten je im Kanton durchgeführten Polizeiaktion Recht zu geben: «Engpass» war eine paranoide politische Strafaktion.

Auf der lokalpolitischen Ebene inszenierten die freisinnigen Ultras mit der «Engpass»-Aktion einen Rutsch nach rechts, indem sie ihrem prominentesten Parteimitglied, dem liberalen Stadtpräsidenten Urs Widmer, das Heft aus der Hand nahmen. Zu diesem Zweck wurde vorab ein Gerücht gestreut, dass Widmers Sohn zur Wintiszene gehöre und in die Anschläge verwickelt sei. Darum wurde Widmer erst kurz vor der Razzia über deren Durchführung informiert. Der Erfolg dieser Vorgänge stellte sich bei den nächsten Wahlen im Frühjahr 1986 ein. Nach vier unumstrittenen Amtsperioden schaffte es der Stadtpräsident nicht mehr im ersten Wahlgang. Erst als ihm die Sozialdemokraten unter die Arme griffen, wurde Widmer wiedergewählt.

Ganz für mich allein geniesse ich an diesem sonnigen Oktobertag 1985 im Pärklein schräg gegenüber dem Veltheimer Kirchgemeindehaus einen der sechs Mohrenköpfe.

Beim letzten Bissen denke ich, es wäre auch in jener aufgeladenen Zeit durchaus denkbar gewesen, dass nicht hinter jeder Brandstiftung eine politische Absicht vorborgen war. Auch ein ganz gewöhnlicher Mensch hätte in einer bestimmten Situation ohne weiteres einen Hass auf eine Bäckerei entwickeln können.

Nach meiner Bauzeichnerlehre in Winterthur hatte ich eine derart grosse Abneigung vor dem gelernten Beruf, dass mir jede andere Arbeit lieber war, und sei sie noch so ungesund und schmutzig. So jobbte ich in Winterthur noch eine Weile bei einer Firma für Tankreinigungen und Revisionen. Ich war neugierig auf die Arbeitswelt der Proleten und zudem ziemlich abgebrannt. Mit der Miete war ich schon leicht im Rückstand, worauf mich die Hausbesitzerin jedes Mal aufmerksam machte, wenn sie mich sah. Ich wohnte in einem möblierten Zimmer bei Bäckersleuten an der St.-Georgen-Strasse. Eines Abends, nach einem langen Arbeitstag, an dem ich mit einer Plastikschaufel die letzten Reste Benzin in einem Hunderttausendlitertank fünf Meter unter der Erde in einen Eimer schöpfte, der eins ums andere Mal durchs Mannloch hochgezogen wurde, während ich ohne Gasmaske das explosive Benzin-Luft-Gemisch ein- und ausatmete, in ständiger Furcht vor einem Fünklein, das aus der kleinsten Unvorsichtigkeit den ganzen Tank samt Umschwung hätte in die Luft jagen können, an diesem Abend also, nachdem ich dort unten trotz eisiger Verdunstungskälte aus allen Poren geschwitzt hatte und in freudiger Erwartung eines Waschlappens nach Hause kam – da verlor ich mein Zimmer. Nicht, weil ich die Miete noch nicht bezahlt hätte, sondern die Bäckersfrau eröffnete mir, sie halte den penetranten Geruch meiner Arbeitskleider nicht aus. Ich musste unverzüglich meine Sachen packen und stand auf der Strasse.

Hätte ich an jenem Abend meine Angst vom Tage, wie viele meiner damaligen Arbeitskollegen, mit viel Bier (das ich glücklicherweise nicht mochte) hinuntergespült und für den Rauswurf aus dem Zimmer noch einige Schnäpse hintendrein und hätte dies einen frühkindlichen Jähzorn freigelegt (der mir entgegenkommenderweise ebenso fehlte), so hätte möglicherweise auch ich eine Benzin- oder Petrolflasche gegen mein gekündigtes Mietobjekt geschmissen und im Suff vielleicht gar nicht an die Hausbewohner gedacht – als ganz gewöhnlicher Brandstifter an einem ganz gewöhnlichen Haus, und zufällig wäre es dann eine Bäckerei gewesen.

Solche Täter sind im Zeitraum der Winterthurer Anschläge mehrfach überführt worden. Zum Beispiel eine 22-jährige Hausangestellte, die aus einem Frust heraus insgesamt 13-mal Feuer gelegt und einen Schaden von einer halben Million Franken angerichtet hatte; sie erhielt dafür ein Jahr Gefängnis bedingt. Im gleichen Zeitraum führte die Brandstiftung eines jungen Mannes gar zum Tod eines 27-jährigen SBB-Angestellten. Es gab mehrere Brandstiftungen von Einbrechern, um Spuren zu verwischen. Es gab auch immer wieder heisse Abbrüche von Gebäuden, die gut versichert waren. In Winterthur-Thalheim zündeten Unbekannte die Scheune eines Bauerngehöfts an. Und so weiter.

Nur ab Frühjahr 1984, im Winterthurer Turnfestjahr, gab es in Winterthur praktisch keine Brand*stiftungen* mehr, sondern nur noch Brand*anschläge,* die der Wintiszene zugeschrieben wurden.

Dieses Bild vermittelte vor allem der «Landbote», das freisinnige Monopolblatt Winterthurs, zu welchem Eugen Thomann über seine Ehefrau Irene als Tochter des früheren Chefredaktors Dr. Arthur Baur gute Beziehungen hatte. Der heutige Chefredaktor ist Präsident des Schweizerischen Presseverbands. Die öffentliche Meinung beeinflussen auch die wirtschaftsfreundlichen Gratisblätter «Winterthurer Woche» und «Stadtanzeiger» sowie das ebenso bürgerliche, werbefinanzierte Lokalradio «Eulach»; die kritische Meinung der sozialdemokratischen Winterthurer AZ ging in diesem Eintopf unter. Und der Zürcher «Tages-Anzeiger» behandelte das Thema sozusagen kontradiktorisch.

In einem Interview mit Bezirksanwalt Ulrich Arbenz, acht Tage vor Gabis Tod, wagte ein Reporter des «Tages-Anzeigers» erstmals öffentlich die Frage nach der eventuellen Unschuld der Wintis zu stellen. Ob nicht auch Leute ohne dringenden Tatverdacht in Untersuchungshaft seien? Arbenz: «Wir haben es hier mit ... Kollektivdelikt ist der falsche Ausdruck ... mit vielen Beteiligten zu tun. Es ist schwierig, den Tatverdacht den einzelnen Verdächtigen zuzuschreiben.» – Dies bedeute doch aber, dass Unschuldige inhaftiert seien. – Arbenz: «Nur solche, die die andern durch Schweigen decken und sich selbst auch nicht belasten, obwohl sie nicht unbedingt in einem wesentlichen Mass tätig gewesen sind: Das gilt vor allem für die Bundesverfahren.» Obschon diese Stellungnahme nichts anderes hiess, als dass es in den Wintiverfahren auch die so genannte Geständnishaft gab, die eigentlich ungesetzlich wäre, wunderte sich die unabhängige Presse nicht sonderlich. Und als Gabi exakt der Konsequenz dieser Aussage von Arbenz zum Opfer fiel, war es zu spät.

Nach jenem Interview mit Arbenz sparte der «Tages-Anzeiger» mit kritischen Eigenleistungen, und Reporter Emil Hildebrand stellte den Untersuchungsbehörden schon bald nach Gabis Tod, am 3. Januar 1985, einen Persilschein aus. Er schrieb unter dem Titel «Anklagebehörden auf der Anklagebank» in einem Leitartikel: «Gewiss ist der Tod der jungen Frau tragisch, und gewiss ist wochenlange Einzelhaft beinahe unerträglich. Aber wie hätten denn Polizei, Bundesbehörden und Bezirksanwaltschaft handeln sollen? [...] Die Haft wäre verkürzt worden, wenn [...] die Festgenommenen ihre Taten rasch eingestanden hätten.»

Dieses Meisterwerk war nicht nur im Zusammenhang mit der Tragik des Ereignisses problematisch, sondern auch aus drei handfesten Gründen. Erstens setzte es Straftaten voraus, deren Urheberschaft nicht geklärt war. Zweitens billigte es die ungesetzliche Geständnishaft, und drittens sprach es den Gefangenen im Grunde das Recht auf Aussageverweigerung ab.

Immerhin wurde der Artikel redaktionsintern kritisiert. Die Kritik hatte aber im Gegensatz zu weniger behördenfreundlichen und in der Sache korrekteren Artikeln früherer Tage faktisch nur positive Folgen für den Verfasser. Hildebrand wurde ein Jahr darauf zum Ressortdienstchef der Reporter befördert.

Die «Winterthur-Politik» des «Tages-Anzeigers» traf auch die eher behördenkritische Korrespondentin Kathrin Bänziger. Während ihrer Schwangerschaft im Jahr 1985 hatte sie gekündigt, wollte aber nach wie vor sporadisch aus der Industriestadt berichten. Aber inzwischen war sie bereits durch eine blasse Volontärin ersetzt worden. Da die junge Volontärin ihrer Aufgabe nicht immer gewachsen war, anerbot sich Kathrin Bänziger nochmals, da und dort in die Lücken zu springen. Aber auf der Redaktion hiess es in der heissesten Winterthurer Zeit, die es je gegeben hatte, man wisse zwar um die Schwächen der neuen Korrespondentin, wolle ihr aber eine Chance geben, was Bänzigers Mitarbeit erübrige. Damit war die vierte Gewalt, wie sich die unabhängige Presse gerne bezeichnet, für Winterthur von Zürich aus zu Grabe getragen.

Es mochte ein Zufall gewesen sein, dass die volontierende Winterthurer Korrespondentin, kaum waren die heissen Wintizeiten vorbei, den «Tages-Anzeiger» verlassen und einen neuen Arbeitsplatz in Bern antreten sollte, und zwar im Hochhaus an der Taubenstrasse 16, wo auch die Bundesanwaltschaft residiert. Allerdings arbeitete sie dort zwei Stockwerke darunter als Pressesprecherin des Delegierten für das Flüchtlingswesen, Peter Arbenz, wo sie aber auch nicht lange glücklich war.

Über die Winterthurer Verfahren schrieb fortan Hansjörg Utz für den «Tages-Anzeiger», der spätere Chef der Fernsehsendung Kassensturz. Nachdem er sich in seiner Dissertation mit dem Thema der Verteidigungsrechte in Strafverfahren befasst hatte, waren ihm die Untersuchungsmethoden in Winterthur nicht geheuer. «Der Rechtsstaat sei in Gefahr», schrieb Utz am 20. Dezember 1984, «wegen der Sprengstoffanschläge. Das ist auf einem Flugblatt zu lesen, das in Winterthur kursiert. Bei allem Verständnis für die Empörung über die – auch politisch – sinnlosen Anschläge: Dem Rechtsstaat droht in erster Linie von Behörden Gefahr, die die Gesetze mal so, mal anders anwenden – je nach der Person des Verdächtigen.»

Später kritisierte Utz nochmals Äusserungen von Bezirksanwalt Peter Marti, der die Verteidiger mit Vorwürfen überhäufte. Marti: Von ihnen drohe die «Gefahr der Beweisvertuschung», und dies rechtfertige die Inhaftierung, «wenn ein Angeschuldigter keine Stellung zu den ihm vorgeworfenen Straftaten nimmt». Utz schrieb am 18. Januar 1985 zur These von Marti: «Aussageverweigerung als Haftgrund? – Dies wäre eine gefährliche Gleichung, denn sie liegt bedrohlich nahe an der verbotenen Geständnishaft.»

Utz war ein anständiger Kollege, aber manchmal sah auch er sich angesichts des massiven politischen Drucks von Behördenseite genötigt, dem Klima auf der Redaktion und ausserhalb Rechnung zu tragen. So schrieb er in einem Bericht zu Gabis letzten Worten am 20. Dezember 1984 in einem Klammersatz: «Laut Bezirksanwalt hat sich die Frau im Abschiedsbrief nicht über die Haftbedingungen oder die Untersuchungsbehörden beklagt.» Zwar hatte Utz dies absolut korrekt zitiert, doch eine einzige Nachfrage bei der Verteidigerin hätte ihm das Gegenteil offenbart. Vielleicht war die Anwältin nicht erreichbar, oder der Abgabetermin drängte. Man darf Utz deswegen keinen Vorwurf machen, aber faktisch blieb die Darstellung des Bezirksanwalts im «Tages-Anzeiger» für immer unwidersprochen.

Auf meinem Bänklein im Park gegenüber dem Kirchgemeindehaus Veltheim plagen mich auf einmal düstere Vorahnungen.

Wird dieses Winterthur spurlos an meiner eigenen Zukunft als Mitarbeiter des «Tages-Anzeigers» vorbeigehen? Im Augenblick ist das politische Klima immer noch sehr polarisiert, traditionell zwischen links und rechts. Da drohen dem «Tages-Anzeiger» rasch einmal Inserateboykotte, wenn er die Interessen der Mächtigen tangiert. Die Zeitung ist nicht so unabhängig, wie es im Zeitungskopf steht, denn 80 Prozent ihrer Einnahmen stammen von Inserenten. Das ist letztlich auch der Grund, weshalb ich in Winterthur nicht für den «Tages-Anzeiger» recherchiere, sondern für einen unabhängigen Kleinverlag.

Auf der anderen Seite der Winterthurer Strafuntersuchung hatten es die fest angestellten Verfasser des «Zusammenfassenden Berichts über die polizeilichen Ermittlungen» wesentlich leichter. Sie mussten nicht so seriös arbeiten, denn die Presse interessierte sich nicht mehr sonderlich für Dinge, die ihr nur Scherereien bereiten konnte. Die Zeiten haben sich seit den Jugendunruhen geändert, Anpassung und Ausgewogenheit waren angesagt. So durften die beiden Feldweibel Thum und Brenn von der Kantonspolizei unkritisiert einfach alle Personalien von 32 Wintis auflisten, diese als Terroristen bezeichnen und darüber ein Schema stülpen, in das neben den Winterthurer Terroristen auch die Rote-Armee-Fraktion (RAF) und die Revolutionären Zellen (RZ) in Deutschland oder die Brigate Rosse (BR) in Italien passten. Die polizeilichen Indizien für die entsprechenden terroristischen Verbindungen zwischen Winterthur, Deutschland und Italien entsprachen teilweise haargenau den Ausführungen von Nationalrat Cincera im Veltheimer Kirchgemeindehaus: Ein Hinweis sei das grosse A in einem Kreis, das auf Winterthurer Flugblättern und an den Innenwänden der Wohngemeinschaften vorgefunden worden war.

Gegen alle 32 Wintis ermittelten die Behörden laut Ermittlungsbericht wegen «wiederholter Gefährdung durch Sprengstoff in verbrecherischer Absicht, wiederholter Brandstiftung, wiederholter Sachbeschädigung etc». – Es verwundert deshalb nicht, dass die meisten dieser herbeikonstruierten Verfahren einer richterlichen Überprüfung nicht standhielten und leise eingestellt wurden, jedenfalls wesentlich leiser, als sie anfänglich verkündet worden waren. Einige endeten mit Freispruch, und wenn bei einigen Sistierungen Restanzen blieben, war dies darauf zurückzuführen, dass die Polizei bei der Hausdurchsuchung in der Wohngemeinschaft Waldeggstrasse Gummibärchen und Comic-Heftchen sichergestellt hatte, die möglicherweise von einem Kioskdiebstahl hätten stammen können. Allein in dieser WG-Wohnung angemeldet zu sein, reichte schon aus, um des Diebstahls oder der Hehlerei oder zumindest der Gehilfenschaft dazu beschuldigt zu werden.

Die Bilanz war dürftig: Abgesehen von zwei «Nebenfiguren» (Staatsanwalt Pius Schmid) kam es bei 2 von 32 Wintis wegen politischer Anschläge zur Anklage. Neun Wintis wurden verurteilt wegen geringfügiger Sachbeschädigungen an öffentlichen Bauten und am Rundbau der «Gebr. Volkart». Fast alle privaten Geschädigten, denen die Winterthurer Ereignisse nicht mehr geheuer waren, haben die Strafanzeigen wegen der oft lächerlich kleinen Sachbeschädigungen (jede Sprayfarbe eine neue Straftat) von sich aus oder auf Anfrage der Verteidiger zurückgezogen. Nur die kulturbeflissene Familie Reinhart und die Behörden der Stadt Winterthur blieben hart und unerbittlich. Sie verlangten Sühne und Strafe für jeden noch so kleinen Farbtupfer aus Prinzip.

Drei von neun Verurteilten wären überdies mit einem Freispruch davongekommen, wenn der Anzeigenrückzug eines Warenhauses nicht zu spät erfolgt wäre und das Bezirksgericht ihn berücksichtigt hätte.

Wie viel auch immer schief gelaufen war – die tote Gabi und der tote Bundespolizist waren ein entsetzlicher Erfolg –, «Engpass»-Chef Eugen Thomann triumphierte, dass es jedenfalls «nach dem 20. November 1984 in Winterthur ruhig geworden ist», ein Beweis für ihn, «dass wir die Richtigen verhaftet haben».

Aber zu welchem Preis? Und ist es seither tatsächlich ruhig geworden, oder wurden die weiteren Sachbeschädigungen und Brandstiftungen nach der «Engpass»-Razzia bloss weniger aufgebauscht? Nach dem polizeilichen Ermittlungsverfahren ging es auf der Ebene der Anklage im gleichen Stil weiter. Je weniger Fleisch am Knochen war, desto heftiger wurde übertrieben. Staatsanwalt Pius Schmid sprach von «blankem Terror mit Sachschaden in Millionenhöhe» bei einer tatsächlich errechneten Schadensumme von 36 000 Franken, die er Aleks Weber angelastet hatte.

Ruhig geworden ist es vor allem, weil der rechtsbürgerliche Ruf nach Ruhe und Ordnung mehr und mehr verstummte, nachdem Gabi im Bezirksgefängnis umgekommen war. – Schlechtes Gewissen? Es hatte nicht ausgereicht, um eine unabhängige Kommission zur Untersuchung der Umstände einzusetzen. Einen entsprechenden Vorstoss im Kantonsrat lehnte der bürgerliche Regierungsrat ab. Er stellte sich auf den Standpunkt: «Ehe die einzelnen Haftbefehle ausgestellt worden sind, hat die Bezirksanwaltschaft Winterthur in jedem Einzelfall die von der Polizei zusammengetragenen Verdachtsmomente sorgfältig gesichtet und abgewogen.»

Die Kantonsregierung hatte ein ungetrübtes Vertrauen in ihre Untersuchungsbehörden, nachdem diese an ihrer Pressekonferenz vom 17. Januar 1985 erklärt hatten: «In der Haftverfügung müssen die Gründe, welche die Grundlage zur Anordnung der Untersuchungshaft bilden, genau angegeben werden.»

Es war Augenwischerei: Gabis Haftbefehl zum Beispiel glich einer Blankovollmacht. Als Grund der Verhaftung war Verdacht auf Sprengstoffdelikte angegeben. Von genauen Angaben oder Tatvorhalten keine Spur. Es gab bei ihr auch nicht die geringsten Anhaltspunkte für eine Beteiligung an Sprengstoffdelikten, und konsequenterweise verweigerte Gabi denn auch die Unterschrift auf dem Haftbefehl, der dann nur mehr unterzeichnet war von Bundesanwalt Rudolf Gerber, der später seines Amtes enthoben werden sollte, und von Gabis Sachbearbeiter, Kommissär Hans Vogt, der sich auf dem Grab seines Schwiegervaters erschoss.

Die an einem Rebhang stehende reformierte Kirche Veltheim schlägt drei Uhr. Unmittelbar unterhalb, auf dem Vorplatz der Wohngemeinschaft an der Felsenhofstrasse, balgen junge Hunde. Vor dem Haus steht ein Wohnwagen, der seit einer Woche rosarot ist, daran angelehnt ein konträrgrünes Fahrrad. Der Kühlschrank in der Küche ist so rosarot wie der Wohnwagen draussen, und der gleiche Farbtopf hat offenbar auch noch für die glatzköpfigen Schaufensterpuppen im Hof gereicht, die jetzt einen Hut auf haben. Philippe, der Malerlehrling, hatte in den letzten Tagen einen kreativen Spritzpistolenschub, und die polizeilichen Aufpasser, die das Haus im Fadenkreuz haben, werden sich darob ihre Notizen von den täglichen Veränderungen machen müssen wie jener Spitzel, der mich vorgestern Nacht auf dem Zielgelände ausmachte, als ich die gerade nicht funktionierende WG-Toilette mit ihrem ausgefallenen Aschenbecher (einem ausgedienten Weihwasserschälchen mit Putte) für einmal nicht benutzen konnte und vor dem Haus ins Sträucherbeet des Parkplatzes pinkeln musste.

In Winterthur heisst dies «pissen» im Sprachgebrauch von Bezirksanwalt Ulrich Arbenz und ist seit den Folgen von Jürgs urinaler Straftat bei der Wülflingerunterführung mit einigen Risiken verbunden. Darum schaute ich mich um und sah prompt einen Mann aus dem Schein jener nahe gelegenen Telefonkabine verschwinden, der ich übrigens keinen Pieps weit traue.

1984 hatte die Strafverfolgung in Winterthur die gesamte moderne Beobachtungstechnologie eingesetzt und mehrere Telefonkabinen in der Umgebung der Wohngemeinschaften, Privatanschlüsse und Telefone von Anwälten und Drittpersonen überwacht. Es musste ein ziemlicher grosser Aufwand betrieben worden sein. Während der Verfahren rief ein Winti seinen Verteidiger im Zürcher Anwaltskollektiv an und bat ihn kurzfristig um ein diskretes Treffen in einem Restaurant. Er war polizeilich ausgeschrieben und wollte die Sache nicht ohne Beistand regeln. Aber kurz bevor der Anwalt im Restaurant eintraf, hatte die Polizei seinen Mandanten bereits verhaftet. Der Anwalt staunte nicht schlecht. Es geschah nur wenige Minuten nach dem Telefonanruf und genau dort, wo sie sich treffen wollten.

Aber warum nehmen die Beamten auch mich ins Visier? Was will der lästige Schatten von mir, wenn ich vom Szenelokal «Widder» durch die Marktgasse hinunter zum Bahnhof gehe, um dann, nachdem ich ihn bemerkt habe, über den Hinterhof eines Geschäftshauses durch den Hintereingang eines Restaurants zu verschwinden? Welche Gefahr sehen die Behörden in meiner Arbeit, über die sie spätestens seit meinem Gespräch mit Bezirksanwalt Peter Marti im Frühsommer 1985 unterrichtet sind?

Es ist mir nicht klar, ob sie die Veröffentlichung noch unbekannter Winterthurer Ereignisse fürchten, ob es gezielte Überwachungen meiner Recherchen sind, um davon weitere Hinweise zu bekommen, oder ob es bloss plumpe Einschüchterungsversuche sind. Möglicherweise trifft alles gleichzeitig zu. Jedenfalls gelange ich im Verlauf meiner Recherchen in den Besitz einiger «Spezialrapporte» der Kantonspolizei, gezeichnet

Fw. Thum. Die Überraschung ist perfekt. Da erscheint plötzlich mein Name unter der Bezeichnung «Konsorten» neben den beiden Hauptbeschuldigten der Sprengstoffdelikte.

Konkret wurde meine Gesinnung ermittelt, und zwar unter dem dringenden Tatverdacht von «Verunglimpfung, Provokation usw. von Polizei, Untersuchungsbehörden und Justiz etc.». Laut Thum «lässt aufhorchen», dass ich bei der Familie von Gabi «unter Verdrehung von Tatsachen gewissermassen die Polizei und Justiz auf die Anklagebank» setze. Thum war offenbar gut informiert und schickte den Ermittlungsbericht über meine Person an die Bezirksanwaltschaft Winterthur (zehnfach), an die Jugendanwaltschaft in Basel, an das Urkundenlabor der Kantonspolizei und an den Wissenschaftlichen Dienst der Stadtpolizei Zürich. Womit ich endgültig in die Karteien Eingang gefunden habe. Möglicherweise bin ich heute ebenfalls im Umfeld von RAF, RZ oder BR registriert. Mein Gedankengut deckt sich jedenfalls mit dem der Winterthurer Szene – und dieses ergibt sich ja laut Feldweibel Thum unter anderem aus einem «Terroristenkochbuch» mit der Bezeichnung «Guerilla diffusa». Dieses «Kochbuch», eine primitive Broschüre mit Rezepten für die Mixtur von Molotow-Cocktails, hatte die Winterthurer Polizei im Jahr 1981 einmal im besetzten Haus an der Marktgasse 13 aufgefunden.

Auch Nationalrat Ernst Cincera berichtete in seinem monatlich erscheinenden «Vertraulichen Schweizerbrief» mehrfach, dass bei den Winterthurer Anschlägen die «Terroristengruppe Guerilla diffusa» am Werk gewesen sei. Als Quelle waren «Erkenntnisse aus Nachforschungen und Verhören der Winterthurer Untersuchungsbehörden» angegeben.

Der cinceristische «Vertrauliche Schweizerbrief» und der abschliessende polizeiliche Ermittlungsbericht stimmten in der politischen Einschätzung haargenau überein: In Winterthur liefen die Fäden der Untergrundorganisationen von Westeuropa bis Ostberlin zusammen. Ähnliche Schlüsse zieht ein weiteres Informationsbulletin, das so genannte «info-ch», aus dem Cincera an seinem Veltheimer Vortrag ausgiebig zitiert hatte. Die beiden Herausgeber des «info-ch», Hans-Ulrich Helfer und Urs Graf, sind bekannt geworden als Nachfolgearchivaren von Cinceras Subversivendatei. Beide waren Beamte der Zürcher Kriminalpolizei, bevor sie private Schnüffler und Verleger wurden. Der eine war Anti-Terror-Spezialist, der andere in der Spionageabwehr tätig. Ihre Firma ist die «Presdok AG» mit Sitz in Zürich, die einen «Jahresbericht 1984 zu politisch motivierten Anschlägen in der Schweiz» herausgab. Auch diese Schrift gleicht dem amtlichen Ermittlungsbericht, was Winterthur betrifft, wie ein Ei dem andern.

Im Buch «Die unheimlichen Patrioten», einem Standardwerk über die extreme politische Rechte in der Schweiz, heisst es zu Helfer und Graf: «Über lange Jahre wird es ihnen nicht schwer fallen, bei ehemaligen Kollegen der Politpolizei bequem an gewünschte Informationen heranzukommen. Oder aber die Zürcher Politpolizei hat sich nach ausländischem Vorbild eine private, vorgelagerte Filiale eingerichtet, die in manchem mehr Spielraum hat als eine staatliche Stelle.»

Beide Sachverhalte haben Helfer und Graf durch ihre Publikationen ebenso bestätigt wie Cincera durch seine Verlautbarungen im «Vertraulichen Schweizerbrief» und an seinem Vortrag im Kirchgemeindehaus Veltheim. Wie plump die Zusammenarbeit zwischen Polizei und ihren zweifelhaften privaten Filialen mitunter funktioniert, hatte aber vor allem Eugen Thomann, Chef der Kantonspolizei, demonstriert. Er hatte den Veltheimer Anlass ja organisiert und ist dort nicht nur aufgetreten, um Cinceras Hellraumprojektor zu putzen.

Informationen dürften aber auch in die andere Richtung geflossen sein, also nicht nur von Thomann zu den privaten Schnüfflern, sondern auch umgekehrt. Das Duo Helfer/Graf mit seiner vorgelagerten Filiale dürfte auch Informationen für die Polizei beschafft haben. Im Dilemma mangelnder Beweise waren die Ermittler sicher froh um jede Information, die auch ausserhalb der erlaubten Dienstwege erreichbar war. Aber dabei gab es auch ein ernsthaftes Problem. – Wie sollte das unrechtmässig beschaffte Beweismaterial vor Gericht verwendet werden? Die Lösung präsentierte Eugen Thomann in eigener Sache. Er stellte sich vor Gericht auf den Standpunkt, dass die Polizei ihre Strafverfolger vor den Terroristen schützen müsse, und weigerte sich deshalb, die Identität seiner Ermittler bekannt zu geben. Die Polizisten, die irgendwelche belastende Aussagen machten, konnten demnach nicht direkt befragt werden, was genau sie wann und wo bei welchen Sicht- und akkustischen Verhältnissen gesehen oder gehört haben. Als Ersatz für die direkte Aussage der Ermittler bot sich Eugen Thomann als Stellvertreter an, als so genannter indirekter Zeuge vom Hörensagen. Auf diese Weise kam die Kantonspolizei darum herum, ihre privaten Filialen preiszugeben.

Das grosse Problem dabei war, dass die Behörden den indirekten Zeugen vom Hörensagen, Eugen Thomann, unkritisch und unkontrolliert akzeptierten, womit es einem paranoiden Fundamentalisten das Vertrauen schenkte und das Wort erteilte. Wie sich so eine Einvernahme des indirekten Zeugen Thomann abspielte, führte ein Zürcher Anwalt in seinem Plädoyer vor dem Bezirksgericht Winterthur aus: «Die Einvernahmen des indirekten Zeugen Thomann haben sich wie ein Ritual abgewickelt. Zuerst wurde er feierlich zur Wahrheit ermahnt, dann folgte ein stereotypes und vorher offensichtlich abgesprochenes Frage- und-Antwort-Spiel. Thomann hatte seine Unterlagen und Notizen vor sich ausgebreitet und seine Antworten teilweise von dort abgelesen. Alibihalber wurde mir als Verteidiger noch die Frage gestellt: ‹Gibt es Einwendungen?› Die Antworten des indirekten Zeugen schossen pfannenfertig aus dem Mund und fanden ihren direkten Weg in die Schreibmaschine des Protokollführers. Thomann, früher geschäftsleitender Bezirksanwalt und ehemals Vorgesetzter des heutigen geschäftsleitenden Bezirksanwaltes Ulrich Arbenz, diktierte selbst, auch die Satzzeichen und die Absätze. In der Einvernahme hatte Untersuchungsrichter Arbenz nichts anderes zu tun, als seine Fragen zu stellen. Thomann hätte sich die Fragen ohne weiteres gleich selbst stellen können. Das waren Schmierenkomödien mit schlechten Schauspielern. Wurden Fragen nach der polizeilichen Taktik gestellt, verweigerte der indirekte Zeuge Thomann die Aussagen. Er gab nicht einmal die genaue Zahl der beobachtenden Polizisten bekannt. Auf die Frage, mit welchen konkreten Hilfsmitteln die Beamten meinen Mandanten bei der angeblichen Straftat identifiziert hätten, konnte sich der Zeuge vom Hörensagen nicht festlegen und erklärte etwas von allgemeinen Hilfsmitteln wie Fotos und so weiter. Auf die Ergänzungsfrage des Angeklagten, weshalb die Täter nach einer Farbkleckserei nicht festgehalten worden seien, führte Thomann aus: ‹Vorgänge wie diese Sachbeschädigungen wiegen nicht so schwer, dass sie den Aufwand für eine polizeiliche Beobachtung rechtfertigen, von hier nicht interessierenden Ausnahmen abgesehen.› Auf die Frage, weshalb denn die polizeiliche Beobachtung überhaupt stattgefunden habe, antwortete er, die Beobachtungsoperationen seien vom Aufwand her einzig und allein gerechtfertigt gewesen im Hinblick auf die sich in Winterthur ab Sommer 1984 häufenden Sprengstoffdelikte und Brandstiftungen.»

Der Zürcher Anwalt folgerte daraus: «Auf der einen Seite war es also ungerechtfertigt, die Sprayer sofort festzunehmen, andererseits erachteten die Behörden es aber als verhältnismässig, Wochen später mit einer grossen Polizeiaktion einzufahren und meinen Mandanten 30 Tage lang wegen eines Sprays zu inhaftieren.»

Erklärtermassen wollte die Justiz mit der umstrittenen Methode des indirekten Zeugen, die im angelsächsischen Raum unzulässig ist, in Winterthur Spitzel, V-Männer und so weiter abschirmen, darunter offensichtlich private Schnüffler wie Graf und Helfer, die sich gut auskannten, nachdem sie während Jahren als Beamte der Kriminalpolizei im Freak-Tenue an unzähligen Demonstrationen und Versammlungen der kritischen Linken teilgenommen hatten.

Die Winterthur-Connection hatte viele Facetten. Nach einer Kundgebung gegen die «Flächenverhaftung und Isolationsfolter» Mitte Dezember 1984, drei Tage vor Gabis Tod, riss eine junge Frau aus Wut über die Untersuchungsmethoden und die martialische Polizeipräsenz an der Demo den Mercedes-Stern von einer Kühlerhaube. Sie wurde dabei erwischt und mehrere Tage in Untersuchungshaft gesetzt. Bei einer Hausdurchsuchung bei der jungen Frau fanden die Beamten ein nie veröffentlichtes Papier einer so genannten «Alarmplan Arbeitsgruppe» des «Komitees Nicaragua-El Salvador» und eine Mitgliederliste. Genau diese Namensliste einschliesslich der nicht nachgeführten Mutationen erschien darauf im «info-ch» der Presdok AG.

Kurz vor der Demonstration erschien ein anonymes Flugblatt mit der Überschrift «Winterthurer erwache!» – «Am Samstag, den 15.12.1984, wollen die Befürworter und Sympathisanten von Brand- und Sprengstoffanschlägen demonstrieren. Wollen wir das dulden, müssen wir das dulden? Merkt euch die Köpfe! Hau den Lukas! Der Rechtsstaat und die Demokratie sind gefährdet. Wehret den Anfängen! Morgen schon kann dein Haus brennen oder dein Kind einem Sprengstoffanschlag zum Opfer fallen.» Unterzeichnet mit «WWA = Winterthurer erwache».

Kamen diese und andere Bürgerwehr-Aufrufe von den rechtsgerichteten Polizeifilialen, oder stammten sie bloss aus der örtlichen City-Vereinigung «Junge Altstadt»? Bisher bekämpfte die «Junge Altstadt» (zunächst erfolgreich) das in zwei Volksabstimmungen gewünschte autofreie Stadtzentrum. Im Vorfeld der Razzia griff sie in den Kampf gegen den «Spray-Terrorismus» ein. Ihr Geschäftsführer Thomas Schmidhauser, bis Mitte der Siebzigerjahre Sekretär der Freisinnigen Partei des Kantons Zürich und nach eigenen Angaben Wanderfreund von Rudolf Friedrich, regte 1980 im Anschluss an den Opernhaus-Krawall in Zürich die Umwandlung von Zivilschutzräumen in Gefängnisse an, falls die herkömmlichen Kapazitäten bei der Verhaftung von Demonstranten nicht ausreichen sollten. Vier Jahre später überlegte sich Schmidhauser, «was zu tun ist gegen die Spray-Vandalen, und kommt zum Schluss, dass zwar ein Ausbau der Polizeiorgane und Bewachungsorganisationen nützlich wäre, aber aus finanziellen Gründen nicht machbar sei. Eine effektive Gratislösung sieht er dagegen in der Mobilisierung der Bevölkerung ...» (Kathrin Bänziger über Schmidhauser in ihrem vorläufig letzten Artikel über die Winterthurer Ereignisse im «Tages-Anzeiger-Magazin» 6/85).

Solche Vorschläge setzten im Januar 1985 einige Vermummte beim Justitia-Brunnen an der Marktgasse in die Tat um. Sie übergossen – wie seinerzeit den Menschenteppich beim Eingang zur Waffenmesse W 81 – die Mahnwache für Gabi mit Schweinegülle und entkamen wiederum unerkannt. Fünf Minuten später erschien rein zufällig der von Sirup, Aleks und anderen Wintis als Schlägertyp bezeichnete Stadtpolizist. Später fuhr ein Mannschaftstrupp von Polizeigrenadieren mit Maschinenpistolen vor und zielte auf die Trauernden beim Justitia-Brunnen. Die Lage wurde bedrohlich. Die Mahnwache brach ihren Stand ab und löste sich auf. Auf Anfrage erklärte die Polizei, dass sie wegen eines falschen Überfallalarms im gegenüberliegenden Geschäftshaus ausgerückt war. – «Aber warum zielten denn die Beamten auf uns?», fragte sich eine Mahnwachende, deren Haare von der aggressiven Saugülle gebleicht wurden und einen auffälligen Grünstich bekamen.

Erbarmen, was heisst Erbarmen!

Fettsack, die molligste der drei kleinen Welpen, Trottoirmischungen, die Sissa vor kurzem geworfen hat, knabbert vergnügt an meiner Schuhsohle herum und unterbricht mit einem fürs Alter schon ziemlich kräftigen Biss in die Zehen meine Gedankengänge. Ich sitze beim Küchenfenster. Die Terroristen sind ausgeflogen. Kein Mensch an der Felsenhofstrasse. Das ist selten bei so vielen WG-Bewohnern. Manchmal hausen in diesem respektablen Altbau über ein Dutzend Wintis. Ich warte auf Popopoi, um endlich zu Gabis Mutter zu fahren. Die Turmuhr der Kirche Veltheim schlägt viertel nach drei. Nicht mehr lange bis zum Treffen, auf das ich seit langem warte.

Aber ich geniesse das Warten. Angenehm, für einmal einfach so dazusitzen und einen Moment lang gar nicht an die Winterthurer Ereignisse zu denken. *Nu luege.* Die schöne Umgebung, die Vorgärten, viel Grün beim alten Dorfkern. Die «Jägerburg», das Haus der Wohngemeinschaft, ist ein markanter Eckpfeiler des Quartiers. Man muss es noch anschauen, im Blick auf die späteren Erinnerungen möglichst gut einprägen, bevor die geplante «Dorfkernerhaltung» den heutigen Dorfkern mit den Fremdarbeiterwohnungen und der Wohngemeinschaft entkernt. *Nu luege,* bevor die Rampe eines vorgesehenen unterirdischen Parkhauses den Natursteinweg entlang der Salatbeete ersetzt. Noch ist dieses Stück Veltheim nicht wegsaniert. Noch steht es nicht, das obligate schreckliche Ortsmuseum, noch vikarisieren keine restaurierten Weinpressen die heutige Realität. Noch ist nicht Geschichte, wie Fettsack mit seinen Geschwistern um meine Schnürsenkel rangelt im ungewaschenen Kies. – Doch ein Ende ist absehbar. Die Veltheimer Quartiergazette «Gallispitz» hat die komplette Neugestaltung bereits angekündigt.

Vor der «Jägerburg» schlendert ein Jeanstyp vorbei. Sonderbar, dieser Blick. – Will er etwas fragen? Aber er fragt nichts, schaut bloss. Nu luege? Dann tritt er entschlossen auf den Vorplatz. Hat offenbar doch ein Anliegen. Aber zu spät! Sissa sieht ihre Welpen in Gefahr und stürzt aus dem Hinterhof hervor. Ihr Bellen und ihre Zähne sind Furcht erregend. Sie beruhigt sich erst, als der junge Mann wieder auf der Strasse steht – etwas weniger entschlossen. Er verlangt, dass ich «das blöde Tier» wegschaffe. Er will an der «Jägerburg» vorbei und am Ende des Vorplatzes die Treppe hochgehen, zum angrenzenden Haus. Ich habe diesen Durchgang bisher noch nie bemerkt, da er völlig überwuchert ist und die lange Zeit offensichtlich unbenutzten Stufen bemoost sind. Ein verrostetes Gartentor aus Eisen stammt vermutlich aus den Dreissigerjahren und ist seither von keinem Farbpinsel mehr bearbeitet worden. Dennoch pocht der junge Mann auf ein angebliches Wegrecht, um zur Nachbarliegenschaft zu gelangen. Ich versuche dem jungen Mann klar zu machen, dass es hier, solange die Welpen säugen, keine Chance gibt, an Sissa vorbei zu kommen.

Es gibt einfach unglaublich aggressive Leute, denke ich immer mal wieder, was ist eigentlich los in diesem Land der Rechthaber? Und jetzt, beim Anblick dieses Menschen, ist dieser Gedanke besonders stark. Ob uns eigentlich bewusst sei, faucht er mich an, was die Nachbarschaft von uns und unsern Hunden halte? Er hält mich wohl für einen WG-Bewohner, der schon ein bisschen in die Jahre gekommen ist, für einen unverbesserlichen … «Geh doch mal ins Restaurant ‹Konkordia›, dort hörst du es!» Es würde ihn jedenfalls nicht wundern, wenn eines Tages ein Stück vergiftetes Fleisch auf dem Vorplatz liegen würde. «Und es würde dir und deiner ganzen Brut recht geschehen!»

Solch unangenehme Besuche sind – abgesehen von der ständigen Polizeipräsenz – doch eher selten. Wären keine Hunde da, so wären sie wohl weniger selten, und deshalb, unter anderem, hat die Wohngemeinschaft Hunde.

Die Welpen sind noch nicht stubenrein. Es gibt viel Arbeit. Besonders wenn jemand vergessen hat, die Haustür zu schliessen. Manchmal, nach einem neuen Wurf, gibt es sechs, sieben, acht junge Hunde zu versorgen. Mit Riesenpfannen voll Reis, angerichtet mit etwas Fleischpaste aus der Tube.

Jetzt stieben die Welpen auseinander. Kies knirscht unter den Reifen. Popopoi und ihre anderthalb Tonnen Eisen kommen angefahren. Citroën DS 21, Jahrgang 66, Hydraulikfederung, servogesteuert, Lederpolster, Sounds aus zwei Boxen. Gewissermassen ein Widerspruch auf vier Rädern, was die politische Einstellung der Besitzerin betrifft.

Nun trudeln sie alle ein, die Wintis. Eve auf dem Fahrrad. Eric zu Fuss. Sein oranges Haar geht in der Nachmittagssonne in Flammen auf. Leben kommt in die «Jägerburg». Plötzlich stehen auch Kurt und Jürg in der Küche; auch Barbara, die Unauffällige, ist nach Hause gekommen. Philippe war schon da, hat am Nachmittag in seinem Zimmer oben geschlafen. Einkäufe werden ausgebreitet. Die einen bringen Milch, literweise, ein anderer Kaffee. Jürg hat Lauch geerntet und frische Zwiebeln. Auf einem genossenschaftlichen Landwirtschaftsbetrieb, wo er aushilft.

Bald gibts Eintopf. Abgesprochen ist nichts. Null Planung. Es hat oder es hat nicht. Es ist abgewaschen oder auch nicht, es hat Zahnpasta, oder es hat nicht. Jemand hat nun schon das zweite Mal innert Wochenfrist eine Zahnbürste – schon wieder Philippes! – zum Haarefärben benutzt. Gelächter. Manchmal ist der Schwartenmagenplättliboden in der Küche spiegelblank, ein andermal bleibt die Schuhsohle daran kleben. Die Eindrücke ändern sich laufend, von frisch geputzt und frisch gestrichen bis zur schmuddligen Ungemütlichkeit. Es wird geraucht und gekifft. Ist kein Aschenbecher in der Nähe, geht die Asche zu Boden. Jeder und jede räumt ab, was ihn oder sie gerade stört. Und wer kaum je einen Lappen ergreift, hat nichts zu befürchten. – Eine Idylle des Zusammenlebens? – Es ist hier einfach anders. Die Macht der Gewohnheit ist fern. Normen werden abgelehnt, ein Putz-, Einkaufs- oder Gartenarbeitsplan wäre der Horror, und dennoch wachsen vor dem Haus die süssesten Tomaten, die ich je gegessen habe. Die Wohngemeinschaft ist ein Reservat der gegenseitigen Toleranz: nicht politisch, aber individuell. Sie ist gross, die Szene klein. – Vielleicht einigt der enorme Druck von aussen.

Noch Monate nach der Razzia erscheinen wöchentlich ein- bis zweimal Beamte unter der Tür. Unter irgendeinem Vorwand. Meistens geht es um Zustellungen von amtlichen Papieren oder Bussen, etwa wegen abgelaufener Fahrradschilder. Auf so etwas reagieren die Wintis mitunter nicht, weil sie solche Dinge einfach vergessen oder verdrängen. Aber die Polizei vergisst nicht, sondern stellt ein zweites Mal zu.

Auf dem Küchentisch liegt zwischen alten Zeitungen eine Vorladung für Popopoi. «Sie werden gebeten, am Sonntag, 20.10.85, 18 Uhr, bei der Stadtpolizei, Obertor 17, vorzusprechen betreffend kurze Befragung betr. Rotlichtbusse vom 2.8.85. Diese Vorladung ist mitzubringen, ebenso Führer- und Fahrzeugausweis. Pol. H.» – Der 2.8.85 ist ein Sonntag. Ob in Winterthur alle Rotlichtsünder auf einen Sonntagabend vorgeladen werden? Popopoi, die am Sonntag in einem jüdischen Altersheim Nachtdienst hat, wird den Termin verschieben müssen. Vergisst sie es, liefert sie den Beamten einen Vorwand, um ins Refugium der «Jägerburg» eindringen zu können.

Popopoi wird mit ihrem Schlitten eins ums andere Mal aufgehalten. «Ausweis bitte!» Der Polizist lässt das Papier in seiner Tasche verschwinden. Es liege etwas gegen sie vor, weshalb der Fahrzeugausweis vorläufig konfisziert sei. Was denn vorliege? Sie erfahre es früh genug, wenn sie die Wagenpapiere auf der Wache abhole. Popopoi will eine Quittung für den beschlagnahmten Fahrzeugausweis, damit sie bei der nächsten Kontrolle – und die kommt so sicher wie der Winterregen in Italien – nicht wegen Nichtmitführens von Ausweisen gebüsst werde. Da sagt der Beamte: «Wenn Sie jetzt gleich mitkommen, werden Sie nicht gebüsst.» – «Aber das ist jetzt unmöglich.» – Der Polizist lächelt: «Dann werden Sie halt wohl oder übel gebüsst.» Solche und nur solche Dialoge erleben die Wintis mit den Behörden am laufenden Band.

Wenn Popopoi erschöpft nach einer anstrengenden Nacht auf die Matratze sinkt, dann beginnen die Gedanken manchmal zu rasen, bis sie nur noch um immer dieselben Fragen kreisen. Ob Gabi im Gefängnis mit dem Tod gerungen habe, so wie sie es bei Patienten miterlebt hatte. Was in Gabi wohl vorgegangen war, als sie das Tauchsiederkabel an den Gitterstäben befestigte. Von solchen Gedanken ist es dann nicht weit bis zu den Abgründen des Bewusstseins: Wer sagt uns, dass Gabi nicht nachgeholfen wurde? Marti sagt es, der die Untersuchung der Todesursache führte. Marti, der Kätis Eltern erzählte, Aleks sei bei ihrer Tochter im Bett an der Neuwiesenstrasse verhaftet worden, obschon er selber Aleks an der Waldeggstrasse verhaftet hatte. Steckte dahinter nur ein banales Missverständnis? Oder ist es tatsächlich Zufall, dass die Beamten Gabi die genau gleiche Unwahrheit erzählten, um sie gegen Aleks aufzuhetzen, in der Hoffnung, dass sie ihn irgendwann verraten würde? War es wirklich Zufall, dass Martis Falschinformation gegenüber Kätis Eltern exakt der Taktik entsprach, die Gabi im Gefängnis zermürben sollte? In solchen Halbschlafsituationen, die bei Menschen, die nachts arbeiten, besonders ausgeprägt sind, vermag Popopoi Traum und Wirklichkeit nicht mehr zu unterscheiden. Alles gerät durcheinander, die Winterthurer Ereignisse, in die sie verwickelt ist, und der Alltag im jüdischen Altersheim, wo sie Nachtwache hat. So bleibt ein Gedankenblitz an jene Patientin, die ihr letzte Nacht am meisten Mühe machte, an deren Unterarm hängen, am grausamen Bild der eintätowierten Nummer aus dem KZ. Ob es damals auch mit so kleinen Schikanen angefangen hatte, mit dem zermürbenden Kleinterror wie in Winterthur, bevor so viele Menschen vernichtet wurden? Ach was ... bin ich verrückt? Dann gehen die Gedanken weiter zur Vorladung auf dem Küchentisch, zur nächsten Kontrolle, zum Grinsen des einfachen Polizisten, dem wahrscheinlich nicht bewusst war, was er an nächtlichen Hirngespinsten vorgespurt hatte, als er mit drohendem Nachhall sagte: «Dann werden Sie halt wohl oder übel gebüsst.» Aber dann kommt irgendwann einmal in der Morgendämmerung der *point of no return,* wo Popopoi sich innerlich nicht mehr auflehnen mag, sondern nur mehr ermattet einsinkt in illusionslose Träume, bis sie mitten am Tag von den zwölf höllisch donnernden Glockenschlägen der nahen Kirche Veltheim erwacht. Dann erinnert sie sich schwach an viele Schwingtüren, die sich nacheinander von selbst öffneten, eine nach der anderen, als sie durch die langen ausgestorbenen Gänge des Altersheims schritt. Und jedes Mal stand zwischen den Flügeln der Schwingtüren eine Gestalt, die immer dann, wenn sie sie ansah, verschwand, als hätte sie der Erdboden verschluckt. Sie habe die Gestalt deutlich erkannt. Es war Gabi.

Jenseitig und fast unwirklich erscheinen in der «Jägerburg» auch die gelegentlichen Besuche von Peter Arbenz, ehemaligem Stadtrat, Bauvorstand und eigentlichem Besitzer des Hauses, der die Liegenschaft nach Gabis Tod auf den eigenen Namen gemietet und der WG zur Verfügung gestellt hat. Er hat ein Herz und bringt im Gegensatz zu anderen Beamten, die nur Unangenehmes zwangszustellen, jedes Mal eine Flasche Wein mit. Keinen schlechten Tropfen. Peter ist wohl so etwas wie das schlechte Gewissen seines Bruders Ulrich Arbenz. Es ist anzunehmen, dass es sich um Besänftigungsgesten handelt, wofür Bruder Peter, der auch IKRK-Mitglied ist, das diplomatische Gespür hat. Gleichzeitig wurden die Wintis – vielleicht auch im Interesse Bruder Ulrichs von der Bezirksanwaltschaft – an einem konzentrierten Ort wie der «Jägerburg» doch noch ein bisschen überschaubarer als zuvor, als die Szene auf drei Wohngemeinschaften verteilt war. Auch rechnete Bauvorstand Arbenz wohl mit einem Ende dieses Mietverhältnisses bei der Annahme des anstehenden 1,9-Millionen-Kredits zur Sanierung der Liegenschaft, die er und seine Parteikollegen vehement befürworteten. – Was dann aber, wie wir wissen, trotz böser Gerüchte im Zusammenhang mit der Brandstiftung bei der Bäckerei Dach nicht eintraf.

Für Peter Arbenz löste sich das «Problem ‹Jägerburg›» mit seiner Nomination zum Flüchtlingsdelegierten des Bundes und seinem damit verbundenen Weggang nach Bern.

Wie so oft sitzen die Wintis und einige Gäste in der geräumigen Küche. Popopoi scheint das bevorstehende Treffen mit Gabis Mutter ein wenig zu verunsichern. Jemand zieht ihre Vorladung aus dem Zeitungsstoss und streckt sie über den Küchentisch; es ist nicht gerade der geeignetste Augenblick dafür. Neben dem Stempel der Stadtpolizei von «Pol. H.» hat Sissa mit ihrer nassen Hundepfote einen zweiten, wenig scharf konturierten Stempel aufgedrückt. Popopoi überfliegt das Formular und wirft es ärgerlich auf den Küchentisch: «Die wollen doch nur wissen, wo ich angemeldet bin! Immer das Gleiche!» – «Machs doch wie ich», sagt Philippe, «seit ich in einem Postfach wohne, habe ich Ruhe.» – «Wer kommt mit auf die *Schmier?*», fragt Popopoi nach einer Weile und sieht Käti an. Käti begreift und nickt.

Allzu viele Winterthurer Ereignisse haben sich am Obertor 17 ereignet. – Am Todestag von Gabi im Dezember 1985 ist im «Widder» Konzert. Pasci, nicht so recht in Stimmung, geht früher nach Hause. Er biegt in das Kernstück von Winterthur, die Marktgasse, ein und spaziert gemächlich diese Aorta des täglichen Konsums aufwärts. Eine Erinnerung hält ihn zurück. Er schaut eine Weile ins Schaufenster eines Warenhauses, das er vor einem halben Jahr mit den Schuhen eingetreten hatte. Es ist ihm eigentlich heute noch nicht klar, weshalb er das damals getan hatte, und genau darüber sinniert er jetzt nach. Irgendeine unbestimmte Wut auf das entfremdete Leben, den Kleinterror, die Schikanen. Als 17-Jähriger musste er als Strafe einen halben Tag im Winterthurer Technorama arbeiten. Pasci schüttelt den Kopf. Dann geht er weiter die Marktgasse hoch. Auf der Höhe des Justitia-Brunnens, wo die Betroffenen vor einem Jahr vier Wochen lang Mahnwache für Gabi hielten, steht ein Privatwagen. Merkwürdig, ein Auto in der Fussgängerzone, denkt Pasci und geht daran vorbei. Doch schon sind zwei Männer ausgestiegen. Sie werfen ihm vor, er habe Scheiben eingeschlagen, und verlangen einen Ausweis. Pasci hat keinen bei sich. Dann geht alles sehr rasch. Ein Würgegriff, und ab gehts auf die Wache am Obertor 17. Das Gebäude der Stadtpolizei ist frisch renoviert.

Pasci landet in einem Vernehmungsbüro im hinteren Teil der Wache. Die Beamten reden väterlich auf ihn ein. Er solle doch zugeben, dass er in der Stadt Scheiben zertrümmert habe. Pasci kocht vor Wut. Er hatte seine Strafe längst verbüsst, im Technorama. Die Tonart wird forscher. Plötzlich ordnen die Beamten einen Alkoholtest an. Pasci muss in ein Röhrchen blasen wie die Autofahrer, dabei war er doch zu Fuss unterwegs. Er empfindet dies als Provokation und verliert prompt die Nerven: «Ihr seid Faschos!», brüllt er und noch einiges hintendrein. Während der eine Polizist sich weiter mit ihm beschäftigt, dreht sich der andere um und schaltet in der Ecke ein Gerät ein. Nach einer Weile sagt dieser Beamte zu Pasci, der sich inzwischen wieder ein bisschen beruhigt hat: «Jetzt hör dir selber mal an, was du da sagst!» Pasci hört aus einem Lautsprecher seine eigene Stimme: Er hört, wie er «Faschos!» ruft und wie er sich gegen den Vorwurf des Scheibenzertrümmerns wehrt und wie er den Alkoholtest verweigert.

Seine Verblüffung ist grenzenlos. Noch hat er nicht begriffen, dass in der renovierten Hauptwache der Winterthurer Stadtpolizei ein perfektes Raumabhörsystem eingebaut ist, da reisst ein dritter Mann die Bürotür auf und stürmt auf ihn zu. Pascis letzte Wahrnehmung ist, dass dieser Mann keine Uniform trägt wie die beiden Stadtpolizisten. Dann spürt er die Fäuste. Gezielte und geübte Schläge, die äusserlich so wenig wie möglich sichtbare Spuren hinterlassen. Pasci wird schwarz vor Augen, und er sinkt zu Boden. Als er zu sich kommt, ist der Mann verschwunden. Pasci schmerzt es höllisch am ganzen Körper. Sein Kopf dröhnt. Eine Gesichtshälfte schwillt langsam an.

Nach den Schlägen darf Pasci nach Hause. Er habe sich noch gewundert, dass der Stadtpolizist – endlich erfuhr er den Namen des einen Beamten – seinem Vater telefonierte, damit er ihn, Pasci, abhole. Denn sonst habe man die Opfer meist noch eine Nacht in Polizeihaft behalten, bis die gröbsten Spuren verschwunden waren.

Pasci wird auf eine Strafanzeige verzichten. «Die würden doch einfach sagen, ich sei im alkoholisierten Zustand gestürzt. Oder ich sei gegen sie tätlich geworden, bis sie hätten eingreifen müssen. Ich war ja der einzige Zeuge, zudem vorbestraft. Es wäre Aussage gegen Aussage gestanden, und was hätte ich da ausrichten können gegen die Aussagen von zwei Polizeibeamten?» Tatsächlich, Pasci hätte wohl noch grössere Chancen gehabt, angeklagt zu werden wegen falscher Anschuldigungen.

Einige Tage nach diesem Vorfall verlangte ich den einen Polizeibeamten am Telefon und wollte wissen, was er als Beteiligter dazu zu sagen hat. Er wisse von nichts, sagt er, denn zur fraglichen Zeit sei er gar nicht in den hinteren Büros gewesen, sondern vorne auf der Wache. Zwischen der Wache und den Büros habe es eine Türe, und diese Türe sei geschlossen gewesen. Da habe er vorne natürlich nicht hören können, was sich hinten tut. Der junge Mann habe einen «Atemlufttest» verweigert und sei äusserst aggressiv gewesen. Er habe ihnen Schimpfwörter an den Kopf geworfen, «von Mörder an aufwärts!». Der Bursche sei wahrscheinlich frustriert gewesen wegen dieses Todestags von dieser ... äh ... von dieser Gabi. «So ist es doch gewesen!» Der junge Mann habe seinen Frust zuerst an einer Schaufensterscheibe abreagiert und dann an ihnen, den Beamten. Sie hätten mit ihm anständig geredet. – «Wie bitte, eine tätliche Auseinandersetzung? – Schon möglich, dass eine solche stattgefunden hat», sagt der Stadtpolizist. Er sei jedenfalls nicht dabei gewesen. Der Bursche werde noch verzeigt wegen Unfugs und Trunkenheit. «Das Rappörtchen ist schon geschrieben.»

Was man in der «Jägerburg» so alles hört, erscheint als Strategie der Verunsicherung. Dazu gehört auch eine Strafverbüssung von Paco in der Zeit um Gabis Todestag 1985 im Winterthurer Bezirksgefängnis, wo er zehn Tage wegen Nichtbezahlung einer Busse sitzt. Statt im Zellenbereich für Vollzugsstrafen, wo er hingehört hätte, sperrte man ihn in einer unterirdischen Zweierzelle ein, wo er die ganze Zeit einem Schwerverbrecher ausgeliefert war, der vor einiger Zeit einen Menschen erschossen hatte. – Es steckte wohl eine gewisse Absicht dahinter, dass die Gefängnisleitung für Paco, den Winti, solche Haftbedingungen angeordnet hatte. Der zuständige Gefängnisverwalter, Herr Bühler, hatte mir jedoch ein halbes Jahr zuvor noch versichert, er habe wegen Gabis Tod ein gewisses Verständnis für die Szene.

Es war damals, im Sommer 85, ein Zufall, dass ich Bühler an die Strippe bekam, denn ich hatte Bezirksanwalt Marti verlangt, weil ich nochmals etwas über den Verhaftungsort von Aleks wissen wollte, wurde aber von der Telefonzentrale irrtümlich mit dem Gefängnisverwalter verbunden. Da packte ich natürlich die Gelegenheit, um Bühler nach den Haftbedingungen von Gabi auszufragen.

«Ich war natürlich kein Freund von dieser jungen Frau, was ihre politische Einstellung betraf», sagte der Gefängnisverwalter als Einleitung, «weil ich das so genannte System selbstverständlich aufrechterhalte. Gabi war eine schwierige Gefangene – und da geht man zwangsläufig nicht so oft in die Zelle.»

Am letzten Tag, fuhr Bühler fort, seien zwei Bundespolizisten – Kommissär Knaus und Inspektor Stadler – «eigens von Bern hergereist», und da habe der eine Beamte noch zu ihm, dem Gefängnisverwalter, gesagt: *«Jetz wämmer das cheibe Züüg emol ächli durezieh, wämmer scho da sind!»* – Darum sei Gabi dann auch so lange *«dra cho»*. Das letzte Verhör habe sehr lange gedauert. Da sei die Essenszeit halt schon vorbei gewesen, als Gabi in ihre Zelle zurückgebracht wurde. Und der Tee sei in der Zwischenzeit auch schon kalt geworden. Da habe der Aufseher (Bühler verbat sich den Ausdruck Wärter, der ihn an den Zoo erinnere) mit Gabi Erbarmen gehabt und ihr einen Tauchsieder gebracht, damit sie den Tee aufwärmen konnte.

Die Abgabe eines Tauchsieders war Gabi vier Wochen lang verweigert worden. Wenn der Wärter nach vier Wochen Verweigerung plötzlich Erbarmen mit ihr hatte, dann musste der Zustand der Gefangenen tatsächlich erbärmlich gewesen sein. Es sei dann am anderen Morgen natürlich für alle ein grosser Schock gewesen, als Gabi am Kabel dieses Tauchsieders hing. Der Selbstmord habe ihn persönlich ausserordentlich belastet, meinte Bühler. Aber auf der andern Seite müsse man auch die Untersuchungsbehörden verstehen, wenn sie nicht weiterkommen. Es sei zwar schon möglich, dass Gabi selber gar keine Straftat verübt habe, aber zumindest habe sie in einer Wohngemeinschaft gewohnt, wo solche geplant worden seien. Und deshalb habe man angenommen, dass sie etwas über die Anschläge wisse. Da habe man von ihr halt auch Aussagen erwartet, die vielleicht nicht sie selbst, sondern die andern Angeschuldigten betrafen. «Dies war doch legitim», meinte der Gefängnisverwalter, «besonders unter dem damaligen Druck der Öffentlichkeit». Da sei es «nun einmal Aufgabe der Behörden gewesen, unter allen Umständen die Wahrheit herauszufinden».

Die Umstände, die sich im Winterthurer Bezirksgefängnis in Gabis Todesnacht vom 17. auf den 18. Dezember 1984 abgespielt hatten, fasste ein nicht in die Wintiverfahren verwickelter Gefangener von sich aus in einem offenen Brief zusammen, den fünf Mithäftlinge unterzeichneten. Abgesehen davon, hiess es im Schreiben, dass entgegen der Gefängnisverordnung männliches Personal die Frauenabteilung überwache, und abgesehen von mangelhafter ärztlicher Betreuung, abgesehen auch davon, dass die Frauen nicht im Freien spazieren dürfen, abgesehen von all diesen organisatorischen Mängeln hätten die Justizbehörden mit Gabi ein «teuflisches Spiel» getrieben mit andauernden Versetzungen von einer Zelle in die nächste, damit sie völlig abgesondert wurde und keinerlei Kontakte hatte und mit niemandem, absolut niemandem kommunizieren konnte.

Wer als unbequemer Gefangener gelte, schrieben die Häftlinge, gerate in Winterthur in eine raffiniert-brutale Gefängnismaschinerie. Als Mitgefangene sei ihnen nicht entgangen, dass Gabi ihr Haftregime sehr schlecht ertragen habe.

Man habe sie immer wieder in den Korridoren klagen gehört, berichteten die Gefangenen. Sie habe auch Selbstmordabsichten angekündigt. Nach dem letzten Verhör habe man Gabi im Gefängnis erklärt, der Untersuchungsrichter würde nun alle anderen Gefangenen informieren, dass sie ein Geständnis abgelegt und ihre Freunde und Freundinnen verraten habe. Der Briefverfasser und die fünf Mitunterzeichner berichteten, sie hätten, nachdem Gabi vom letzten Verhör zurückgebracht worden war, «lange Zeit Schluchzen und Schreie gehört».

Verwalter Bühler, den ich auf den Brief aus dem Gefängnis ansprach, meinte: Er erinnere sich an dieses Schreiben nur in dem Sinne, dass es darin geheissen habe, die Gefangenen hätten Gabi «in Gedanken» schluchzen und schreien gehört.

Im Übungskeller an der Felsenhofstrasse erdbebnen Poppers Bässe, dann schreit Kurts Gitarre, und Jürg eröffnet das Feuer am Schlagzeug. Die Terroristen sind wieder am Werk. Popopoi hat sich inzwischen beruhigt. Neben Käti hat noch jemand zugesagt. Zu dritt beschliessen sie am Küchentisch, am Obertor 17 bei Pol. H. vorbeizugehen – zwecks kurzer Befragung betr. Rotlichtbusse vom 2.8.85.

Der Aufbruch zu Gabis Mutter naht. Aber Eve hat noch eine Frage. «Weiss man eigentlich, was genau in Gabis Abschiedsbrief steht? – Das war sonderbar», fährt sie fort, «die meisten von uns waren noch in Untersuchungshaft, als Gabi starb. Kurz darauf wurden wir aber fast alle sofort freigelassen, obschon sich am Stand der Untersuchung nichts geändert hatte. Es kam mir so vor, als würden wir gegen die Tote ausgetauscht. Unsere Entlassung war natürlich pure Taktik, eine Geste der Beschwichtigung. Es war ja kurz vor Weihnachten. Da wollte man die allgemeine Empörung dämpfen. Nach unserer Freilassung hofften wir dann, aus Gabis Abschiedsbrief etwas über die Hintergründe ihres Todes zu erfahren. Aber wir bekamen gar keine Informationen, überhaupt nichts.»

In meinen Recherchen kam ich nur so weit, dass ich von der Anwältin wusste, dass es Widersprüche gab zwischen Gabis Worten und den öffentlichen Verlautbarungen von Bezirksanwalt Arbenz in der Presse.

«Und Zeichnungen», fragt Eve, «hat es Zeichnungen auf dem Abschiedsbrief?»

Es hat, meines Wissens, ich hörte davon.

Eve schaut mich erwartungsvoll an. «Ich muss diesen Abschiedsbrief sehen! Ich muss ihn sehen. Vielleicht geht aus Gabis Zeichnungen hervor, was im Gefängnis geschehen ist. Vielleicht ist sie geschlagen worden. Auch ich wurde ständig bedroht.» Eve vermutet, dass Gabi Ähnliches oder noch Schlimmeres in der Haft erlebt hatte wie sie. «Kantonspolizist S. drohte mir einmal, er werde mich durch die ganze Ortschaft schleifen, übers Knie nehmen und mir den Arsch versohlen, falls ich mein Verhalten in der Untersuchung nicht ändere. Ich verweigerte die Aussage – wie Gabi.»

«Vielleicht», wiederholt Eve, «hat sie ihre Eindrücke in Zeichnungen festgehalten. Ich muss deshalb ihren Abschiedsbrief sehen, irgendwann einmal muss ich diesen Brief sehen ...»

Aber die Zeichnungen und Notizen von Gabi sind nach ihrem Tod verschwunden. – Und die vielen Entwürfe des Abschiedsbriefs, von denen die Verteidigerin gehört hatte? Waren es nur Entwürfe für den letzten Abschiedsbrief, oder waren es andere Versionen? Gabi hatte ihrer Anwältin beim ersten beaufsichtigten Besuch erklärt, sie habe Aufzeichnungen gemacht über die Verhöre, in denen die Beamten sie mit dem anonymen Brief unter Druck gesetzt hätten. – Wo sind diese Aufzeichnungen geblieben? Gabi hatte immer wie besessen gezeichnet und geschrieben, auch malte sie wie ihr Freund Aleks. «Ständig hat sie etwas herumgekritzelt», sagt Eve, «da müsste doch eine Menge Papier bei ihren Effekten geblieben sein.» – Sind diese Dinge zum Verschwinden gebracht worden?

Eve fleht mich beinahe an, ich solle bei Gabis Mutter, wenn ich sie schon treffe, wenigstens um eine Kopie des Abschiedsbriefs bitten – oder auch nur die kleinste Notiz, die Gabi im Gefängnis hinterlassen hat.

Es ist jetzt Zeit. Popopoi schaukelt uns in ihrer Staatskarosse stadtauswärts nach Winterthur-Töss. Ich erwarte eine Mutter voller Sorgen, die überzeugt ist, wie sie mir vor einigen Tagen am Telefon erklärt hatte, dass der Verlust ihrer beider Kinder Gottes Wille gewesen sei. Plötzlich sagt Popopoi, sie schaffe es nicht. Sie wolle umkehren. Wir halten an. – «Weisst du, ich war mit Gabi befreundet», sagt sie, «wir gingen oft zusammen tanzen, redeten viel über unsere Beziehungen, und wir arbeiteten zusammen im ‹Widder› – und dann eines Tages war sie einfach weg. Weg wie die andern, die für länger eingesperrt blieben. Aber bis auf zwei – Aleks und Res – kamen alle irgendwann mal wieder heraus. Bei Gabi aber war es so, als wäre sie drin geblieben bis heute. Für mich wird sie noch Jahre, Millionen von Jahren drin bleiben. Es gab ein stilles Begräbnis. Wir durften nicht einmal hin und konnten nicht Abschied nehmen. Wir haben ihren Tod gar nicht wahrgenommen. Nur vom Hörensagen, aus der Presse und das Gerede. Es kommt mir so vor, als hätten die Behörden uns nicht nur ihr Leben weggenommen, sondern auch noch ihren Tod.»

Wir stehen vor der Kirche Töss, wo kurz vor Weihnachten 1984 eine Winterthurer Pfarrerin Gabi beerdigt hatte. Die Seelsorgerin, zufällig Tochter eines Polizisten und wohl ebenso zufällig eine alte Freundin von Untersuchungsrichter Ulrich Arbenz, war Gabis Eltern mit Rat und Tat zur Seite gestanden. Das Begräbnis fand in aller Stille statt, unter den Augen eines massiven und diskreten Polizeiaufgebots.

Unser Treffpunkt in der Nähe ist ein typisches helles, sauberes Aussenquartier-Café. Gleich neben dem Eingang trifft sich die Quartierjugend in einer Nische mit Flipperkästen und Spielautomaten. Um diese Zeit am Nachmittag ist niemand da. Also setzen wir uns und warten auf die Mutter.

Popopoi und ich haben die Aussenwand im Rücken. Zur Rechten blinken nervöse Automaten, der Ausschank liegt geradeaus vor uns, und dicht davor sitzt ein junger Mann, etwas verlaust, halblange fettige Strähnen, flaumiger Bart. Während wir auf Gabis Mutter warten, steht er auf, kommt auf uns zu und fragt: «Darf ich mich zu euch setzen?» Wir lehnen ab. Aber er setzt sich einfach hin. Ich werde nervös, da gefährdet doch so ein frecher Bengel den wichtigsten Teil meiner jahrelangen Recherchen! Am liebsten würde ich ihn am Kragen packen, aber wenn die ohnehin schon eingeschüchterte Mutter in diesem Moment hereinkäme – nicht auszudenken. Ich werde noch wütender und brauche meine ganzen Kräfte, um mich jetzt zu beherrschen. Das darf doch nicht wahr sein!, denke ich und ahne noch nicht, um was es hier eigentlich geht. Da wir ihn vom Nebentisch nicht vertreiben können, setzt er sich dorthin und lehnt sich zu uns herüber.

«Ich wollte euch nur fragen, ob ihr mir ein Bier bezahlen könnt.» Er lächelt. Seine Zähne sind im Vergleich zur übrigen Erscheinung gepflegt. «Ich bin völlig abgebrannt», fährt er fort.

– Ob er denn nicht arbeite? – Nein, die Arbeit liebe er nicht sonderlich, darum sei er am Nachmittag meistens hier. Weder die Wirtin noch das Personal kannte ihn. – Weshalb er denn ein Bier bestellen wolle, in einem alkoholfreien Café?, fragen wir ihn. Aber er scheint die Frage gar nicht zu hören, sie verunsichert ihn auch nicht im Geringsten, er weicht bloss aus.

Gabis Mutter sollte eigentlich schon da sein, während der Bursche am Nebentisch einfach nicht lockerlässt und uns eine ganze Menge belangloser Dinge erzählt.

In dem Augenblick wird mir immer noch nicht bewusst, dass er nicht der Erste ist, der sich in letzter Zeit so sonderbar anzubiedern versucht. In den vergangenen Wochen bin ich nacheinander – wo auch immer – von mehreren unbekannten Burschen angesprochen worden, und zwar recht direkt und zielgerichtet. Ich hätte doch sicher einen tollen Beruf, bestimmt Literat, Schriftsteller oder so etwas, meinte einer kürzlich in der Roten Fabrik in Zürich.

Einmal scherzte so ein Keks, ich sehe aus wie ein Dichter kurz vor dem Berühmtwerden. Es sollte mich wohl provozieren und mir gleichzeitig schmeicheln, um ein lockeres Gespräch anfangen zu können. Dabei war es mir gar nicht drum, weil ich mich so unwohl fühlte wie ein gewöhnlicher Schreiberling, der observiert wird, weil er zufällig für ein Buch über die Winterthurer Ereignisse recherchiert und womöglich zu Informationen kommt, die den Behörden lästig werden könnten.

Der junge Mann am Nebentisch quasselt immer noch auf uns ein. Nochmals versuche ich ihn zu verunsichern.

«Du trägst aber eine ziemlich teure Uhr für einen Herumtreiber.»

Nur eine Sekunde lang lässt er sie im Ärmel verschwinden.

Dann besinnt er sich anders und streckt sie mir demonstrativ entgegen. Es ist eine Digitaluhr mit Datum, Taschenrechner und Metallband. – «Kostete nur einen Fünfliber», sagt er. Auch die für einen Penner viel zu teuren Schuhe hat er wohl halb geschenkt bekommen.

Ich überlasse es Popopoi, sich weiter mit dem jungen Mann zu beschäftigen, und fasse innerlich, trotz der Störungen vom Nebentisch, noch einmal zusammen, was ich über Gabis Familienverhältnisse weiss. Nach dem Gefängnistod von Gabi, der ein Jahr später auf den unerwarteten Tod ihres Sohnes folgte, waren die Eltern plötzlich kinderlos geworden und völlig am Ende. Ihre Hilflosigkeit hatte keine Grenzen. Aber der Alltag, der Trott ging weiter. – Aber wie sollte er weitergehen? Die Mutter arbeitete nach wie vor hinter den unendlichen Milchglasfensterfronten der Winterthurer Industrie, und der gesundheitlich geschwächte Vater wartete, bis sie wieder nach Hause kam. Am Ende des Monats mussten die beiden weiterhin für ihr eigenes kleines, typisches Winterthurer Arbeiterhäuschen aufkommen; es hatte einst dem Traum einer Kinder liebenden Familie entsprochen.

Nachdem beide nicht mehr da waren, schien für die Mutter alles sinnlos geworden zu sein. Was soll nun aus dem Häuschen werden? – Warum traf es ausgerechnet uns? – Warum unsere beiden Kinder? – Warum auch noch Gabi? – Was haben wir falsch gemacht?

Die Fragen kamen von selbst, eine Seelenmarter Tag und Nacht und überall, beim Kaffeekochen, auf dem Weg zur Arbeit, im Betrieb, beim Abendessen, als sich plötzlich ein tiefes Schweigen über die innere Marter legte, und vor allem nachts, wo es nicht mehr ohne Medikamente ging. Vater und Mutter fragten sich selber und andere, die aussen standen, unablässig nach den Ursachen des Todes – und die Antworten waren widersprüchlich. Es wurde darüber gestritten und brachte noch mehr Unruhe in das innere Befinden. Auf der einen Seite machte die Justiz Gabis Freunde, die Wintiszene und die Anwälte verantwortlich. Auf der anderen Seite klagten die Anwälte die Behörden an, worauf die Justiz den Anwälten vorwarf, sie wollten Gabis Tod politisch ausschlachten.

Dieser Kontroverse waren Gabis Eltern nicht gewachsen. Die Mutter vertraute der Seelsorgerin, der Vater der Bezirksanwaltschaft. Das Vertrauen der Eltern lag auf der Seite der Behörden, und unter diesem Einfluss begannen sie die Wintis mehr und mehr zu verurteilen. Vor allem Aleks, von dem sie glaubten, er hätte ihre unschuldige Tochter da hineingezogen. Nach Gabis Tod begegnete die Mutter auch der Verteidigerin deutlich skeptischer als zuvor. Dies war offensichtlich das Produkt eines Propagandafeldzugs, der schon am Tag, als Gabi tot aufgefunden worden war, begonnen hatte, um die Justiz, die von allen Seiten unter Druck geriet, zu entlasten.

Dieser Nervenkrieg begann schon am Morgen des 18. Dezember 1984, als zwei von der Bezirksanwaltschaft Winterthur beauftragte Polizeibeamte den Eltern die Schreckensnachricht überbrachten. Kaum hatten sie ihr Beileid ausgesprochen, zogen sie über Aleks her. Er sei ein Verbrecher und der Polizei schon lange bekannt. Sie wüssten auch, dass er ihre Tochter schlecht behandelt und auf die schiefe Bahn gebracht habe. Beides entsprach der Verhörtaktik, die Gabi und Aleks mit psychologischen Tricks entzweien sollte. Die Überbringer der Todesnachricht redeten die gleiche Sprache wie der anonyme Brief. Sie hetzten die Eltern auf und verschwiegen, dass Gabi vor ihrem Selbstmord über sieben Stunden lang verhört worden war und völlig erschöpft gewesen sein musste und nichts mehr zu essen bekam, als sie in die Zelle zurückgebracht wurde, wo nur noch eine Tasse kalter Tee stand.

Von Behörden-, Polizei- und Seelsorgerseite hörten die Eltern nichts, was die Haftbedingungen und die Verhörmethoden hätte in Zweifel ziehen können. Man wollte jetzt Ruhe.
 Die Taktik der Behörden ging auf. Sie hatten sich auch ausrechnen können, dass die Eltern ebenfalls Ruhe wollten. – Was wäre passiert, wenn die Eltern im Detail erfahren hätten, mit welchen Gemeinheiten man Gabi fertig gemacht hatte? Die Eltern hätten es vielleicht nicht einmal wahrhaben wollen, denn sie hätten ja annehmen müssen, dass es Gabi noch mieser ergangen war, als sie sich vorstellten.

Die Justiz wollte ihrerseits Ruhe vor Geschichten über die Untersuchungsmethoden einzelner Beamter, die publik geworden sind. Etwa diejenige von Kantonspolizist Strickler, der Eve bei den Einvernahmen jeweils anschrie: «Sie können gleich einen Strick nehmen und sich aufhängen, falls Sie die Aussagen weiterhin verweigern wollen!»
 Als Kantonspolizist Strickler ihr zum zweiten Mal riet, einen Strick zu nehmen, antwortete Eve gelassen: «Sie wiederholen sich.»
 Es wäre eher unlogisch, wenn solche Worte nicht auch bei Gabi gefallen wären, vielleicht sogar noch in härterem Tonfall, weil die Strafverfolgung von Gabi wichtigere Aussagen erhoffte als von Eve. Wie heftig wurde auf Gabi eingebrüllt? Wie heftig die Faust auf den Tisch gedonnert? Vielleicht hatte Gabi dies nicht so gelassen nehmen können wie Eve. Hatte sie an diesem Tag überhaupt etwas zu essen bekommen, wenn das Verhör so lange dauerte?

Wieder beginnen die Überlegungen darüber, was Gabi wohl in den Tod getrieben hatte, zu kreisen. Die Umgebung ist wie weggefegt, ich nehme nicht einmal mehr wahr, wie Popopoi versucht, den jungen Mann am Nebentisch loszuwerden. Die Spannung, welche die Beschäftigung mit den Bruchstücken von Informationen ergibt, die ich in meinem Kopf zu einem Ganzen zusammenzufügen versuche, wächst mit jedem neuen noch so kleinen Detail, das ich in den vielen Gesprächen und der Durchsicht von Akten bekommen habe, ins Masslose, weil es sich hier nicht um einen Roman handelt, sondern um eine wahre Geschichte, die jede Vorstellungskraft übertrifft. – Aber was ist eigentlich mit der Mutter? Wo ist sie geblieben? Ob sie überhaupt noch kommen wird? Oder ob bei ihr etwas Unerwartetes vorgefallen ist, das sie von unserem Treffen abhält?

Strickler habe sich bei den Verhören immer wieder ereifert, erinnert sich Eve. Erst als er sie das letzte Mal im Gefängnis aufsuchte, war er wie verändert. Es war kurz nach Gabis Tod. Strickler sei nervös gewesen. Er hatte die Aufgabe, Eve mitzuteilen, dass genau das eingetreten war, wozu er ihr mehrmals geraten hatte. Eve hatte die Nachricht von Gabis Tod am Vorabend am Radio gehört. Danach habe sie kein Auge mehr zugedrückt. Die ganze Nacht über zermarterte sie sich den Kopf, wer die «junge Frau» gewesen sein konnte. Am Radio hiess es bloss, eine Gefangene aus Winterthur sei am Morgen in ihrer Zelle tot aufgefunden worden ... Weder der Name noch andere Angaben wurden bekannt gegeben. Eve wusste nur, dass es eine Freundin war. – Aber wer? Wer? Wer? War es Leila? War es Käti? Sip? Bea? War es Gabi? Nein, Leila! Oder Bea? – Entweder Leila oder Bea! Nein, Sip nicht, Käti auch nicht. Aber Gabi? Kaum. Und wieder von vorn und nochmals von vorn.

Im Anwaltszimmer habe Kantonspolizist Strickler plötzlich Schiss vor seinen eigenen Ratschlägen bekommen. Vielleicht hatte er es jeweils auch nicht so wörtlich gemeint, als er sagte, sie solle sich doch besser gleich aufhängen. Denn plötzlich wirkte er zuvorkommend und sagte, es sei seine Aufgabe und seine Pflicht, ihr, Eve, zu sagen, dass … Aber Eve unterbrach ihn: «Nein! Sagen Sie es nicht! Sagen Sie den Namen nicht! Von Ihnen will ich ihn nicht hören!» Als Strickler trotzdem fortfahren wollte, fiel sie ihm ins Wort: «Schweigen Sie, sagen Sie es nicht! Ich möchte den Namen, wenn schon, von meiner Anwältin erfahren und nicht von Ihnen.» Doch Strickler wollte auf der Amtspflicht beharren. Es gab ein Hin und Her. Schliesslich schlug Eve vor, er solle den Namen auf einen Zettel schreiben, diesen zusammenfalten und ihr überreichen. Sie wolle damit allein sein. Jetzt begann Strickler auf einmal zu stottern. In solchen Augenblicken, meinte er, könne man ja – sei es ja möglich, dass man die Nerven verliere und … Er sprach nicht mehr weiter. Es wäre ja möglich, dass ihm plötzlich die eigentliche Bedeutung seiner Worte klar geworden war. Eve sagte, er müsse sich keine Sorgen machen, sie habe ihre Nerven schon letzte Nacht verloren. Aber vor jemandem wie ihm, der sie ständig bedroht habe, weine sie auf keinen Fall. Kantonspolizist Strickler gab nach.

Als Eve zurück in die Zelle kam, stand dort ein warmes Essen. Man war auf einmal sehr besorgt um sie. Sie ass die Suppe und fühlte dabei den zu einem Würfel zusammengefalteten Zettel in ihrer Hosentasche. Nach der Suppe konnte Eve nichts mehr essen.

Nachdem Strickler seine Strick-Vorschläge so oft wiederholt hatte, bis sie zuletzt via Anwälte an die Öffentlichkeit drangen, nahm der verantwortliche «Engpass»-Leiter, Eugen Thomann, am Schweizer Fernsehen wie folgt dazu Stellung: «Dieser Satz ist völlig entstellt. Lange vor dem tragischen Selbstmord ist einmal in einer Einvernahme folgende Bemerkung gefallen: Ein Mensch, der keine Lebensfreude mehr entwickle, der könne sich geradeso gut aufhängen! Das ist allgemein gesagt worden, ohne persönlichen Bezug. Diese Verdrehung ist ein Musterbeispiel für die systematische Verunglimpfung der Behörden und der Verfahren, die wir hier erleben.»

Thomann scheint ein Mensch zu sein, der sich selber nie verändert. Solche Menschen wie er beugen sich nur einem Druck von aussen, was bei ihm nach diversen Amtsgeheimnisverletzungen dann auch eintreten sollte. Konsequenterweise wird er knapp zwanzig Jahre nach den Winterthurer Ereignissen, als ihn die Polizei längst nicht mehr brauchen konnte, Gabis Tod immer noch mit denselben Argumenten rechtfertigen: Die Polizei sei verhältnismässig vorgegangen, denn nach den Verhaftungen sei in Winterthur jedenfalls Ruhe eingekehrt.

Der thomannschen Polizeirhetorik liegt indes das grundlegende Akzeptanzproblem der Branche zugrunde. Die Polizei, die aus ihrer gesellschaftlichen Stellung heraus dauernd unter Druck steht, hat die Tendenz, den Druck überall dort, wo er gerade auftritt, abzufedern. So werden beispielsweise Berichte über fehlbares Verhalten von Polizeibeamten im ersten Durchgang fast immer dementiert, nicht etwa widerlegt, sondern nur dementiert. Damit hofft sie, die Kritik auf sich beruhen und Aussage gegen Aussage stehen zu lassen.

Damit entsteht die klassische Kontroverse, die der Polizei meistens aus der Patsche hilft. Nur zu gut wissen die Verantwortlichen, dass jede demokratische Gesellschaft (und ganz besonders eine, die ein bisschen zur Selbstgerechtigkeit neigt wie die schweizerische) im Grunde nicht glauben will, dass mit ihrer Polizei etwas nicht stimmt. Deshalb vertraut die breite Öffentlichkeit in einer akuten Kontroverse meistens der Polizei und nicht etwa ihren Kritikern. Dass dieses System, das von den Gerichten, der dritten Gewalt im Staat, fast durchwegs gestützt wird, sehr weit gehen kann, zeigt ein thomannsches Beispiel, das ich drei Jahre zuvor als Reporter des «Tages-Anzeigers» miterleben musste.

Dani und Michi, zwei 17-jährige Buben in Zürich, waren mit einem Motorrad auf Spritzfahrt und flüchteten die Triemlistrasse beim westlichen Ausläufer des Uetlibergs abwärts, verfolgt von einem Streifenwagen der Zürcher Stadtpolizei mit den beiden Beamten Tanner am Steuer und K. als Beifahrer. Es war Sommer 1982. Augenzeugen sahen, wie der Streifenwagen mit Blaulicht und Sirene im Höllentempo zwischen 80 und 100 Stundenkilometern das Motorrad immer mehr gegen den Strassenrand abdrängte. Am erhöhten Randstein kam es zu Fall. Dani und Michi wurden auf dem Gehsteig gegen einen Betonsockel geschleudert und sofort getötet. Der Fall erregte Aufsehen. Gegen die Stadtpolizei wurde eine Untersuchung eröffnet, deren Leiter Stabschef Eugen Thomann von der Kantonspolizei war.

Thomann informierte die Presse wegen jeder Kleinigkeit, die neu hinzugekommen war, und da er mit seinem Namen gerne in den Zeitungen stand, waren die Journalisten gut versorgt. Aber über das Entscheidendste informierte er nicht: Der Beifahrer K. hatte während der Verfolgungsjagd aus dem Streifenwagen heraus mit seiner Dienstpistole auf Dani und Michi gezielt, kurz bevor sie zu Tode stürzten.

Da ich gute Kontakte zur Anwältin der Eltern hatte, war ich einer der ersten Journalisten, die davon erfuhren. Aber die Zeit für die Veröffentlichung unmittelbar nach den jahrelangen Zürcher Jugendunruhen war nicht günstig. Der «Tages-Anzeiger» stand immer noch unter dem Schock von Boykottdrohungen und legte jedes Wort einer polizeikritischen Veröffentlichung auf die Goldwaage. Die Chefredaktion verlangte, dass ich in einem Artikel zur Waffendrohung auch eine Stellungnahme von Eugen Thomann einbaue. Das ging meines Erachtens zu weit. Warum sollte man jemandem nachlaufen, der die Öffentlichkeit zwei

Wochen lang zum Narren hielt? Er hätte auch noch später Stellung dazu nehmen können. Zudem war anzunehmen, dass Thomann die Gelegenheit einer Stellungnahme sofort dazu benutzt, um die Fakten auf die Schiene einer Kontroverse zu schieben, bei der nicht erklärt, sondern nur dementiert wird – bis niemand mehr weiss, was richtig und was falsch ist.

Aber ich kam nicht darum herum und baute Thomanns Rhetorik in den Artikel mit der Sensation ein. «Wissen Sie, Herr Schmid», sagte mir Thomann am Telefon, «die Streife wusste ja nicht, ob es sich bei den Burschen auf dem Motorrad um Schwerverbrecher handelte. Deshalb nahm der Beamte auf dem Beifahrersitz für alle Fälle zuerst einmal seine Dienstwaffe in die Hand. Das war eine absolut richtige Entscheidung. Der Beifahrer hielt also die Waffe in der Hand für eine allfällige Konfrontation. Dann war es seine Aufgabe, das Motorrad zum Anhalten zu bewegen. Und zu diesem Zweck musste er den rechten Arm aus dem Streifenwagenfenster herausstrecken und Haltezeichen geben. Als er diese beiden Dinge gleichzeitig miteinander verrichten musste, lag es auf der Hand, dass die Pistole mitkam. Denn die Pistole gehört immer in die Schusshand ... Verstehen Sie?»

Ich hatte verstanden, dass es nebst Blaulicht und Sirene mit Tempo 80 bis 100 auf gleicher Höhe im Abstand von einem Meter zwischen Streife und Motorrad noch eine zusätzliche Waffendrohung gab. Später sprachen die Gerichte die beiden Stadtpolizisten von Schuld und Strafe frei und auferlegten den klagenden Eltern eine Entschädigungszahlung von je 700 Franken an den Fahrer Tanner und den mit der Waffe winkenden Beifahrer K.

Dieses Zürcher Ereignis war eine Vorgeschichte zu Gabis Gefängnistod in Winterthur, denke ich im Café «Frosch», wo wir immer noch auf die Mutter warten. – Warum kommt sie nicht? Ist ihr etwas dazwischengekommen? Während der ungebetene Tischnachbar Popopoi erneut in eine Plauderei verwickelt, denke ich an Gefängniswärter Dieter Egg, der Gabi am Abend des 17. Dezember 1984 den Tauchsieder in die Zelle gebracht hatte. Er hatte Gabi zuletzt lebend gesehen. Heute arbeitet er nicht mehr im Winterthurer Bezirksgefängnis. «Der Stellenwechsel hat absolut keinen Zusammenhang mit dem Tod der jungen Frau», hatte mir Gefängnisverwalter Bühler gesagt und fügte hinzu: «Aber andererseits haut einem so ein Selbstmord schon den Boden unter den Füssen weg.» Ein solcher Vorfall verfolge einen Tag und Nacht. Jedes Mal, wenn er auf der Marktgasse an der Mahnwache vorbeigekommen sei oder auch nur ein Flugblatt oder eine Sprayinschrift zu Gabis Tod gesehen habe, sei er anschliessend erschlagen gewesen. Und solange dieses Umfeld, die Szene, noch präsent sei, klagte Verwalter Bühler, komme ihm dieses tragische Ereignis immer wieder zu Bewusstsein. «Wenn das nur einmal aufhören würde!» – «Nein, nein», wiederholte Bühler, «bei Egg war dies kein Grund. Er hat die Stelle gewechselt, um näher bei seinem Wohnort arbeiten zu können.»

Bald erfuhr ich, wo Egg wohnte, schloss auf seinen neuen Arbeitsort und rief dort an. Er wollte nicht reden. Über seine Erlebnisse mit Gabi mache er sich seine eigenen Gedanken. – Daran zweifelte ich nicht, ich bat ihn zurückzurufen, falls er doch noch bereit sei für ein Gespräch. Schon nach einer Stunde rief er überraschend an. Er habe soeben mit Bühler, seinem früheren Vorgesetzten in Winterthur, gesprochen, und dabei seien sie übereingekommen, dass sich die Ereignisse jenes Abends «genau so und nicht anders» abgespielt hätten, wie mir Herr Bühler schon vor einiger Zeit ausführlich geschildert habe. Ich wandte ein, der Gefängnisverwalter sei in jener Nacht gar nicht anwesend gewesen und hätte mir gar nichts berichten können. Mich interessiere aber, ob Bühlers Einschätzung zutreffe, dass er, Egg, mit Gabi «Erbarmen» gehabt habe.

«Erbarmen, was heisst Erbarmen!», begann Egg zu reden. «Wir müssen immer davon ausgehen, dass wir als Aufseher an einem Ort arbeiten, der halt ziemlich exponiert ist. Und solche Fälle wie der von Gabi kommen bei uns einfach vor. Wir können die Situation auch nicht ändern. Was heisst schon Erbarmen! Ich meine, es ist einfach ein Mensch, der nicht mehr lebt ... oder!»

Als Gabi vom Verhör in die Zelle zurückgebracht worden sei, habe sie immer wieder «etwas Warmes» verlangt. Aber um diese Zeit sei die Gefängnisküche längst geschlossen gewesen. «Es war schon sehr spät», sagte Egg, «weit nach zehn Uhr.»

Um das Nachtessen sei dann eine Auseinandersetzung entstanden. Gabi habe nicht begreifen wollen, dass es aus der Küche nichts mehr gab. Schliesslich sei er Gabi doch so weit entgegengekommen, dass er sich bereit erklärt habe, bei einem Mitgefangenen einen Tauchsieder auszuleihen, «damit sie wenigstens den Tee aufwärmen konnte». Egg fuhr fort: «Mich trifft doch keine Schuld wegen dieses Tauchsieders ... oder! Sie hätte ja auch ein Leintuch zerreissen und ein paar Streifen daraus machen können, um sich aufzuhängen. Wissen Sie, obschon das Inventar in diesen Räumen ziemlich dürftig ist, gibt es für einen Gefängnisinsassen noch viele andere Möglichkeiten, sich umzubringen.»

Als Egg begann, über diese Möglichkeiten zu sprechen, unterbrach ich ihn und fragte, in welchem Zustand Gabi vom Verhör zurückgekommen sei. – Egg: «Wenn jemand bei den Untersuchungsbehörden anrücken muss, und dies über mehrere Stunden, dann bedeutet das natürlich auch eine Belastung ... oder!» Und Gabi sei eine feinfühlige Person gewesen, eine extrem feinfühlige sogar, auf die ein enormer «moralischer Druck» zugekommen sei.

Laut Bezirksanwaltschaft, wandte ich ein, sei jedoch «kein Druck» auf Gabi ausgeübt worden.

«Wie soll ich sagen …», meinte Egg, «Gabi ist im Prinzip … gefasst zurückgekommen, indem …» Plötzlich unterbrach sich Egg und blieb stumm. Er wollte nicht mehr reden.

Wie er denn dieses Ereignis persönlich verkraftet hätte, wollte ich nun doch noch wissen. «Wie meinen Sie das? Das ist einfach mit meinem Job verbunden. Was da passierte, ist vielleicht etwas, das man nicht mehr vergisst, aber ich muss lernen, mit solchen Situationen zu leben, weil mein Leben nämlich weitergeht.»

«War es schwierig für Sie?»

«Was heisst schwierig! Ich meine, schwierig ist einfach, dass da zwei Paar Schuhe sind, die nebeneinander gehen. Mit diesen verschiedenen Schuhen musst du irgendwie zurechtkommen, damit du dein privates Leben mit dem beruflichen … Damit du dann nicht darunter leidest. Sonst wärst du hier wahrscheinlich am falschen Ort!»

Gabi wurde also erst «einiges nach zehn Uhr» in die Zelle zurückgebracht! Protokolliert ist das Ende des letzten Verhörs um 21.15 Uhr. Wenn nun also Kommissar Knaus und Inspektor Stadler von der Bundesanwaltschaft die letzte Einvernahme, wie sie angegeben hatten, um 14.15 Uhr begonnen hatten, so dauerte das Verhör mit Gabi Tanner offenbar nicht nur *sieben*, sondern mindestens *acht*, möglicherweise gegen *neun* Stunden!

Ich hielt Eggs Version für glaubhaft. Und da ich für diese neue Tatsache eine Erklärung wünschte, rief ich sogleich die Bundesanwaltschaft in Bern an. Kommissär Knaus antwortete ausweichend: «Meistens ist es so, dass es nach Ende einer Einvernahme bis zur Wiedereinlieferung ins Gefängnis eine Weile dauert … oder!»

Ob die Zeitspanne zwischen Verhörende und Rückkehr in die Gefängniszelle, die sich im gleichen Gebäude befand, bei Gabi über eine Stunde gedauert habe?

«Ja, ja, das kann durchaus vorkommen», murmelte Kommissär Knaus und fuhr fort: «Manchmal hört man mit der Einvernahme auf und redet am Schluss nochmals ein bisschen etwas ... oder!»

In dieser Zwischenzeit benachrichtige man gewöhnlich das Gefängnis für den Rücktransport und so weiter. Das könne natürlich schon eine Weile dauern. Oder dann sei noch etwas mit den Effekten. Oder dass man irgendjemand orientieren müsse. Damals sei es, glaube er, so gewesen, dass die Mutter noch auf einen Besuch bei Gabi gewartet habe.

Die Mutter im «Frosch»

Die Mutter ist soeben eingetreten, eine unauffällige Frau, die ängstlich um sich blickt, ob sie nicht jemand im Café «Frosch» erkannt habe, wie sie uns bei der Begrüssung gesteht. Sie öffnet ihren Mantel, kommt an unsern Tisch und setzt sich sogleich auf einen der beiden freien Stühle uns gegenüber.
Der junge Mann am Nebentisch ist ihr offensichtlich unangenehm. Die Mutter rückt näher mit dem Stuhl, beugt sich über den Tisch und beginnt leise zu erzählen, wie es wirklich war, als sie, wie Kommissär Knaus «glaubte», noch auf einen Besuch bei Gabi wartete. «Immer wieder hiess es damals, am letzten Tag, ich müsse mich noch eine Weile gedulden. Ich ärgerte mich, weil mein Besuch auf den Nachmittag des 17. Dezember angemeldet war. Dennoch musste ich stundenlang im Korridor der Bezirksanwaltschaft sitzen und wurde ständig ungeduldiger. Ich wartete und wartete. Die Beamten kamen immer wieder, um mich auf später zu vertrösten. Mehrmals offerierte mir ein Bundespolizist Kaffee und redete mir zu. Aber was sollte ich Kaffee trinken! Ich wollte meine Tochter sehen, so war es ja auch abgemacht. – Wenn ich daran denke, dass ich die ganze Zeit ganz in der Nähe jenes Büros wartete, wo Gabi verhört wurde! – Dann wurde es Abend, und immer wieder erklärten sie mir, es dauere nur noch wenige Minuten, dann sei es so weit.
    Aber zu Hause wartete mein Mann. Länger als bis 19 Uhr wollte ich nicht bleiben. Aber 19 Uhr war längst vorbei, als ich nach Hause ging. – Ich habe Gabi nicht mehr gesehen!» Die Mutter ereifert sich und bemerkt offensichtlich nicht, wie sich ihre Stimme hebt.
    Ein Mann in mittleren Jahren, unauffällig gekleidet, kommt inzwischen in unsere Nische. Er sieht sich rasch um, grüsst den

jungen Mann am Nebentisch und setzt sich mit dem Rücken so dicht schräg hinter die Mutter, dass er sie beinahe berühren kann. Dann lehnt er zurück und sagt die ganze Zeit kein Wort. Er bleibt in dieser Stellung, bis unser Gespräch zu Ende ist. Im rechten Ohr trägt er eine Art Gehörschutzpfropfen. Das Teilchen kommt mir bekannt vor – vom Schatten beim Technikum.

«Ich wollte bis heute von alledem nichts mehr hören. Mein Mann und ich haben uns völlig zurückgezogen, und jetzt geht es uns einigermassen gut. Wenn Sie nun die ganze Geschichte noch einmal aufrollen, dann muss auch mein Mann einverstanden sein. Er denkt in so einer Situation logischer als ich. Ich habe immer noch Mühe, mich zu konzentrieren. Mein Mann denkt wohl, so etwas gehe bloss wieder auf Kosten von Gabi. Ich will keine Fehler machen. Aber es war schon lange mein heimlicher Wunsch, mit Gabis Freundinnen und Freunden, auch mit der anderen Seite, einmal zu reden. Aber damals bei der Beerdigung war ich noch nicht so weit. Wir hatten nur mit der Seelsorgerin Kontakt, ausschliesslich mit ihr. Sie hatte schon unseren Sohn beerdigt. Bei der Trauerfeier von Gabi befürchtete man eine Demonstration. Einen Protest beim Grab hätten wir wahrscheinlich nicht verkraftet. Es hat uns dann aber sehr wehgetan, dass wir Gabi unter Polizeischutz ganz alleine ‹verlochen› mussten. – Wenn wir nur die Kraft gehabt hätten …, wir hätten ja selber gekämpft und uns das alles nicht so gefallen lassen!»

«Was haben Sie sich denn alles gefallen lassen müssen?», frage ich. «Am Tag nach Gabis Tod haben wir die Zeitungen gelesen», sagt die Mutter, «und sind erschrocken! Was Bezirksanwalt Arbenz über den Abschiedsbrief gesagt hatte, war ein dicker Hund. Wir haben den Brief ja bekommen und wussten, was darin stand. Mein Mann warf die Zeitung hin und ging sogleich ans Telefon. Dann hat er Arbenz eine halbe Stunde lang alle Schande gesagt.» Später habe er nur noch mit Marti gesprochen.

Popopoi und ich sind fassungslos, obschon wir immer vermutet hatten, dass die Bezirksanwaltschaft über den Abschiedsbrief nicht die Wahrheit verbreitet hatte. Der Abschiedsbrief war persönlich an die Eltern adressiert. Dennoch setzte ihn Arbenz im Propagandafeldzug öffentlich ein und erst noch mit Angaben, die offensichtlich frisiert waren. Ein starkes Stück! Auch unsere Mithörer scheinen erstaunt. Der junge Mann nebenan liegt inzwischen mit ausgestrecktem Oberkörper quer über den Nachbartisch und formt seine rechte Hand hinter dem Ohr unverhohlen zur Hörmuschel.

Die Mutter fragt, was wir denn von dieser Geschichte halten. Popopoi schweigt. Ich betrachte die beiden Lauscher am Nebentisch, überlege eine Weile und erkläre: «Man kann die Sache drehen, wie man will, Ihre Tochter ist in der Obhut von unkontrollierten Staatsorganen gestorben. Gabi hatte dieses Verhör einfach nicht ertragen. Von einem Freitod in einer solchen Zwangslage zu sprechen, ist für mich pervers.» Ich hätte eigentlich noch mehr sagen wollen. Ich konnte mir nämlich nicht vorstellen, dass die Beamten aus Bern Gabi in den neun Stunden auch nur irgendeinen Wunsch erfüllt hätten. Zum Beispiel, ein Glas Wasser zu trinken, eine Zigarette zu rauchen, ein Sandwich zu essen. Und als sie in die Zelle zurückkam, gab es auch nichts mehr zu essen. Aber ich sagte nichts.

«Darüber müssten wir einmal länger reden», sagt die Mutter nach einer Weile, «vielleicht einmal bei uns zu Hause, wenn mein Mann dabei ist. Es wäre schön, wenn dann auch einige Leute dabei sein könnten, die mit Gabi befreundet waren. Aber ich darf jetzt nichts überstürzen. Mein Mann ...»

Bevor wir uns nach einer guten Stunde im Café «Frosch» von der Mutter verabschieden, verspricht sie mir, unabhängig von ihrem Ehemann, drei Kopien aus Gabis Effekten zu schicken: den Abschiedsbrief, eine Karte und den anonymen Brief, für den ich mich am meisten interessiere, seit ich weiss, dass er gezielt eingesetzt wurde, um Gabi fertig zu machen.

Der anonyme Brief. Darin steht, dass Gabis Freund sie mit anderen Frauen betrogen habe. Wie Gabi ihrer Anwältin gesagt hatte, wurde der anonyme Brief wie ein «Untersuchungsgegenstand» bei den Verhören verwendet und ihr immer wieder hingestreckt mit den Worten, sie solle sich doch von so einem Freund lösen. Allerdings ist ein solcher Brief in den Protokollen nirgends vermerkt. Das bedeutet aber noch nichts, weil die Protokolle lückenhaft sind. Das letzte Verhörprotokoll sollte nicht nur fünf Protokollseiten umfassen, sondern mindestens 35, wenn es mit rechten Dingen zugegangen wäre. – Aber warum landete der anonyme Brief eigentlich bei Gabis Effekten, die nach ihrem Tod den Eltern ausgehändigt wurden? Der «Untersuchungsgegenstand» hätte doch eigentlich zu den Akten gehört ... – All diese Überlegungen führen im Grunde zu ein und demselben Schluss: dass die Beamten Gabi mit dem anonymen Brief ausserhalb der Dienstwege gequält haben mussten. Indem sie den Brief zusammen mit Gabis Effekten den Eltern übergaben, trafen die Untersuchungsbehörden zwei Fliegen auf einen Schlag. Sie konnten in den Akten die Spuren verwischen und gleichzeitig die Eltern, wenn sie den Brief lasen, gegen Aleks Weber aufhetzen, der immer noch im Gefängnis war und für Gabis Tod verantwortlich gemacht wurde.

Mittlerweile ist es späterer Nachmittag. Unsere Stimmung ist auf dem Tiefpunkt. Popopoi überlegt, wo das Goldkettchen sein könnte, das die Mutter in den Effekten vermisste. Seit es ein Andenken ist, hat es an Bedeutung gewonnen. Popopoi hatte ihr versprochen, sich im Freundeskreis danach zu erkundigen.

Mich beschäftigt die öffentliche Stellungnahme zu Gabis Abschiedsbrief, die den Vater aufgebracht hatte. Ich erinnere mich, dass Arbenz am Todestag vor Journalisten behauptet hatte, Gabi habe in ihrem Abschiedsbrief ein «Geständnis bestätigt» und der «Selbstmord» sei für sie «der einfachste Weg» gewesen. Doch nun bestätigte die Mutter, die im Besitz dieses Abschiedsbriefs ist, aus erster Hand, Gabi habe nur geschrieben, dass sie weder Feuer gelegt noch Bomben gebastelt habe. Sie sei lediglich mit zwei Joghurtgläsern voll Farbe an einer Aktion beteiligt gewesen. Von einem «einfachsten Weg» sei keine Rede im Abschiedsbrief, sagte die Mutter.

Auf Grund von Arbenz' Versionen des Abschiedsbriefs stellte die Presse Gabis Tod und das vermeintliche Geständnis in einen Zusammenhang mit dem Sprengstoffanschlag auf Bundesrat Friedrichs Wohnhaus. Und Arbenz' Leibblatt, der freisinnige «Landbote», titelte: «Abschiedsbrief: ‹Der einfachste Weg›».

Als ich Arbenz später am Telefon darauf ansprach, dass er den an die Eltern adressierten Abschiedsbrief öffentlich unrichtig wiedergegeben habe, behauptete er, von der Presse möglicherweise falsch zitiert worden zu sein. Er habe an der Pressekonferenz vom 18. Dezember nicht aus dem Abschiedsbrief zitiert, sondern «nur sinngemäss mitgeteilt, was darin stand – soweit dies von Bedeutung war». Der «Selbstmord» als «einfachster Weg» sei seine «eigene Interpretation» gewesen.

Wäre Arbenz aber tatsächlich falsch zitiert worden, so hätte die Polizeipressestelle wie gewohnt sofort dementieren müssen. Zuständig wäre dann die mit der südafrikanischen Apartheidpolizei befreundete Pressestelle der Kantonspolizei gewesen, die sich im gewöhnlichen Alltag sehr ernst nahm und deswegen eine äusserst rigide Berichtigungspraxis pflegte und wegen jeder Kleinigkeit reklamierte. Ich erinnere mich noch sehr gut an die Berichtigung eines wenig aufregenden Artikels im «Tages-Anzeiger» über die Bergung eines abgestürzten Kleinflugzeugs im Zürichsee, den ich verfasst hatte. Das Suchfeld, schrieb ich damals, sei 100 mal 600 Meter gross gewesen. Irgendein Regionalredaktor machte mit seinen Rechenkünsten daraus 600 Quadratmeter. Dies liess die Polizeipressestelle nicht auf sich sitzen und schickte eine meterlange ausführliche Telexmeldung auf die Redaktion und behauptete, die Verminderung des Suchfelds hätte den polizeilichen Sucherfolg geschmälert.

Inzwischen fahren wir wieder zurück, stadteinwärts, entlang den Sichtbacksteinfassaden parallel zu den Bahngeleisen.

«Worüber denkst du nach?», fragt Popopoi nach einer Weile.

«An die Stellungnahme von Arbenz zum Abschiedsbrief.»

Popopoi wendet den Blick von der Hauptstrasse ab und schaut mich an. «Was gibts denn da noch nachzudenken?! Das war uns doch schon lange klar! Wir kannten Gabi viel zu gut, als dass wir geglaubt hätten, sie hätte in ihrem Abschiedsbrief jemals geschrieben, der Selbstmord sei der einfachste Weg gewesen, oder dass sie in ihrem Brief je ein Geständnis bestätigt hätte, zu welchem sie zuvor gezwungen worden war. Arbenz zu glauben, hätte Gabis ganzer Person widersprochen.» Damit ist für uns beide das Thema erledigt.

«Aber der anonyme Brief, verdammt noch mal», denke ich laut, «der wollte doch das Gleiche wie die Verhörtaktik: Gabi verunsichern und innerlich von Aleks lösen. – Wer, ausser der Polizei, hätte Gabi sonst noch damit kränken wollen?»

Popopoi schweigt.

Sie überholt gerade einen jener roten Trolleybusse, die die politisch eher gelbliche Winterthurer Arbeiterschaft in den Feierabend fahren. Er schwenkt am rechten Strassenrand vor «Sulzers» Tore und hält bei einer Menschentraube. Es ist halb sechs.

«Verdammt!», flucht jetzt auch Popopoi und tritt voll auf die Bremse. Ein junger Angestellter stürzt dicht vor unserem Wagen über die Hauptstrasse, um den Bus zu erwischen – ein hohes Risiko in einer Stadt, die – schon fast als Ausnahme – ihr Tempolimit innerorts noch immer hartnäckig bei 60 hält.

Auf der Fahrt zum Bahnhof kommt Popopoi auf meine Frage zurück: «Keine Ahnung, wer diesen Brief geschrieben hat. Ich habe überall in der Szene herumgefragt, aber niemand kann sich die Herkunft des anonymen Briefs erklären. Ich erinnere mich bloss, dass er Ausdrücke wie ‹Chicks ficken› und ‹hinterrücks verarschen› enthielt.»

Am späten Abend dieses 10. Oktober, in einem Abteil des Intercitys, der mich zurück nach Zürich bringt, beschäftigt mich noch immer die Herkunft des anonymen Briefs. Ganz von vorn: Der Verfasser oder die Verfasserin musste von einem momentanen Beziehungstief zwischen Gabi und Aleks gewusst haben, denn im anonymen Brief war davon die Rede. Somit konnte die Person nur zu einem ganz kleinen Kreis gehören. Entweder zu den etwa 20 Wintis, welche die Verhältnisse kannten, oder es war ein junger Mann aus Zürich, der sich gerade in Gabi verliebt hatte, oder die Polizei, welche Gabi und Aleks ununterbrochen observierte.

Wie überall, wo anonyme Schmähschriften auftauchen, hatte dieser Brief auch die Winterthurer Szene verunsichert. Misstrauisch haben ihn die Wintis von Hand zu Hand gereicht. Aber niemand konnte die Schrift erkennen. Der Brief schien nicht aus den eigenen Reihen zu stammen, sondern der Schrift nach eher von einer älteren Person. Ausserdem war den Wintis der sprachliche Ausdruck des Machwerks fremd. So redeten sie nicht untereinander. «Chicks» war ein Wort, das sie niemals brauchten, und von «verarschen», «hinterhältig» und «ficken» redete eher jemand, der bemüht war, sich anzubiedern. Dachten sie. Aber angenommen, jemand aus der Szene hätte dennoch aus irgendeinem Grund diesen Brief geschrieben und Gabi zugestellt, dann wäre er nicht von Hand, sondern mit der Maschine geschrieben worden. Denn eine Handschrift wäre verräterisch gewesen.

Und der junge Mann aus Zürich, der Gabi zwei Wochen vor der Razzia kennen lernte und auf Aleks hätte eifersüchtig sein können? – Ich habe mit ihm geredet. Er kannte Gabi erst so kurz, dass er noch nicht einmal ihren Familiennamen wusste. Der anonyme Brief trug jedoch die volle Adresse von Gabi bei ihren Eltern in Winterthur-Seen, wo sie den Brief bei einem Besuch zu sich nahm.

In den Ausdrücken, die der anonyme Briefschreiber verwendet hatte, überlege ich, verbarg sich psychologisch die ausgesprochen kleinbürgerliche Vorstellung, dass die im Brief behaupteten Seitensprünge auf «hinterhältiges» Verhalten und Treuebruch zurückzuführen seien. Doch die Wintis und der junge Mann aus Zürich waren auch in solchen Situationen offen zueinander und trugen die Komplikationen untereinander aus.

So schrumpft (zumindest theoretisch) der Kreis möglicher anonymer Briefschreiber auf die Strafverfolger zusammen.

Doch wer käme dafür in Frage? Die Bezirksanwaltschaft Winterthur, die sowohl die Verhaftungslüge, Aleks sei bei einer andern Frau festgenommen worden, wie auch die Arbenz-Version zum Abschiedsbrief verbreitet hatte? Oder – in engerer Beziehung zu Gabis und Aleks Strafverfahren – der Sachbearbeiter? – Dies wäre dann jener Bundespolizist gewesen, der sich kurz nach seiner Versetzung in den Innendienst nach Bern am 27. November 1984 auf dem Grab seines Schwiegervaters erschossen hatte: Kommissär Hans Vogt. Für ihn beginne ich mich mehr und mehr zu interessieren.

Vogt war ein sehr verständiger und intelligenter Typ. Er war der Mann der ersten Zigarette, der einen auf ein unverbindliches Gespräch einlädt, ohne Protokoll. Einer, der ohne böse Absichten gekommen sei. Ob er zum Abschluss noch irgendeinen persönlichen Gefallen tun könne – vielleicht jemanden zu informieren, einen Freund, eine Freundin? Vogt arbeitete mit den Gefangenen, die alle in ihrer Zelle nach ein bisschen Menschlichkeit lechzen, auf der Basis von Vertrauen, um dann im entscheidenden Moment die Dinge klarzustellen.

Im November 1984 brachte er Aleks kurz nach dessen Verhaftung Schokolade in die Zelle. Er anerbot ihm, einen Brief an Gabi weiterzuleiten, und er ist dann auch zu Aleks zurückgekehrt mit der Nachricht, Gabi habe seinen Brief «mit einem Loch im Bauch» zur Kenntnis genommen. Diese Briefträgerei ausserhalb des Dienstweges hat Eugen Thomann gegenüber dem Anwalt von Aleks als ein «dem Verfahren abträgliches Verhalten» gerügt. Ob Gabi den Brief tatsächlich erhalten hatte, ist unklar. Aber Vogt holte Gabi einmal aus der Zelle und nahm sie mit in ein Restaurant, um ihr Zutrauen zu gewinnen. Daran erinnert sich eine Angehörige des Bundespolizisten in Bern. Möglicherweise ereignete sich dies bei der Überführung von Zürich, wo Gabi bereits am Vorabend der Razzia verhaftet worden war, ins Bezirksgefängnis Winterthur.

Einen solchen Gefangenentransport hatte Vogt schon einmal in den Siebzigerjahren ausgeführt, als er noch nicht lange bei der Bundespolizei war. Er begleitete damals Petra Krause, eine der prominentesten politischen Gefangenen, die je im Kanton Zürich inhaftiert waren. Auch bei ihr wollte Vogt mit unkonventionellen Methoden draussen bei einem Kaffee ein bisschen plaudern. In Zürich habe er ihr eine Tageszeitung versprochen. Aber in Winterthur bekam sie diese nicht, und auch schon damals durfte sie als Frau nie im Freien spazieren wie die inhaftierten

Wintifrauen 1984. Im Winterthurer Bezirksgefängnis hat sich an dieser zusätzlichen Benachteiligung seither nichts geändert. In den Siebzigerjahren war Petra Krause wegen mangelnder Hafterstehungsfähigkeit freigelassen worden. Bei Gabi wurde dies nicht einmal überprüft.

Ein bürgerlicher Winterthurer Rechtsanwalt, der Gabi bis zu ihrer Verhaftung als Babysitterin beschäftigt hatte, erklärte mir in einem Telefongespräch: «Wenn die Winterthurer Bezirksanwaltschaft an einer Pressekonferenz sagt, man habe nicht merken können, dass Gabi selbstmordgefährdet war, dann sind die Beamten entweder blind oder dann wollten sie es nicht merken.» Er habe Gabi als sehr sensiblen Menschen kennen gelernt. Sie habe eine aussergewöhnlich gute Beziehung zu seinem Kind entwickelt, fast eine Liebesbeziehung. Bei einem derart feinfühligen Menschen könne man im Nachhinein doch nicht behaupten, man habe nichts von einer Gefährdung im Gefängnis wahrgenommen. «Die Untersuchungshaft, schon für einen durchschnittlichen Menschen eine enorme Belastung, musste für Gabi extrem gewesen sein.»

Als Jurist habe er Ulrich Arbenz nicht als abgebrühten Typ gekannt, sondern eher als differenzierten Untersuchungsrichter eingeschätzt. «Aber nach seinen öffentlichen Verlautbarungen habe ich ihn nicht mehr verstanden», sagte der Rechtsanwalt. Die Umstände von Gabis Tod hätten ihm keine Ruhe gelassen. «Schliesslich bat ich Arbenz um ein Gespräch unter vier Augen. Ich wollte ihn darauf ansprechen, dass unser System solche Selbstmorde im Gefängnis geradezu ermöglicht.» Aber Arbenz habe ihm bloss erklärt, er sei mit der Untersuchung gar nicht beauftragt gewesen, sondern habe nach Gabis Tod lediglich seine Funktion als Geschäftsleiter der Bezirksanwaltschaft wahrgenommen. Nach dieser Aussprache hätten sie dann beide noch ziemlich lange «über das System gesprochen». Einen Schlag habe ihm als Jurist vor allem das letzte Verhörprotokoll von Gabi versetzt: «Die Verhördauer von sieben Stunden! Und nur fünf Seiten Protokoll! Darin hat es ja lauter Löcher, ja eigentliche Brüche!»

Allein aus den Zeitungsmeldungen habe er sofort herauslesen können, dass man Gabi unter Druck gesetzt hatte. Das sei doch jedem klar geworden. Aussenstehende hätten nur mehr den Kopf schütteln können. «Ich glaube», sagte der Winterthurer Anwalt am Schluss unseres Gesprächs, «die Untersuchungsbehörden standen ihrerseits unter einem enormen Druck. Nur so kann ich mir das Vorgehen erklären.»

Dass insbesondere Kommissär Vogt unter einem enormen Erfolgsdruck litt, pfiffen in Winterthur die Spatzen von den Dächern. Ein mit Vogt befreundeter Geschäftsmann aus Bern machte sich grosse Sorgen und wandte sich besorgt an einen Vertrauten in Winterthur. Vogt habe ihm geklagt, er tappe trotz der Massenverhaftungen noch völlig im Dunkeln. Vogt sei völlig ausser sich. Im ganzen Bekannten- und Freundeskreis sei er unmöglich geworden, habe überall herumgeflucht. Er komme bei den Ermittlungen nicht weiter. Die Winterthurer Justiz sei viel zu früh und viel zu plump eingeschritten. Vogt schimpfte über «verpatzte Chancen». Seit Sommer 1984 ermittle er nun gegen mehrere Wohngemeinschaften. Es liege aber noch nicht einmal so viel gegen die Verdächtigen vor, wie unter einem «Daumennagel» Platz habe. Vogts Frustration bestätigte mir auch die Angehörige in Bern. Wenige Stunden nach der «Engpass»-Aktion habe er sie aus Winterthur angerufen und gesagt: «Das Ganze war ein Reinfall, eine einzige Pleite!»

Von da an dauerte es nur noch wenige Tage, bis Kommissär Vogt sich erschoss. Dieses Winterthurer Ereignis drang erst nach und nach als Gerücht an die Öffentlichkeit und sollte später als Erstes in Vergessenheit geraten, als ob man ganz allgemein für Polizistenschicksale nicht allzu viel übrig hätte. Dennoch, als es passierte, fragten ein paar Journalisten bei der Bundesanwaltschaft an. Dort gab man sich zugeknöpft. Anfänglich war von einem «Krankheitsfall» die Rede, der «nichts, aber auch gar nichts» mit Winterthur zu tun habe. Hartnäckigeren Journalisten trat die Bundesanwaltschaft energisch entgegen. Es sei «pietätlos, in den Privatangelegenheiten eines verstorbenen Bundespolizisten herumzustochern», hiess es in Bern. Man war nicht einmal bereit, den Suizid zu bestätigen, nachdem es bereits offiziell war.

Inzwischen hatte ich jedoch erfahren, dass Kommissär Vogt ein ausgekochtes Schlitzohr war, das dem Objekt seiner jeweiligen Nachforschungen ebenso unkonventionell wie raffiniert zu Leibe rückte. Zum Beispiel im Kunstmuseum Winterthur.

Gabis Freund, der Künstler Aleks Weber, malte leidenschaftlich und galt im Winterthurer Kunstmuseum als der kommende Shooting-Star. Er war zusammen mit Gabi ein regelmässiger Ausstellungsbesucher. Eine Angestellte erinnert sich, wie Gabi und Aleks einmal ihren Hund, den sie Siff nannten, mit in die Ausstellung brachten. Darauf habe sich die Buchhalterin ereifert und befohlen, das Tier sofort hinauszubefördern. Gabi wehrte sich dagegen und stellte sich auf den Standpunkt, dass Siff auch immer dabei sein dürfe, wenn Aleks male. Sie sehe nicht ein, weshalb die Ausstellungshallen heiliger sein sollten als ein Atelier, wo die Bilder entstehen. Um ihre Argumente zusätzlich zu untermauern und als ob sie sich mit Siff solidarisieren wollte, hüpfte Gabi wie ein Hund im Kunstmuseum herum. Ob sie dazu auch noch bellte, ist nicht überliefert, aber zur Schilderung der Angestellten hätte es durchaus gepasst.

Aber einige Zeit nach diesem Intermezzo hatte Gabi ihre Meinung geändert. Sie wurde mit einem ermässigten Jahresbeitrag von fünf Franken Mitglied des Kunstvereins. Siff liessen Gabi und Aleks fortan zu Hause.

Bei der offiziellen Eröffnung seiner ersten Ausstellung im Winterthurer Kunstmuseum war Aleks Weber in Untersuchungshaft. Dennoch hatte ihn Bernhard «Mendes» Bürgi, der damals stellvertretender Konservator war, beim Kommissionspräsidenten der Kunsthalle Winterthur für eine Einzelausstellung vorgeschlagen. Doch da habe der Präsident der Kommission gesagt: «Kommt nicht in Frage, sonst kommen alle diese Punks in die Kunsthalle. Und das liegt nicht drin!»

Fast zeitgleich schlug die städtische Kunstkommission Aleks Weber für das Stipendium der Stadt Winterthur vor. Aber jetzt intervenierte der freisinnige Stadtrat und Kulturvorstand Martin Haas mit seinem ganzen Einfluss. Aleks wurde das Kunststipendium verweigert. Zur Begründung seines Entscheids teilte Haas der Kunstkommission schriftlich mit, es sei nicht einsehbar, weshalb einem Bürger das städtische Kunststipendium gewährt werden soll, der nicht einmal seine Zivilschutzpflichten erfülle und deshalb offensichtlich auch nicht gewillt sei, seine Pflichten gegenüber der Allgemeinheit zu erfüllen. Die Kunstkommission war verärgert und fühlte sich in ihren Kompetenzen verletzt. Zudem musste der Stadtratsentscheid verschwiegen werden, wo doch erst unlängst ein ähnlicher Beschluss gegen den linken Kunstmaler Viktor Bächer auf Regierungsratsebene einiges Aufsehen erregt und zu einem Vorstoss im Parlament geführt hatte. Kantonsräte fragten die Regierung an, ob sie «künstlerischen Nachhilfeunterricht» benötige.

In Winterthur hätte so eine freche Frage gar nicht gestellt werden können, denn der Ablehnungsentscheid blieb geheim. Es gibt in Winterthur auch keine Presse, die ein solches Thema aufgegriffen hätte, und den sozialdemokratischen Parlamentariern, die hätten intervenieren können, war die Wintiszene im Grunde ein Gräuel. Da machten sich junge Leute politisch ungeschickt bemerkbar. Das passte in kein Konzept irgendeiner Partei. Umso mutiger erscheint im historischen Rückblick der Auftritt des sozialdemokratischen Parteipräsidenten Leonhard Fünfschilling in Zürich, der sich als Politiker während der 80er-Unruhen immer wieder für die Anliegen der Jugendbewegung einsetzte und die Trägerschaft des umstrittenen und immer wieder militant umkämpften Autonomen Jugendzentrums übernahm. In Winterthur war – zumindest nach aussen – wenig von solcher Grosszügigkeit zu spüren.

Auch dass sich Stadtpräsident Urs Widmer heimlich um den Ankauf eines Bildes von Aleks Weber bemühte, seine Absicht dann aber aus politischen Gründen plötzlich änderte, blieb in der Industriestadt eines der bestgehüteten Staatsgeheimnisse. Erst viel später entschlossen sich sowohl der Winterthurer Kunstverein wie auch die Kantonsregierung, mehrere Bilder von Aleks Weber anzukaufen. Inzwischen waren sie im Wert gestiegen.

Kulturvorstand Haas setzte sich derweilen lieber für die Rockerjugend ein. Ihr stellte er ein grosszügiges Lokal am Stadtrand zur Verfügung, und bei der Einweihung im Februar 1985 feierte er die Schlüsselübergabe mit. Die unpolitische Jugend stand ihm offenbar näher als die kämpferischen Wintis, die ebenfalls einen Platz in der Gesellschaft suchten, aber unerwünscht waren. Bei Stadtrat Martin Haas konnte dies allerdings nicht verwundern, nachdem er im Kantonsrat zusammen mit der braun angehauchten Nationalen Aktion das Zürich-Seebacher Kirchenasyl der chilenischen Flüchtlinge bekämpft hatte, die vor dem Regime von General Pinochet geflohen waren.

Die Winterthurer Rockerkultur – unverbürgt, ob es gerade jene war, die Haas unterstützte – äusserte sich immer wieder vor und nach der Razzia vom 20. November 1984. Kurz vor Weihnachten wurde in der Steinberggasse ein etwas punkig angezogener junger Winterthurer mit den Fäusten traktiert. Augenzeugen beschrieben den Vorfall wie eine Szene des berühmten Politfilms «Z» von Constantin Costa-Gavras. Ein Rocker habe das Opfer mit den Worten beschimpft: «Für jedes Farbei in der Stadt eins in die Fresse!» Und dann habe er zugeschlagen, mit den gleichen Worten immer wieder, bis der junge Mann die Vorderzähne verloren hatte.

In jenen Tagen richtete das Winterthurer Kunstmuseum gerade die Weihnachtsausstellung ein. Die Direktion des Hauses war zufrieden. Erstmals gelang es ihr, die Kriterien für die Zulassung aufzuweichen. Vorher durften nur Mitglieder der offiziellen Künstlergruppe Winterthur teilnehmen. Obschon Aleks nicht Mitglied war, wurden vier Bilder von ihm ausserordentlich gut platziert.

Sie waren offenbar an bevorzugter Lage gehängt, als Kommissär Hans Vogt um den 20. November 1984 herum im Kunstmuseum anrief. Er interessiere sich für die Weihnachtsausstellung und vor allem für die Bilder von Aleks Weber. Er sei mit Weber befreundet und befinde sich gerade am Winterthurer Hauptbahnhof. Da er nun schon in der Nähe sei, wolle er sogleich vorbeikommen. Die Museumssekretärin versuchte ihm klar zu machen, dass die Ausstellung noch nicht eröffnet sei. Es störe ihn keineswegs, sagte Vogt, denn er wolle nur rasch das Neuste von Aleks sehen. Unbedingt und jetzt gleich! Er sei deswegen «eigens von Bern hergereist …».

Kurz darauf tauchte Vogt zusammen mit einem jüngeren Begleiter im Kunstmuseum auf. Die Sekretärin fühlte sich überrumpelt und rief den jungen stellvertretenden Konservator herbei (der übrigens später Museumsdirektor in Basel werden sollte). «Ich wollte Aleks unbedingt überraschen», sagte Vogt zur Begrüssung. Ob das Museum ausnahmsweise nicht schon vor Beginn der Ausstellung ein Bild verkaufen könne? Denn Aleks bedeute ihm sehr viel, sehr viel. Er wolle ihn gleich anschliessend besuchen und ihm dann sagen können: «Schau, jetzt hab ich ein Bild von dir!» – Aleks würde sich bestimmt sehr freuen.

Vogt war lässig angezogen, Lederjacke, Jeans. Er schien gegen fünfzig, gross gewachsen, braunes, eher dunkles Haar. Der Begleiter, ebenso salopp in Lederjacke, war jünger und sagte die ganze Zeit nichts, während Vogt insistierte, dass sie jetzt unbedingt die Bilder sehen wollten. Nach einigem Hin und Her liess man sich schliesslich überreden und führte die beiden Männer widerwillig in den Ausstellungssaal.

Aufrichtig interessiert, ja richtiggehend ergriffen sagte Vogt immer wieder: «Das ist ja ausserordentlich beeindruckend. Wie dieser Aleks malt! Da kann man einfach nicht widerstehen, ich muss um jeden Preis ein Bild von ihm haben. Aber diese Bilder sind alle so gross. Hat Aleks denn nichts Handlicheres gemalt, vielleicht etwas, das man grad unter den Arm nehmen könnte?»

Je mehr Vogt die Bilder von Aleks kommentierte, um so mehr Zweifel kamen Bernhard Bürgi auf. Der Freund aus Bern gab sich als enger Vertrauter aus, hatte aber keine Ahnung von Aleks bisherigem Werk. Die Begeisterung wirkte aufgesetzt. Aber in dem Moment vermochte sie den Konservator zu bluffen. Vogts Begeisterung liess erst nach, als er den Ankaufspreis für ein Bild erfuhr. Vogt schien seine Möglichkeiten überschätzt zu haben. Doch rasch fing er sich auf und sagte: «Die Wülfingerunterführung!» – Er wolle das Bild von der Wülflingerunterführung gleich mitnehmen, um es Aleks zu zeigen. Aber das war nun wirklich nicht möglich, denn die Ausstellung, noch nicht einmal eröffnet, sollte Winterthur einen Einblick in das regionale Kunstschaffen vermitteln und noch bis ins neue Jahr dauern. Doch Vogt liess nicht locker.

Ob das Museum denn nicht wenigstens dieses eine Mal eine Ausnahme machen könnte? Es brauchte noch einiges, bis Vogt endlich begriff, dass er das Kunstmuseum würde mit leeren Händen verlassen müssen. Aber man kam ihm insofern entgegen, als er das Bild vorzeitig reservieren lassen konnte. Vogt, sein Begleiter und Bürgi gingen in ein Büro, wo Vogt die nötigen Formalitäten erledigen sollte. Doch da kam es, kaum war Bürgi verschwunden, zu neuen Komplikationen. Vogt wollte eine Anzahlung hinterlassen, unbedingt. Das war unüblich bei Reservationen, aber Vogt bestand darauf. Also wurde Bürgi erneut gerufen. Da griff Vogt in die Tasche und legte eine Hunderternote auf den Tisch. «Die packe ich ganz sicher nicht mehr ein!», sagte er und verlangte eine Quittung und eine Kopie des Reservationsformulars, die er ohnehin erhalten hätte. «Wissen Sie, ich brauche diese Papiere, um Aleks wenigstens zeigen zu können, dass ich mich für seine Bilder interessiere.» Er lächelte und sagte augenzwinkernd: «Es soll ja eine Überraschung sein.»

Nachdem Vogt und sein stummer Begleiter das Kunstmuseum endlich verlassen hatten, blieb in den Räumen das unangenehme Gefühl zurück, übertölpelt worden zu sein. So einen Auftritt hatte man noch nie erlebt.

Es war vereinbart, dass Vogt die Reservation innert Wochenfrist noch einmal telefonisch bestätige. Die Frist verstrich. Webers «Wülflingerunterführung» blieb geraume Zeit für den Verkauf blockiert. Niemand ahnte, weshalb schon an der Vernissage ein roter Punkt unter dem Bild befestigt war.

Nach einiger Zeit rief eine Museumsangestellte bei der Nummer an, die Vogt auf dem Reservationsformular hinterlassen hatte. Eine Frauenstimme meldete sich, es war Vogts Witwe. Als die Sekretärin erklärte, dass es um die Bestätigung einer Reservation gehe, sagte die Frau, ihr Mann sei gestorben. Sie sei noch derart durcheinander, dass sie jetzt nichts dazu sagen könne. Einige Tage darauf erhielt das Winterthurer Kunstmuseum einen sehr knappen Anruf aus Bern. Ein «Berater» der Familie erklärte, das Geschäft sei abgeblasen, und hängte auf. Der rote Punkt unter der «Wülflingerunterführung» verschwand.

Kommissär Vogt war nicht zufällig auf Aleks Webers Bilder gestossen. Er hatte ihn schon seit Beginn der Ermittlungen im Sommer 1984 praktisch auf Schritt und Tritt beobachten lassen oder selber observiert. Die Polizei kannte das Privatleben von Aleks bis ins Detail und wusste auch schon vom Vorfall mit Siff in der Ausstellungshalle. Denn ein andermal hatte ein Polizeibeamter im Laufe eines vertraulichen Gesprächs mit dem Personal bemerkt, dass die Behörden Aleks Weber im Visier hatten und im Zusammenhang mit den Sprengstoffanschlägen fassen wollten. Er werde seit längerer Zeit beschattet. Leider aber habe man ihn nie in flagranti ertappen können.

Die Polizei wusste auch von einer Auseinandersetzung zwischen Gabi und Aleks, die am 27. Oktober 1984 von Spitzeln vor dem Haus der Wohngemeinschaft an der Neuwiesenstrasse beobachtet wurde. Davon existiert ein detailliertes Protokoll in den Akten. Es ging um Eifersucht. Aleks war bei Käti zu Besuch, und Gabi schlug deswegen Krach. Dabei haben sich Aleks und Gabi, laut Protokoll, ziemlich heftig gestritten. Das war knapp einen Monat vor der «Engpass»-Aktion. Nur vier Tage später, am 31. Oktober, wurde der mysteriöse anonyme Brief, der sich auf dieses Ereignis bezog, in Winterthur-Töss aufgegeben.

Was Vogt über Aleks Weber und seine Bilder dachte, wussten nur seine engsten Freunde, Angehörigen und Bekannten in Bern. Sie lachten auf, als ich ihnen erklärte, Vogt habe sich im Kunstmuseum als guter Freund von Aleks ausgegeben. «Solche Dinge hatten doch zu seinen Methoden gehört!» – Und die Schokolade auch. Vogt sei ein besonders ehrgeiziger Polizist gewesen. Wenn er sich für die Bilder interessierte, dann nur beruflich. Er habe vielleicht wissen wollen, ob er etwas aus den Bildern erfahre. Vogt habe gründlich gearbeitet und stets nach den Schwächen und Stärken eines Inhaftierten gesucht. Er sei immer auf psychologischer Ebene vorgegangen und habe damit auch Erfolg gehabt.

Den Polizisten sah ihm niemand an. Lange Zeit waren selbst engste Freunde nicht im Bild über seine berufliche Tätigkeit, und als sie es erfuhren, seien sie sehr überrascht gewesen. Vogt war Schlagzeuger in einer bekannten Berner Jazzband, spielte auch Gitarre und trat daneben immer wieder mit seinen Verwandlungskünsten als Alleinunterhalter auf. Wenn er ausging, begab er sich unters Volk. Ausgefallene Leute, Sprache und Gedankengut interessierten ihn. Er war sehr gesellig und fand immer den richtigen Ton. «Er hatte die Begabung, dass er auch mit Kriminellen und Terroristen umgehen konnte», sagte mir jemand, der ihn sehr gut kannte. In seinem Bekanntenkreis in Bern erfuhr ich noch einiges. Vogt soll ein Multitalent gewesen sein, hätte statt Bundespolizist geradeso gut Musiker wie auch Schauspieler werden können. «Ein Genie!»

Das war nun vielleicht ein wenig übertrieben. Denn wie ich hörte, sollen seine Vorgesetzten öfter in die Lage gekommen sein, Vogt wegen irgendwelchen Schabernacks zu protegieren. Der Kommissär musste beruflich ein Gratwanderer gewesen sein – hart am Limit des Erlaubten.

Im Jahr 1983 beispielsweise wurde ihm seine besondere Fähigkeit, Stimmen nachzuahmen, beinahe zum Verhängnis. Vogt war bei seiner ersten Ehefrau zu Besuch und hatte eine heftige Auseinandersetzung. Ob es dabei um die gemeinsamen beiden Kinder oder etwas anderes ging, ist nicht überliefert. Jedenfalls verliess er wutentbrannt die Wohnung, ging in eine Telefonkabine und rief die Alarmzentrale der Berner Feuerwehr an. Ohne seinen richtigen Namen zu nennen, meldete er einen Brandausbruch in der Wohnung, die er soeben verlassen hatte, und sagte, die Küche stehe «lichterloh in Flammen». Notfallmässig rückte die Feuerwehr aus, und als sie ankam, brannte es nirgends. Daraufhin wurde die Hauswartin, Frau Burr, in die Notrufzentrale zitiert, wo ihr die Stimme des anonymen Anrufers auf Tonband vorgespielt wurde. Sofort und unzweifelhaft erkannte sie die Stimme von Hans Vogt. Und zwar hatte der Kommissär der Bundesanwaltschaft wieder einmal die Stimme von Bundesrat Kurt Furgler imitiert.

Folgen hatte dieser Vorfall nur für Vogts Frau. Beim Hausmeister brachte er das Fass zum Überlaufen. Er legte der Frau die Kündigung nahe; innert wenigen Tagen, so die Hauswartin, sei sie ausgezogen.

Auf einem lauschigen Vorplatz in Bern unter einem Sonnenschirm, den meine Informantin aufspannte, weil sie damit rechnete, mit mir gesehen zu werden (von wem?), hörte ich schliesslich die ganze Wahrheit über die im Kunstmuseum Winterthur reservierte «Wülflingerunterführung» von Aleks Weber: Vogt gefiel das Bild überhaupt nicht. Er habe es verschenken wollen. Jemandem, der davon auch nicht gerade begeistert war. Es wäre wahrscheinlich in einem Abstellraum gelandet.

Kein Zweifel, Vogt war von Berufs wegen ein Tartüff und spielte seine diversen Rollen mit fliessenden Übergängen zum Privatleben auf den harten Brettern, welche die Realität bedeuteten. Ob

Bildreservation im Kunstmuseum oder Schokolade im Gefängnis oder Osterei am Gründonnerstag oder … Salamibrötli!

«Da war einmal», so informierte mich eine andere Vertrauensperson, «ein junger Mann in so einer Baader-Meinhof-Sache drin. Der liebe Salamibrötli über alles. Weil er diese im Gefängnis nicht bekam, hat Vogt Berge davon in die Zelle geschleppt. So gewann er bald das Zutrauen, und wenig später fuhr er mit dem Gefangenen aufs Feld hinaus, wo ihm der junge Mann schliesslich ein Versteck zeigte. Zusammen haben sie die Waffen dann mit einer Schaufel ausgebuddelt.»

Zur Belohnung für die Feldarbeit habe Kommissär Vogt dem jungen Mann die Eheschliessung im Gefängnis ermöglicht, worauf ihn der Gefangene sogar zur Hochzeit eingeladen habe. Vogt sei nicht hingegangen.

Ich hörte noch einige Anekdoten über den kurligen Bundespolizisten. Sie alle liefen im Grunde auf dasselbe hinaus: Vogt setzte als wandlungsfähiger Typ stets seine ganze Persönlichkeit in Szene, mobilisierte all seine Überzeugungskraft und spielte ein letztlich auch für ihn selber riskantes Falschspiel mit Gefühlen. In seinem Leben mischte sich Privates ständig mit Beruflichem, und so war es wohl auch kein Zufall, dass Vogt seine Sommerferien im Tessin gleich auch noch mit einem Besuch im linken «Casa Solidarità» verband, wenn er schon da war …

«Dort gingen wir zusammen essen, Vogt, seine Frau und ich», erinnerte sich jemand aus Bern. «Nach einer Weile setzte sich ein Zentrumsbesucher an unseren Tisch. Wir unterhielten uns lange und sehr angeregt. Bis der Gast an unserem Tisch auf einmal fragte, was Vogt denn eigentlich für einen Beruf ausübe. ‹Polizist›, sagte er. Der Gast schaute ihn lange an und glaubte ihm nicht. Vogt wiederholte es mehrmals, aber der Mann konnte es immer noch nicht glauben. Der Hans war einfach mit allen Wassern gewaschen! Dann legte er wieder einmal seinen Abstimmungszettel für die linke POCH in die Urne – aber nur, wenn er ganz sicher war, dass die Partei keine Chancen hatte. Er tat es einfach so, aus Plausch. Solche Dinge stellten ihn echt auf.»

In Bern betrachtete ich ganze Alben mit Erinnerungsfotos von Hans Vogt. Da war er bei einem amtsinternen Gesellschaftsanlass als Bundesrat Kurt Furgler abgebildet. Mit selbst gebastelter Furgler-Glatze. – Ob ihn der Bundesrat als früherer Vorgesetzter gekannt und ebenfalls über ihn gelacht hat? Auf einem Foto tritt Vogt mit androgyner Rothaar-Perücke und eng anliegendem Tigerdress auf; wenn ich mich recht erinnere, war der Tigerdress entweder gelb-schwarz oder rot-schwarz gemustert. Vogt als Transvestit in Unterhalterpose vor einem geilen Mikrofonständer. Vogt aber auch ganz zivil im Gespräch mit Berufskollegen, meistens mit einem Glas in der Hand.

Je mehr ich über die explosive Mischung aus privater Verspieltheit und beruflichem Ernst dieses Mannes erfuhr, desto näher rückte die Vermutung, dass er und kein anderer den anonymen Brief an Gabi verfasst hatte.

Immer mehr glaubte ich, dass vermutlich er selber seinen eigenen Brief ins Feld führte, als er ihn der 23-jährigen Gabi bei den «ausserprotokollarischen Einvernahmen» unter die Nase hielt und sie zu überzeugen versuchte, dass sie doch «einen Dreck» für Aleks sei. Hier stehe es ja schwarz auf weiss, was sie für Aleks bedeute. – Schlauer Schachzug, würde haargenau in Vogts Konzept eines psychologischen Vorgehens passen. Man könnte diese Methode auch weniger harmlos Psychoterror nennen. – Noch war ich aber erst auf einer Fährte, die auf Grund meiner bisherigen Erkenntnisse die wahrscheinlichste war.

Über Vogts Abhalfterung in Winterthur und seinen Suizid im Bernbiet lag eines Tages ein «Ondit» aus Zürcher Polizeikreisen in meinem Briefkasten. Darin hiess es: «Vogt war bei der Bundespolizei seit Jahren Spezialist für Fragen des Terrorismus. Er war bekannt für nicht normale, unkonventionelle, auffällige Arbeitsmethoden. In den späten Siebzigerjahren war er wegen eines Nervenzusammenbruchs in einer Klinik. Vogt schrieb sich im Hotel ‹Winterthur› auf dem Meldezettel als Terrorist ein, um die lokale Polizei, von der er nichts hielt, zu ärgern, was ihm gelang: Die Winterthurer reklamierten in Bern, worauf Bundespolizeichef Peter Huber Vogt zitierte, ihn zusammenschiss und in den Innendienst versetzte, was dieser möglicherweise nicht verkraftete – Ergebnis bekannt.» Soweit das schriftlich festgehaltene Ondit.

Als ich Vogts Kreise in Bern damit konfrontierte, brach Entrüstung aus. «Dazu will ich mich gar nicht äussern», hiess es, «was sind das für Kollegen, die so etwas behaupten können? Das ist ein harter Brocken!» Unter dem Sonnenschirm blieb es dann lange Zeit still. Die Meldezettelstory sei zwar auch in Bern bekannt, doch dass dies so schwer wiegende Konsequenzen haben sollte, daran glaube niemand. Vogt sei vielmehr schon seit langem unbeliebt gewesen – sowohl bei den eigenen Kollegen bei der Bundesanwaltschaft in Bern wie auch bei der Kantonspolizei in Zürich. Man habe ihm die Erfolge vergönnt, Futterneid. Umgekehrt habe Vogt auch wenig für die Zürcher übrig gehabt, am wenigsten für den stellvertretenden Polizeikommandanten Eugen Thomann. Dieser sei ihm geistig unterlegen gewesen. Und da beide äusserst ehrgeizig waren, sei wohl darin der wahre Hintergrund für Vogts Rauswurf aus Winterthur zu suchen.

Dies würde also bedeuten, dass es der Machismus war, der das Bauernopfer Vogt auf dem Winterthurer Schachbrett der Justiz gefordert hatte. Für diese These spricht die Tatsache, dass sich Vogt und Thomann in den Fragen der Flächenverhaftung, des Grossaufgebots und der Heftigkeit des Zuschlagens bei der

«Engpass»-Aktion in die Haare geraten waren. Für Vogt lagen noch zu wenig Beweise für ein derart hartes Zugreifen vor, und Thomann vertrat den Standpunkt, dass die Auswertung des beschlagnahmten Materials und die Einvernahmen im Gefängnis die notwendigen Beweise dann schon zutage förderten.

Vogts Methoden hätten sich schlecht vertragen mit dem starren System der Polizei, die in Winterthur nicht kreativ vorgehen wollte, sondern stur nach Lehrbuch. Vogt sei viel subtiler gewesen und habe noch zuwarten wollen, bis mehr Beweismaterial vorlag. Masseninhaftierungen und Streifenwagenterror seien ihm fremd gewesen, weil solches Vorgehen bloss die Ermittlungen störe.

Diese Auseinandersetzungen waren jedenfalls die Vorgeschichte zu Vogts Versetzung in den Innendienst nach Bern und den darauf folgenden Selbstmord. Für die Hintergründe gibt es zwei offizielle voneinander abweichende Stellungnahmen. Die Bundesanwaltschaft blieb bei ihrer Version eines Krankheitsfalls, der absolut nichts mit den Winterthurer Ereignissen zu tun habe. Eugen Thomann gab als Grund für Vogts Rückversetzung die Meldezettelgeschichte mit der Berufsbezeichnung Terrorist an, den Kassiberschmuggel von Aleks zu Gabi und Vogts burlesken Auftritt im Kunstmuseum.

Ich konnte mir aber gut vorstellen, dass die Winterthurer Justiz die Nase voll hatte vom Störenfried und Kritiker in den eigenen Reihen, gerade in dieser schwierigen Zeit, wo die Beamten sich mit so vielen Gefangenen, Effekten und Hausdurchsuchungen aufs Mal beschäftigen mussten wie noch nie zuvor in ihrer Geschichte. Die Beamten der Winterthurer Bezirksanwaltschaft und der Kantonspolizei mussten am Limit ihrer Kräfte angelangt sein. Da hätte es schon sein können, dass es nicht viel mehr brauchte, um Vogt in Bern ans Messer zu liefern, als die paar Banalitäten, die eine objektive Angriffsfläche boten.

Ich könnte mir aber auch noch etwas ganz anderes vorstellen. Wäre es nicht denkbar, dass die Winterthurer Behörden wussten, dass Vogt den anonymen Brief selber verfasst hatte? Dass er deswegen zu einem Sicherheitsrisiko geworden war? Zumindest sagte der Beobachtungspolizist B. als Zeuge aus, es müsse ein Kantonspolizist dabei gewesen sein, als Vogt Gabi den anonymen Brief vorgehalten hatte. Wenn ein Kantonspolizist dabei war, dann wusste nicht nur Vogt vom anonymen Brief. Zudem war der Brief in Gabis Gefängniseffekten, die nach ihrem Tod der Mutter übergeben wurden. Und da sich die Strafuntersuchung sehr stark auf Gabi konzentrierte, weil man durch ihre Inhaftierung den Fall Friedrich knacken wollte, wurde sicherlich jedes Detail um diese Schlüsselperson registriert, und somit sicherlich auch der anonyme Brief. Bis hierher ist alles denkbar. Aber ob die Geschichte so weiterging, dass Winterthur-intern die Urheberschaft Vogts bekannt wurde, muss so offen bleiben wie der Zahltagsdiebstahl von 1963 bei der Stadtpolizei Zürich, als am Ende der damaligen Seegfrörni aus einem verriegelten Tresor der Hauptwache heraus über Nacht die Löhne der Polizisten verschwanden. Man ahnte zwar, wer der Täter war, aber er wurde nie gefunden (siehe dazu Buch und Film «Meier 19»).

Kommissär Vogt hatte übrigens einen Abschiedsbrief geschrieben und als Grund für seinen Suizid Schwierigkeiten mit der Kantonspolizei erwähnt. Er hat darin sogar eine ganze Reihe von Zürcher Beamten namentlich aufgeführt, Polizisten, die er derart verachtete, dass sie nach seinem letzten Willen dem eigenen Begräbnis fernbleiben sollten.

Was war in Wirklichkeit die Quelle seines Hasses? Hatte er vielleicht miterleben müssen, wie die Zürcher Beamten den anonymen Brief bei Gabi anders eingesetzt haben, als er es sich vorgestellt hatte? Weniger psychologisch, mit stärkerem Nachdruck? Auch das wäre eine denkbare Variante.

Einige Zürcher wollten dann gleichwohl an Vogts Begräbnis teilnehmen. Doch da habe Vogts Vorgesetzter (Leuenberger) ein Machtwort gesprochen, erfuhr ich in Bern. Er werde die im Abschiedsbrief aufgeführten Zürcher persönlich fortjagen, wenn er auch nur einen von ihnen am Grab antreffen sollte.

Der anonyme Brief im Milchkasten

Zu Vogts Rückversetzung in den Innendienst nach Bern blieben trotz der bisherigen Erkenntnisse noch viele Fragen offen. Die Bundesanwaltschaft log offensichtlich. Lächerlich und völlig unprofessionell, von einem «Krankheitsfall» zu reden. Der Freundeskreis riet mir schliesslich, einen gewissen Roger Huber aufzusuchen. Er sei einer der ganz wenigen Zürcher Kantonspolizisten gewesen, die Vogt zu seinen Freunden zählen konnte. Huber habe ihn sehr gut gekannt und sei ihm auch sehr ähnlich gewesen.

Mitte Oktober rief ich also bei der Zürcher Kantonspolizei an, verlangte Huber ans Telefon und bat ihn um ein «vertrauliches» Gespräch «in Sachen Winterthur». Ich wusste, dass er inzwischen Götti von Vogts Tochter war und mit den Verhältnissen vertraut sein musste. «Jaahh», meldete er sich, «Winterthur?» – Wie ich denn auf ihn gekommen sei?

«Durch Hans Vogt aus Bern.»

«Aha!» Eine ganze Weile blieb es stumm. «Gut», sagte Huber, «mit mir kann man reden, natürlich nur soweit sich dies mit meinem Berufsgeheimnis vereinbaren lässt.»

Wir vereinbarten einen Termin auf den folgenden Donnerstag, halb fünf im Restaurant «Volkshaus» am Helvetiaplatz in Zürich. Treffpunkt Ausschankbuffet. Da sich Huber nach diesem Telefongespräch genauer über mich erkundigen dürfte, tat ein Freund für mich dasselbe über ihn, und so erfuhr ich, dass er beim Nachrichtendienst arbeitete.

Es ist Herbst, ein milder Donnerstagnachmittag, noch kein Blatt gefallen. Im Tram fahre ich unter lauter freundlichen Leuten zum Helvetiaplatz. Solche Stimmungen sind in Zürich eher selten. Meistens wirkt die Bankenstadt irgendwie gehetzt, ängstlich und deshalb mitunter aggressiv, als ob es da wie in einem Spielkasino um wahnsinnig viel Geld ginge, um grosse Gewinne und grosse Verluste. Aber es ist friedlich. Wenn ich jetzt angespannt wie ein Croupier um mich schaue, dann liegt es definitiv an mir. Ich merke mir diesmal die Gesichter etwas genauer, denn vielleicht sehe ich eines von ihnen bald wieder an einem anderen Ort. Ich bin ein bisschen zu früh dran. Im «Volkshaus» schlendere ich in der Nähe des Ausschanks herum und hoffe, dass Huber pünktlich ist. Es ist fünf Minuten vor halb fünf. Da stürzt ein Mann mit einem Funkgerät direkt auf mich zu und fragt: «Hast du deine AJS noch?» – Eine AJS, muss man wissen, ist ein ganz tolles altes englisches Motorrad, das ziemlich viel Lärm um wenig Leistung macht, aber *highgeared slowly rocking on* jeden Berg hinauf rollt. Wegen ihrer langhubigen *vibrations* wurde sie auch schon liebevoll Hodenklopfer geschimpft. Das alles geht mir durch den Kopf, während ich wehmütig daran denke, dass meine liebe AJS 650 CSR nun schon seit acht Jahren unbenutzt in der Garage steht, nachdem ich einmal eine sehr gefährliche Situation überlebt hatte, dafür aber nächtelang mit schrecklichen Albträumen büssen musste.

    Neben mir krächzt das Funkgerät. Ich kann mich mit dem besten Willen nicht an diesen Mann erinnern und sehe ihn fragend an. – «Weisst du, ich bin eben lange im Ausland gewesen.» Er will mich von früher kennen, aus der Jugendzeit, wo man noch ungezwungen einen Haufen Leute kennen lernt. Also setze ich mich eine Minute mit ihm an einen Tisch, von wo ich den Ausschank überblicken kann. – Was er denn mit diesem Funkgerät im Schilde führe? Er schaltet es aus. «Ich bin Kurier und mache gerade eine Pause.» Plötzlich zieht er ein Buch hervor und beginnt zu lesen. Ich wundere mich ein wenig, wie ein Kurier, der mich vor zehn Jahren kennen gelernt haben will, mitten am

Nachmittag die Musse findet, um in genauer Übereinstimmung von Zeit und Ort, wo ich Huber vom Nachrichtendienst zu treffen gedenke, in einem Buch zu lesen. Aber solche Zufälle gibts natürlich. – Ob er sich für meine AJS interessiere, sage ich nach einer Weile. – Er schaut von seiner Lektüre auf. Später vielleicht, aber im Augenblick nicht. Denn bald fahre er wieder ins Ausland und suche jetzt einen Kastenwagen. Er reise nach Afrika, und in Nepal unten wolle er das Auto dann verkaufen. – Aber Nepal liege doch nicht in Afrika. – Er fahre mit dem Kastenwagen zuerst nach Afrika und dann nach Nepal.

Der Nachrichtendienstler Huber ist verspätet. Vor mir sitzt ein junges Pärchen an einem Zweiertisch. Den Mann, er ist etwas über 30, habe ich ganz bestimmt schon irgendwo gesehen. Kein Zweifel – aber wo? Schnurrbart, lange dunkle, etwas lockige Haare, Dreitagebart und eine grob gestrickte helle Wolljacke. Er ist ein wenig freakig, sie hingegen gepflegt. Plötzlich fällt es mir ein. Es war vor einigen Jahren am Bellevue in Zürich.

Ich hatte den Auftrag, über die erste Zürcher Drogenszene, die sich an der «Riviera» beim Limmatquai etabliert hatte, eine grössere Reportage zu schreiben. Damals gab es im «Tages-Anzeiger» noch ganzseitige Sozialreportagen auf der ersten Aufschlagseite des zweiten Bundes. Ich trieb mich also nächtelang in dieser Szene herum, sass oft auf der Treppe am Fluss und unterhielt mich mit den gefallenen Engeln über die Umstände ihrer Abhängigkeit. Genau dort hatte ich ihn gesehen, den Mann, der im «Volkshaus» vor mir sitzt. Er war einer jener beiden Männer, die mir aufgefallen waren, weil sie laufend Leute verhafteten. Die Szene kannte sie von weitem, sodass sie sich sofort auflöste, wenn sich die beiden näherten. – Kein Zweifel, ich erkenne ihn wieder. Der macht wohl auch gerade zufällig eine Zvieripause wie der Weltenbummler. Kurier oder Polizist müsste man sein.

«Herr Schmid?», spricht mich ein mittelgrosser gepflegter Mann an mit einem Fragezeichen im Gesicht. Er ist soeben zur Tür hereingekommen und muss Roger Huber von der Kantonspolizei, Abt. Nachrichtendienst, sein. Huber stellt sich mit Namen vor und ist sehr freundlich. Wir setzen uns ans Fenster, und wie ich das erste Mal an seinen leicht ergrauten Schläfen vorbeischaue, erblicke ich einige Tische weiter vorn einen älteren Mann mit geschwärzten, glatt nach hinten gekämmten, etwas spärlichen Haaren, den ich doch tatsächlich zuvor schon mit meinem Croupierblick im Tram gesehen hatte, was nun aber wirklich ein Zufall sein dürfte.

Roger Huber wirkt so geschliffen und diskret wie aus einem Agentenfilm: dunkler Blazer mit Goldknopf, helle, dazu passende Hose. Er legt ein rotbraunes Ledertäschchen vor sich hin, ein edles Fabrikat. Es liegt die ganze Zeit zwischen uns.

Wie ich angenommen hatte, trifft sich Huber nicht mit mir, um vor mir den tragischen Verlust seines Freundes zu beweinen, sondern er horcht mich aus. Wir geben uns beide Mühe. Zum Glück lügt die Sprache nicht. Denn im Verlauf des Gesprächs verrät er durch winzige Versprecher ab und zu dann doch seine wirkliche Denkweise. «Der Hans Vogt», sagt Huber, «war ein fanatischer Jazzmusiker, und in seiner Band spielten auch Mitglieder der äussersten Linken mit, sogar solche von den POCH! Und von daher kannte er sich natürlich auch beim Feind aus. Verzeihung ... Feind habe ich nicht sagen wollen, aber verstehen Sie, was ich meine?» – Ich hatte durchaus verstanden, da muss man nicht einmal Analytiker sein.

Nach einer halben Stunde verlässt das Pärchen das Restaurant und kommt an unserem Tisch vorbei. Huber verabschiedet den Mann absolut wortlos und ohne Nicken, aber mit einem für den Croupierblick doch ein bisschen zu auffälligen Seitenblick. – Warum so klandestin bei der *Zvieri*-Pause?

«Glauben Sie mir», sagt Huber, «der Selbstmord von Vogt hat nicht das Geringste mit Winterthur zu tun. Nicht das Geringste!» Ich muss mich jetzt ganz fest zusammennehmen, damit ich nicht wie Gabi im Kunstmuseum herumzuhüpfen beginne. Sein Freund sei an der Vermischung von Privatem und Dienstlichem gescheitert. Auch er, Huber, vermöge abends oft nicht abzuschalten. «Die Schicksale beschäftigten einen manchmal noch lange. Aber bei Vogt war es so gewesen, dass er sich dauernd damit auseinander setzte.» Sein Freund habe sich mit der Rolle als Strafverfolger vollständig identifiziert. «Dass er dabei auf kollegial machte, war natürlich seine Taktik gewesen.»

Kurz vor dem Selbstmord habe er Vogt noch in Bern besucht. Er sei der vollkommene Gastgeber gewesen. «Kein Wort von seiner Versetzung in den Innendienst, nicht die Rede von Winterthur», betont Huber. – Sonderbar, so kurz vor seinem Tod, denke ich. Entweder sagt mein Gesprächspartner nicht die Wahrheit, oder dann hat sein Freund die Schauspielerei tatsächlich bis zum bittern Ende getrieben. Von Huber konnte ich nichts Neues erwarten.

Ich möchte nun wissen, ob er sich vor unserem Gespräch über meine Person erkundigt habe. «Ich nehme ja nicht an, dass Sie sich einfach mit irgendjemandem ohne Vorabklärung auf so ein Thema einlassen.»

Richtig, er habe bei der Polizei herumgefragt, ob mich da jemand kenne, und da habe mich tatsächlich einer gekannt. (Aktualisierende Zwischenbemerkung: Wir sind im Jahre 1985. Noch hat niemand die leiseste Ahnung, dass die Bundesanwaltschaft Fichen und Akten über 900 000 Einwohner der Schweiz führt, die im Verdacht stehen, ein Risikofaktor für die Sicherheit des Landes zu sein. Wer je einen Pieps in linker Opposition von sich gegeben hat, und sei er noch so demokratisch gewesen, oder je in den Ostblock gereist ist, und sei es auch nur rein geschäftlich, stand unter Verdacht. Der Überwachungsapparat flog 1989 auf. Da fiel es Tausenden wie Schuppen von den Augen, weshalb sie da eine Arbeitsstelle verloren, dort ein Stipendium nicht bekommen hatten oder sonst wo rausgeworfen wurden, ohne dass sie es sich hätten vernünftig erklären können. Der Skandal um den Schnüffelstaat Schweiz war perfekt. Bundesanwalt Rudolf Gerber, der auch für die Winterthurer Sprengstoffverfahren zuständig war, wurde «gesäubert» und seines Amtes enthoben, ebenso Bundespolizeichef Peter Huber, der Kommissär Hans Vogt in den Innendienst zurückgepfiffen hatte.)

Ich hätte doch früher einmal beim «Tages-Anzeiger» gearbeitet, fuhr mein Gegenüber im Volkshaus, Huber vom Nachrichtendienst der Zürcher Kantonspolizei, fort. Nachdem er dies erfahren habe (1985 fragte ich mich tatsächlich noch: wo?), sei er beim «Tages-Anzeiger» gewesen (bei wem?, frage ich mich heute noch) und habe sich dort nach meiner Person erkundigt. Man habe ihm dann mehrere Artikel von mir ausgehändigt, unter anderem einen über das Kanzleischulhaus.

Ausgerechnet! Huber weiss, dass dieser Artikel einen kleinen hausinternen Wirbel ausgelöst hatte; er ist wirklich gut orientiert. Ich war im Frühjahr 1984 Stadträtin Emilie Lieberherr ein wenig an den Karren gefahren, weil sie das Kanzleischulhaus, in dem sich von einer jugendlichen Basis her gerade ein tolles Quartierzentrum zu entwickeln begann, torpedieren wollte. Da der Artikel ein wenig scharf und gleichzeitig auch etwas ungenau war (in der Tendenz aber nicht ganz falsch), wollte mich die Chefredaktion kurzerhand feuern, weil sie bei heiklen Themen in dieser stark polarisierten Zeit absolut keine Angriffsflächen duldete (was auch seinen Preis hatte). Da half auch nichts, dass kurz darauf genau das eintraf, was ich im Artikel vorweggenommen hatte: dass das Kanzleizentrum der Obhut von Frau Lieberherr entzogen wurde. Zum Glück aber stand die Gewerkschaft hinter mir, die gegen eine Entlassung protestierte, worauf ich weiterhin als freier Mitarbeiter und Gerichtsberichterstatter für den «Tages-Anzeiger» arbeiten durfte. Dies alles sollte später noch eine Rolle spielen. Man versprach mir jedenfalls wieder einen neuen Vertrag auf Ende 1985.

«Als ich Ihren Artikel über das Kanzleizentrum las, begriff ich die Reaktion Ihrer Vorgesetzten nicht. Ich konnte nicht erkennen, was in diesem Bericht hätte derart anstössig sein sollen», sagt Huber, und ich denke, nicht übel, diese Unterstützung. Ob dies Vogts Methode ist?

Auch die Gerichtsreportage, die ich über einen Agent provocateur der Zürcher Kriminalpolizei schrieb, hat der Nachrichtendienstler gelesen. Ein Polizeispitzel bot einem Drogenkonsumenten Heroin an und animierte ihn, den Stoff unter die Leute zu bringen, damit er ihn dann in flagranti hochgehen lassen konnte. Der Drogenkonsument erhielt tatsächlich einige Jahre Gefängnis für ein Delikt, das der Agent provocateur im Auftrag der Zürcher Polizei angezettelt hatte.

Aus heutiger Sicht hört sich dies wie finsteres Mittelalter an. Aber in den Achtzigerjahren setzte man in der Drogenpolitik noch ausschliesslich auf Repression. Erst langsam, unter dem Druck der Verelendung in der Zürcher Platzspitz-Anlage, die immer häufiger als «needle parc» in die US-amerikanischen Medien geriet, kam die damalige Drogenpolitik nach einer Zeit mit Tausenden von Drogentoten und HIV-Infizierten allmählich ins Wanken.

Es fing schon kurz zuvor in Basel an, wo in einem ganz ähnlichen Drogenprozess Gerichtspräsident Albrecht den polizeilichen Lockspitzel kurzerhand aus dem Zeugenstand heraus verhaften liess und den Drogenkonsumenten freisprach. Das war ein erstes Anzeichen von Veränderung. Heute reist die halbe

Welt in das drogenpolitische Pionierland Schweiz, um sich vor Ort zu überzeugen, dass die staatliche Heroinabgabe zu einem markanten Rückgang der Beschaffungskriminalität führte, wenngleich die Drogenpolitik der sich ständig verändernden Suchtproblematik weiterhin systemimmanent hinterherhinkt.

Am Ende des Gespräch mit Vogts Freund realisiere ich, dass der Nachrichtendienstler lückenlos orientiert ist über meine publizistischen Arbeiten, und zwar auch über diejenigen, die weder Polizei noch Justiz betrafen. Beim Aufstehen öffnet Huber überraschend sein rotbraunes Ledertäschchen, das zwischen uns lag, streckt es über den Tisch und bietet mir demonstrativ einen Blick ins Innere an. «*Lueget Sie nur inne, ich ha nüt drin!*», lacht er. Damit ich nicht auf den Gedanken komme, er hätte unser Gespräch auf Tonband aufgenommen ... Dies wäre nun wirklich auch nicht nötig gewesen, denn es war wenig aufschlussreich, ausser in der Frage, woher Roger Huber so unheimlich gut orientiert war über meine Berichterstattung im «Tages-Anzeiger».

Ich gehe zum «Tages-Anzeiger», in die Dokumentation. Die Archivare, immer sehr hilfsbereit und freundlich, müssten eigentlich wissen, ob jemand in letzter Zeit meine Zeitungsartikel angefordert hatte. Aber es hatte sich niemand danach erkundigt, versichern sie mir.

Auch die Dienststelle der Redaktion, die nebst administrativen Aufgaben auch interne Kontrollfunktionen ausübt, sei nicht angefragt worden. – Aber woher hatte Huber denn eine ganze Sammlung von Berichten zur Hand? Aus welchem Archiv?

Gibt es in unserer Demokratie immer noch irgendwelche Gesinnungsdossiers wie diejenigen von Cincera, die Ende der Siebzigerjahre aufgeflogen waren? – Es fällt auf, dass in der Winterthurer Strafverfolgung die politische Einstellung der Angeschuldigten und ihres so genannten Umfelds grosses Gewicht bekamen. Im Umfeld der Wintis wurden die Anwälte und alle Journalisten angesiedelt, die kritische Fragen aufwarfen. Der abschliessende Ermittlungsbericht von Thum/Brenn und Stabschef Eugen Thomann an seinen Vorträgen sprachen immer wieder von «den publizistischen Helfern» der Straftäter.

Schon von Anfang an bauten die Ermittlungsberichte Täter- und Helferkreise auf, die ziemlich genau ins cinceristische Weltbild passten. Und zu diesem Zweck steckten Beamte beispielsweise ihre Nase buchstäblich in die Kloake. Das Winti-Gedankengut eruierten sie im Pissoir des Restaurants «Widder», wo «Unbekannte», wie es in einem Polizeirapport heisst, mit Filzstift «Marti-Mörder» hingekritzelt haben. Auch die bunt gefärbten Haare der Wintis, die typisch für eine ganze Punkgeneration waren, legte die Polizei und später auch Staatsanwalt Pius Schmid als «geschickte Tarnung» zur Verübung von Straftaten aus. Nach dieser Lesart hätte die halbe Jugend der Achtzigerjahre unter Verdacht stehen müssen, irgendeine Straftat begangen zu haben.

Konsequenterweise wurde im Umfeld der punkigen Haare kräftig ermittelt. Etwa beim alternativen Lokalradio «LoRa» und bei der linken «WochenZeitung» in Zürich. Deren umfangreiche Berichterstattungen über Winterthur fehlten nicht in Thum/Brenns Einschätzungen zur aktuellen Lage an der publizistischen Front. Aber woher, zum Teufel, hatten die eifrigen Feldweibel ihr Material in einer derartigen Fülle beziehen können? Das konnten sie unmöglich alleine, zu zweit oder in einer Gruppe beschafft haben. Dazu brauchte es einen ganzen Apparat! – Auch ich als Mitarbeiter der landesweit seriösesten und grössten politischen Tageszeitung im 93. Jahrgang scheine DDR-mässig erfasst zu sein.

Einige Tage nach unserer Unterhaltung im «Volkshaus» Zürich rufe ich Roger Huber von meinem Arbeitszimmer aus nochmals an, weil ich es – vier Jahre vor Schnüffelstaat-Skandal – rein intuitiv einfach wissen wollte. Ich hätte ein *Gnusch im Fadechörbli*, melde ich mich bei Huber. Er habe mir doch gesagt, dass er sich meine Zeitungsartikel, über die wir sprachen, beim «Tages-Anzeiger» beschafft habe.

«Jaja, richtig», sagt der Nachrichtendienstler, «genauso war es auch.»

Nun spreche aber einiges dafür, dass es doch nicht ganz genauso war, erwidere ich, denn die Dokumentation des «Tages-Anzeigers» habe nichts herausgegeben.

«Ja also», erklärt Huber, «ich bin nicht selber dort gewesen. Einer meiner Mitarbeiter erledigte es für mich. Aber der war tatsächlich dort, und zwar am Hauptschalter, unten beim Eingang, wo man alle Artikel erhält, die man verlangt.»

Doch auch der Hauptschalter, wende ich ein, müsse alle redaktionellen Artikel vom Archiv beziehen.

«Warten Sie einen Augenblick, ich muss nachfragen», sagt Huber. Der Augenblick des Wartens dauert unendlich lange. Ich schalte den Raumton an und stelle den Fernseher ein. Nach drei Berichten in der Tagesschau höre ich aus dem Lautsprecher plötzlich: «Sie sind noch dran?»

«Natürlich.»

«Wissen Sie, ich habe nochmals herumgefragt. Da hat sich herausgestellt, dass derjenige, der das erledigt hat für mich, gerade in den Ferien ist», sagt Huber. Und seine Kollegen wüssten jetzt natürlich auch nicht, wie dieser Mitarbeiter die Artikel besorgt habe. Aber der Fall sei klar, dies hätten ihm alle seine Kollegen gesagt. «Beim ‹Tages-Anzeiger› kann man bestimmte Artikel verlangen, und dann bekommt man sie problemlos.» Denkbar sei auch, dass sein Mann eine «Vertrauensperson beim

Tagi» bemüht habe. Aber er glaube in diesem Fall eher nicht. Der Mann, den er beauftragt habe, sei nur ein Ausläufer gewesen. Ich solle doch in zwei, drei Wochen nochmals anrufen, dann sei er bestimmt aus den Ferien zurück.

Beim Nachrichtendienstler kam ich offensichtlich nicht weiter, weder in der Archiv- und Überwachungsfrage noch in der Frage nach den Umständen von Vogts Suizid.

Ich musste also auf anderem Wege versuchen weiterzukommen. Die Anmeldung im Hotel «Volkshaus» in Winterthur war ein Ansatzpunkt. Aber der entpuppte sich als schwieriges Unterfangen. Ich schätze, dass ich etwa 50-mal den Hoteldirektor am Telefon vergeblich verlangt hatte, mindestens ein Dutzend Mal persönlich an der Rezeption freundlich abgewiesen wurde, bis ich dann eines Tages doch noch auf dem Dachboden des Hotels «Winterthur», wie es inzwischen hiess, zu meinem Erstaunen feststellen musste: Vogt hatte sich nicht als «Terrorist» eingeschrieben, sondern korrekt als «Eidg. Beamter». Aber das Reiseziel hatte er mit «Beirut» angegeben.

Konnte dies ein ausreichender Grund für seine plötzliche Versetzung in den Innendienst gewesen sein? Wars vielleicht doch der anonyme Brief? Hatten die Zürcher Strafverfolger den Berner Kommissär ans Messer geliefert, weil ein Skandal aufzufliegen drohte, wenn Gabi sich weiterhin über dieses Druckmittel beschweren sollte?

Die Zürcher Kantonspolizei wusste auf jeden Fall, dass Vogt und ein «Mann vom Kanton» den anonymen Brief eingesetzt hatten. Dies allein hätte eigentlich als Versetzungsgrund ausgereicht. – Wieder die gleiche Frage: Wussten oder vermuteten die Verantwortlichen gar, dass Vogt selber der Verfasser war? Hatte sich Kommissär Vogt bei seinen Kollegen gar mit der schlauen Ermittlungsmethode gebrüstet? Mussten die Behörden befürchten, diese psychologische Unterdrucksetzung von Gabi werde publik? Weshalb wurde unser Gespräch mit der Mutter observiert?

Ein Schriftvergleich zwischen der Hotelanmeldung und dem anonymen Brief könnte mir möglicherweise weiterhelfen. Die Hotelanmeldung habe ich in der Tasche, und Gabis Mutter hat das Original des anonymen Briefs bei sich zu Hause in Gabis zurückgebrachten Effekten! Es ist nun schon mehr als vier Wochen her, seit sie mir im Café «Frosch» in Winterthur-Töss zumindest eine Kopie davon versprochen hatte. Aber ich hörte nichts mehr von ihr. Lange zögere ich es hinaus, bis ich sie nochmals anrufe. Keinesfalls möchte ich sie bedrängen und damit das letzte Geschirr zerschlagen. Doch dann versuche ich es am 11. November 1985.

Ich kenne Gabis Mutter kaum wieder. Irgendetwas musste vorgefallen sein. Sie macht lange Atempausen, hat Mühe, sich auszudrücken, ganz anders als im «Frosch». «Ich möchte momentan nichts sagen», sagt sie, «die Sache mit dem anonymen Brief müsste ich ... ich müsste Zeit haben», fährt sie fort. Ich teile ihr meine Vermutung mit, aber sie sagt bloss: «Es ist jetzt noch etwas *Neues* hinzugekommen.» Tiefes Atmen. Sie könne im Augenblick nicht darüber reden. Aber wenn es so weit sei, werde sie zu diesem Brief einen «Kommentar» abgeben. Es spiele jetzt wahrscheinlich ohnehin keine Rolle mehr.

«Wie meinen Sie, einen Kommentar?», frage ich.

Wieder folgt eine lange Pause.

«Ich weiss nicht, ich glaube nicht», sagt sie, «dass Ihre Vermutung zutrifft. Aber angenommen, ich würde den anonymen Brief trotzdem kopieren und Ihnen zustellen – dann dürfte dies auf keinen Fall veröffentlicht werden. Auch nicht unser und nicht Gabis Name, sonst würde ich gegen Sie eine Klage einreichen!»

Ich bin perplex. Das ist nicht mehr die gleiche Mutter, die wir vor einem Monat getroffen haben. Sie weiss irgendetwas, was sie nicht sagen will. Das ist nicht mehr die besorgte Mutter, die mir die Unterlagen versprochen hatte. Die sich um ein gemeinsames Gespräch mit ihrem Ehemann bemühen wollte, zusammen mit Gabis Freundinnen, vielleicht sogar in ihrer Wohnung. – Eine Klage wegen Namensnennung? Wie kommt die Mutter auf solche Gedanken, wo der Name längst in allen Zeitungen stand?

Dann fährt sie fort: «Gabi hat in ihrem Leben keine Ruhe gefunden, nun soll sie wenigstens im Tod ihre Ruhe haben!» – Ruhe? Gabi soll jetzt ihre Ruhe finden? Dies klingt im Gegensatz zu ihren früheren Klagen, dass sie Gabi völlig abgeschirmt richtiggehend «verlochen» musste, auf einmal irgendwie pastoral. Ruhe finden ... Ist die Seelsorgerin wieder mit im Spiel?

Plötzlich überrascht mich die Mutter mit einer Frage, die sie seltsam bedeutungsvoll formuliert: «Wissen Sie eigentlich, wo die Polizei Gabis Freund Aleks verhaftet hatte?»

«Ja, bei sich zu Hause.»

«Nein», sagt sie, «das habe ich bisher auch gedacht. Aber das stimmt eben nicht. Ich habe erst heute, ein ganzes Jahr nach der Verhaftung, von jemandem erfahren, dass Aleks in einer andern Wohngemeinschaft aus dem Bett einer andern Frau heraus verhaftet worden ist.»

Ich wusste nur zu gut, dass dies ein Märchen war und genau übereinstimmte mit der Version, die Bezirksanwalt Peter Marti bei Kätis Eltern erzählt hatte. Aber mir kommt nun ein anderer Gedanke. Ich frage die Mutter, ob die Beamten das Märchen, Aleks sei aus dem Bett einer anderen Frau heraus verhaftet worden, auch Gabi im Gefängnis erzählten.

«Möglich, ich nehme es an ...», fährt die Mutter fort, «... aber das hätte ich nie gedacht von Aleks! Niemals, dass er so einer war! Wenn Gabi auch das noch erfahren hätte, dann hätte sie wahrscheinlich gerade mit allem Schluss gemacht. Das hätte ihr bestimmt den Rest gegeben!» – Der Mutter macht diese Verhaftungsgeschichte sehr zu schaffen. Es kommt mir vor, wie wenn sie sich selber betrogen fühlte. Auf einmal sagt sie, sie wolle nichts mehr wissen, sie habe schon lange genug. Je mehr sie über diese Gefängniszeit erfahre, desto schlimmer werde es für sie.

Ihre Stimmungen sind von einer Minute auf die andere grossen Schwankungen unterworfen. Ich höre ihren unregelmässigen und schweren Atem, bis sie sich wieder fasst und mir das Weitere in exakt demselben Tonfall und mit denselben Worten wie eine Maschine erklärt, die ich schon einmal gehört hatte, aus dem Mund von Bezirksanwalt Peter Marti: Gabi habe sich wohl «innerlich von der Szene gelöst». Die Mutter vermutet, dass dies auch der Grund sei, weshalb in den Effekten (die Marti ihr übergeben hatte) weder Briefe noch Tagebuchnotizen oder jene Zeichnungen waren, die Eve so gerne gesehen hätte. Dann wird der Atem plötzlich wieder schwerer. Sie habe sich immer gewundert und lange Zeit darüber nachgedacht, weshalb Gabi praktisch nichts hinterlassen hatte, aber jetzt sei es ihr klar geworden: «Wenn Gabi auch noch von Aleks Verhaftung bei einer anderen Frau erfuhr, dann hat sie mit ihrer Vergangenheit wahrscheinlich endgültig und für immer gebrochen und alle Dinge, die damit zusammenhingen, weggeworfen.»

Ich möchte die Mutter überzeugen, dass es sich bei dieser «neuen» Geschichte um das alte Verhaftungsmärchen handelt. Es sei doch auffallend, dass sie die Geschichte erst ein ganzes Jahr nach der Verhaftung vernommen habe. Ich sei absolut sicher und hätte es auch in den Akten gesehen, dass Aleks bei sich zu Hause an der Waldeggstrasse verhaftet worden war und nirgends sonst.

Ausserdem könnte es sein, dass Gabi ihre Aufzeichnungen

im Gefängnis gar nicht vernichtet habe. Möglicherweise seien sie auch aus anderen Gründen verschwunden, die für die Verantwortlichen hätten unangenehm werden können. Mittlerweile traue ich diesen Winterthurern allerlei zu.
Doch dies alles kann ich der Mutter jetzt nicht sagen. Sie ist allzu aufgewühlt. Es wäre ein Zumutung, sie noch mehr den Ungereimtheiten auszusetzen. Ich frage sie nur noch, wer ihr denn erst heute dieses Verhaftungsmärchen erzählt habe. – Nach einer langen Pause sagt sie mechanisch: «Ich habe mit niemandem, mit absolut niemandem geredet ... Und dann dieser Brief ...» Sie befürchte, durch die Sache mit dem anonymen Brief «in Teufels Küche» zu geraten. – Ich ahne, dass sie bereits mittendrin steckt.

Aus diesem Grund rufe ich noch am gleichen Abend die Seelsorgerin an. Sie hatte schon früher, bei der stillen «Verlochung» und nach der offiziellen in der Presse bekannt gegebenen Version von Gabis Abschiedsbrief, zwischen der Familie und den Untersuchungsbehörden vermittelt. – Warum eigentlich sollte die Pfarrerin nicht wieder eingesetzt werden, wenn es um so heikle Dinge ging wie um diesen anonymen Brief?
Die Pfarrerin ist am Telefon ziemlich auskunftsfreudig. Aber auch bei ihr fallen mir lange Kunstpausen zwischen den Sätzen auf. – «Nein, ich habe mit Herrn Arbenz und Herrn Marti seit der Beerdigung Ende 1984 keinen Kontakt mehr gehabt», sagt sie. Erst viel später habe sie mit Arbenz einmal noch gesprochen. «Ganz privat und nicht über Gabis Tod.» Auch Gabis Eltern hätte sie seit einem halben Jahr nie mehr gesehen. Sie sei von Anfang an in dieser Sache stets äusserst zurückhaltend gewesen.
Weshalb ich eigentlich ein Buch über diese Ereignisse schreiben wolle, soll dies wieder so eine Hetzschrift werden, ob ich Schriftsteller sei, wo ich sonst noch schreibe?, provoziert sie mich ein bisschen. – Ich gebe ihr sachliche Auskünfte über das

geplante Buch und begründe auch kurz meine Besorgnis über die Strafverfahren. Meine Nebenbemerkung in ihrer Befragung zu meiner Person, dass ich auch noch akkreditierter Gerichtsberichterstatter für den «Tages-Anzeiger» sei, hat eine gewisse Wirkung und führt dazu, dass sie mich kennen lernen möchte. «Wir müssten bei Gelegenheit einmal länger und ganz persönlich miteinander reden», schlägt sie vor. Sie rufe mich in den nächsten Tagen an.

Ziemlich überraschend klingelt das Telefon schon am gleichen Abend. Sie wolle mich nicht treffen, sagte sie und droht, falls ihr Name oder irgendwelche von ihr erteilte Auskünfte in meinem Buch erscheinen sollten, werde sie Klage einreichen. Dann legt die Seelsorgerin kommentarlos auf.

Strafklage? Habe ich die heute nicht schon einmal gehört? Und diese Atempausen?

Ich lasse einige Tage verstreichen und rufe sie wieder an. Irgendetwas «Neues» musste doch auch bei der Pfarrerin vorgefallen sein, sonst hätte sie ihr Vorhaben, mich kennen lernen zu wollen, wohl kaum so abrupt abgebrochen. Aber ich muss mehrmals anrufen, um mit ihr ins Gespräch zu kommen, und jedes Mal muss sie zuerst irgendwo Rücksprache nehmen. Beim dritten Telefongespräch sagte sie dann, sie rufe mich an, sobald sie einmal in Zürich sei, und dann könnten wir uns vielleicht in einem Café näher unterhalten.

Zwei Wochen später ruft sie mich tatsächlich an. Ihr Ton hat sich wieder verändert, und zudem ist in der Zwischenzeit auch bei ihr tatsächlich wieder etwas «Neues» hinzugekommen. Ich hätte sie «angelogen»!

«Wie bitte?»

Ich sei gar nicht Gerichtsberichterstatter und schreibe auch nicht für den «Tages-Anzeiger».

«Woher haben Sie das?», frage ich. Doch die Seelsorgerin

weicht aus wie zuvor schon Gabis Mutter, die auch nicht sagen wollte, wer ihr das Verhaftungsmärchen von Aleks unter die Nase gerieben hatte.

Unabhängig von mir hatte Popopoi inzwischen mit der Mutter über das vermisste Goldketteli von Gabi gesprochen. Dabei erfuhr sie, dass ich inzwischen auch bei Gabis Eltern angeschwärzt worden bin. Die Mutter lasse mir ausrichten, dass sie sich nicht länger mit mir unterhalten wolle, nachdem ich die Pfarrerin angelogen hätte.

Also war es die Pfarrerin, die mich bei Gabis Mutter diffamierte. Wie konnte ich darauf reagieren? – Das Naheliegendste war, mich noch eingehender bei Popopoi über ihr Gespräch mit der Mutter zu erkundigen. – Was hatte sie genau gesagt?

Ich bin vor allem immer noch sehr interessiert an einer Kopie des anonymen Briefs, der bei Gabis Effekten im Haus ihrer Eltern liegt.

Es ist der 20. November 1985, der erste Jahrestag der Razzia. Zufällig wird Popopoi heute 25 Jahre alt. Ein weiterer Grund, sie in der «Jägerburg» zu besuchen. Letztes Jahr hatte sie ihren Geburtstag im Gefängnis verbracht. Auch sie war ohne konkreten Haftgrund festgenommen worden. Damals, bei der Aufnahme der Personalien, sagte ihr die Polizeiassistentin, die ihr Geburtsdatum ins Protokoll tippte, knapp: «Aha, Sie haben heute Geburtstag, gratuliere!»

Bei meiner Ankunft in Winterthur laufen in der WG gerade die letzten Vorbereitungen für eine Demonstration zum Jahrestag der «Engpass»-Aktion. Am kommenden Samstag soll nochmals gegen die Winterthurer Strafverfolgung protestiert werden. Aleks Weber und der von Gabi vage belastete Res S. sind immer noch in Untersuchungshaft. Res hat seinen Verteidiger noch nie unbeaufsichtigt gesehen. Er vegetiert auf knapp zehn Quadratmetern im Winterthurer Bezirksgefängnis dahin. Sein Verteidiger schrieb deswegen einen 14-seitigen offenen Brief an den zuständigen Bezirksanwalt. Er unterschrieb mit «Hofnarr» und adressierte ihn an den «König»: «Trotz meiner Ernennung zum amtlichen Verteidiger kann ich mein Amt nicht ausüben. Res kann mir seit Monaten nichts zu seiner Verteidigung sagen, es sei denn, er würde auf sein Recht auf Aussageverweigerung verzichten. Nach Monaten hat Res immer noch keine Kenntnis der Akten, denn ich darf ihm die wenigen Aktenstücke, die mir gezeigt wurden, nicht zeigen. Eine der bedeutendsten Aufgaben des Strafverteidigers besteht darin, zum Schutz von Recht und Freiheit der Staatsgewalt entgegenzutreten, denn dieser wohnt die Tendenz inne, von ihrer Macht unbändigen Gebrauch zu machen. Es ist die Aufgabe des Strafverteidigers, dieser Tendenz Einhalt zu gebieten, die Macht in ihre rechtsstaatlichen Schranken zu weisen und Sie, Herr Bezirksanwalt, als Vollmachtsträger des Staates, an diese Schranken zu erinnern. Doch Sie haben mir die Mittel dazu genommen. Sie haben Recht und Freiheit im Endeffekt zu Feinden des Untersuchungszwecks erklärt, den Rechtsstaat zum Feind des Staates und mich zum Hofnarr gemacht, der dem König keinen Spass mehr bietet. Dagegen muss ich aufs Entschiedenste protestieren.»

Aleks darf im Untersuchungsgefängnis in Regensdorf auf ebenso wenig Quadratmetern wie Res in Winterthur die Radiofrequenz FM nicht empfangen, weil er angeblich über das alternative Zürcher Lokalradio «LoRa» mit andern Wintis kolludieren könnte. So begründete sein Untersuchungsrichter, Bezirksanwalt Marti, die Massnahme.

Der Demonstrationszug durch die Winterthurer Innenstadt am Samstag wird zum Spiessrutenlaufen durch einen massiven Polizeikordon mit Gummigeschoss- und Tränengasgewehren. Schon heute, drei Tage zuvor, steht an jeder grösseren Winterthurer Kreuzung irgendein Polizeifahrzeug. Im Verlauf des Abends fahren wir mit Popopois Citroën durch die Stadt und werden abwechslungsweise von Privatwagen und Streifenwagen verfolgt, als wollten wir eine Bank überfallen. Auf der Rückkehr nach Winterthur-Veltheim, kurz vor der Felsenhofstrasse, können sie es nicht mehr lassen. Eine Streife hält uns an. Ausweiskontrolle. «Wer sind die beiden Mitfahrerinnen?» – «Ausweise bitte!» Sie haben als Winterthurerinnen keinen bei sich. Die beiden Frauen sagen ihre Namen. – «Schon gut, die kennen wir.» Das Auto wird gründlich untersucht. Kofferraum aufmachen, ein Blick mit der Stablampe in das Wageninnere, dann ein Lichtstrahl unter die Karosserie. Einer murmelt: «Die vorderen Reifen gelegentlich auswechseln!» – Dann die nächste Bemerkung: «Wie steht es mit dem Bremslicht?» – Ich setzt mich auf den Fahrersitz und setzte alle möglichen Hebel und Pedalen in Bewegung. «Jetzt die Blinker! Rechts! Links! Abblenden! Volllicht! Standlicht!» – Einer der beiden Uniformierten nimmt meinen Fahrausweis, den er gegen meine Überzeugung Führerausweis nennt, und den Fahrzeugausweis (Popopoi hat ihn wieder) mit in den Streifenwagen. Es dauert eine geschlagene Viertelstunde, bis er zurückkehrt: «In Ordnung, Sie können weiterfahren.»

An der Felsenhofstrasse sitzt Popopoi gedankenverloren in ihrem Zimmer. Die Blumen vermögen sie nicht aufzuheitern. Es ist kalt, die Sicherung durchgebrannt, der Ofen aus. Sie grüsst mich kaum. Es sei ihr nicht ums Feiern. Nach einer Weile beginnt sie zu erzählen, wie es damals war, als sie ihren Freunden und Freundinnen Päckli ins Gefängnis bringen wollte: «Ich rief bei der zuständigen Stelle an und fragte, wann ich die Pakete vorbeibringen könne. Der Beamte nannte mir einen Termin. Doch als ich erschien, hiess es knapp: ‹Keine Zeit, später vorbeikommen!› – Wann, sagten sie nicht. Ich rief dreimal an, bis ich einen neuen Termin erhielt. Wieder ging ich hin, und wieder wimmelten sie mich ab. Auch den andern ist es so ergangen. Jede Kleinigkeit im Verkehr mit dem Gefängnis wurde zu einer komplizierten und anstrengenden Angelegenheit. Die wollten uns fertig machen, damit es uns von selbst verleide. Ich sehe Gabis Mutter noch vor mir, als wäre es gestern gewesen. Langsam kam sie mit Bezirksanwalt Arbenz die Treppe herab. Ich hörte, wie sie fragte, wann sie Gabi das nächste Mal besuchen dürfe. – ‹Jaja, schon gut, Frau Tanner, wir geben Ihnen Bescheid› , sagte Arbenz, ‹Sie müssen begreifen, wir haben jetzt sehr viel zu tun.› Aber die Mutter war in echter Sorge und wollte sich nicht abwimmeln lassen. Wahrscheinlich hatte sie schon mehrere Male vorgesprochen. Sie fragte jedenfalls immer wieder das Gleiche: Wann sie denn endlich ihre Tochter sehen dürfe. Schliesslich blieb sie auf dem letzten Treppenabsatz stehen – ‹Kommen Sie jetzt›, drängte Arbenz die Mutter, ‹es wird schon alles gut gehen, haben Sie keine Angst, Ihrer Tochter wird schon nichts geschehen!› Als die Mutter stehen blieb, trat Arbenz hinter sie, hob die Hände und schob sie mit abwehrenden Gesten förmlich vor sich her. Diese Erinnerung ist besonders entsetzlich. Diese unvergessliche Geste und dann die Nachricht von Gabis Verhör und Tod in Winterthur. Beim Ausgang öffnete Arbenz der Mutter die Tür und schob sie weiter vor sich her: ‹Gehen Sie jetzt nach Hause! Wir werden Sie schon rechtzeitig anrufen! Seien Sie unbesorgt!›»

Popopoi zündet eine Kerze an und fragt, ob ich weitergekommen sei mit meinen Recherchen. Ich orientiere sie über das «Neue», das bei der Seelsorgerin hinzugekommen ist, und frage sie, weshalb ich auch bei der Mutter zum Lügner geworden sei.

«Was fragst du denn noch», sagt Popopoi missgelaunt, «du

hast es doch gehört! Zuerst war Gabi an der Reihe, jetzt sind Aleks und Res dran – und bald wirst auch du noch an der Reihe sein!»

Was sollte ich dazu sagen? Wir schweigen, uns fröstelt. Sollen wir darüber debattieren, ob Gabi sich selbst umgebracht hatte oder ob es Mord war (wie Aleks in seinem Bild, siehe Buchumschlag, auf die Zigarettenpackung schrieb) – oder was?

Möchte noch irgendjemand Gabi sehen? Den vorverurteilten Gefangenen Aleks Weber zur Leichenschau begleiten? Zusammen mit den beiden Grenadieren der Polizei, die Aleks in Handschellen zur toten Gabi führen? Will noch jemand auf dem Weg zur Aufgebahrten das Gelächter der Grenadiere hören, so wie es Aleks gehört hatte?

Einige Tage nach meinem letzten Besuch in Winterthur liegt eine Abholungsaufforderung für eingeschriebene Post in meinem Briefkasten. Wohl etwas Unangenehmes, als ob ich nicht schon eine ganze Menge Unangenehmes zu erledigen hätte. Zum Beispiel Bezirksanwalt Peter Marti anrufen, um ihn mit dem Verhaftungsmärchen zu konfrontieren, das er Kätis Eltern erzählt hatte.

Noch bevor ich dazu komme, ruft mich Marti Anfang Dezember 1985 von sich aus an. Ich soll aufhören, Gabis Familie mit meinen Nachforschungen zu belästigen. Die Mutter fühle sich unter Druck gesetzt und habe sich deshalb «Hilfe suchend» an ihn gewendet.

Ich glaube ihm kein Wort. Aber die Mutter war durcheinander. Trotzdem hatte sie keinen Grund, sich an die Bezirksanwaltschaft zu wenden. Nach Gabis Tod gab es zwischen den Eltern und den Strafverfolgern nichts, aber auch gar nichts mehr zu sagen. Wahrscheinlicher ist, dass die Bezirksanwaltschaft sich daran störte, dass ich mich mit der Mutter im Café «Frosch» getroffen und ausführlich unterhalten hatte. Diejenigen, die uns dort beobachtet hatten, scheinen eine neue Aufgabe bekommen zu haben, nämlich überall dort mein Vertrauen zu untergraben, wo ich es brauchen könnte. – Seit ich in Winterthur auftauchte, wollte man konsequent meine Recherchen behindern. – Vor was haben Peter Marti und Ulrich Arbenz Angst? Wohin wird das führen?

Lange Zeit dachte ich streng dialektisch, dass es im Prinzip keine bösen Menschen gibt, sondern nur Menschen in bösen Situationen, und letztere seien dann dafür verantwortlich, dass die guten Menschen anderen etwas Böses antun können. Das mag ein bisschen simpel klingen. Aber es ist eine humane Weltanschauung, die darauf abzielt, die Lebensbedingungen zu verbessern, damit sich die Menschen weniger in die Quere kommen. In Winterthur habe ich diesen Glauben teilweise verloren. Was da an Menschenverachtung und Hass auf die jungen, politisch ungeschickten und unbeholfenen Wintis, die eigentlich nur einen selbstbestimmten Platz in der Gesellschaft suchten, niederprasselte, konnte im Grunde mit keiner Dialektik mehr erklärt werden. Und wie Popopoi wohl richtig ahnte, warten die verantwortlichen Exponenten nur auf den richtigen Moment, um auch beim unbequemen Rechercheur zuschlagen zu können. Der Moment ist schon fast zum Greifen nah.

Was Bezirksanwalt Marti nicht wissen konnte, war, dass ich öfter ausserhalb seiner Reichweite weiterhin mit der Mutter sprach. Sie realisierte rasch, dass man mich zu Unrecht angeschwärzt hatte. Mir ging es dabei immer um den anonymen Brief, den ich gerne für einen Vergleich mit Vogts übrigen Handschriften hätte. Sie versprach immer wieder, eine Kopie davon zu schicken. Aber es sei schwierig, sie müsse aufpassen wegen ihres Mannes, dem sie dies nicht sagen könne. In solchen Augenblicken wirkte sie gestärkt, und ich konnte annehmen, dass es ihr wieder ein bisschen besser ging. Aber ihre Stimmung konnte jederzeit kippen, vor allem dann, wenn die Kantonspolizei, die Bezirksanwaltschaft oder die Pfarrerin wieder einmal dafür sorgten, dass in ihrem Umfeld etwas «Neues» hinzukam. – Bei mir war das Neue Martis Warnung vor weiteren Kontakten mit der Mutter. – War dies bloss ein plumper Druckversuch oder schon der Anfang vom typischen Winterthurer Kleinterror?

Marti war auch zuständig für die Bewilligungen eines (beaufsichtigten) Gefängnisbesuches bei Aleks pro Woche. Entweder konnten Freunde hin oder die Eltern. Mit Aleks führte ich eine rege Korrespondenz. Irgendwann wollte er mich sehen. Als ich die Besuchsbewilligung beantragte, beschuldigte mich Marti, ich wolle Aleks Weber nur besuchen, um in den Winterthurer Verfahren *umezgusle* und in Buchform «Profit» daraus zu schlagen. Es dauerte nicht lange, bis Marti meine Gefängnisbesuche unter irgendeinem Vorwand verweigerte.

Auf meinem Arbeitstisch haben sich die Pendenzen aufgetürmt, zuoberst ein Fresszettel mit einem Gekritzel, wie man es beim Telefonieren zeichnet. Zu sehen ist da immer noch Martis Mahnfinger, der mir droht, ich solle endlich aufhören, Gabis Mutter zu belästigen. Ich muss wohl etwas unternehmen, damit ich nicht wegen Belästigung einer Frau eingesperrt werde, wenn ich das nächste Mal nach Winterthur fahre. Also rufe ich die Bezirksanwaltschaft präventiv an, um ihre Fantasien ein wenig abzukühlen, bevor noch ein Unheil geschieht.

«Herr Marti», sage ich am Telefon, «das stimmt doch nicht, was Sie da erzählen von Gabis Mutter, sie fühle sich von mir belästigt!»

«Doch», erwidert er, «Frau Tanner hat sich bei der Amtsstelle gemeldet.»

Bei seinem ersten Anruf hatte er gesagt, sie hätte sich an ihn, Marti, gewendet und nicht an die Amtsstelle ... Aber ich will jetzt nicht über solche Spitzfindigkeiten streiten, mit denen er ganz offensichtlich seinen Lebensunterhalt verdient, während ich im Augenblick einfach viel zu viel zu tun habe. Nebenbei bin ich noch allein erziehender Vater, und meine Tochter weiss im Moment nichts Gescheiteres zu tun, als ihren Horizont bei den Punks am Hauptbahnhof zu erweitern. Kürzlich war sie als Covergirl auf der Titelseite der «Schweizer Illustrierten» abgebildet mit Igelfrisur und horizontal eingesogenen Kusslippen und zwei hängenden Riesennuggis (Schnullern) an den Ohren. Und wenn einem Vater, der gerne auch noch ein bisschen Erzieher sein möchte, so etwas passiert, dann hat er eine ganze Weile schlicht und einfach gar nichts mehr zu sagen. – Auch liegen in der ganzen Wohnung nasse Wäschestücke herum, nachdem die dauernd mit dem Besenstiel an die Decke klopfende Mieterin unter mir im Treppenhaus gerade wieder einmal einen Veitstanz aufgeführt hatte, weil ich meinen Waschtag verwechselte, worauf ich meine ganze Wäsche nass aus der Maschine zog, um die gegen mich längst fällige Unterschriftensammlung im Haus Neumarkt 13 der Liegenschaftenverwaltung der Stadt Zürich wenigstens noch so lange hinauszuzögern, bis ich diese Recherchen endlich hinter mir habe. Ich werde nämlich mit Blick auf meine Zukunft auch weiterhin auf eine günstige Miete im kommunalen Wohnungsbau angewiesen sein. Ungestraft legt man sich nirgendwo auf der Welt mit der Macht an, auch dann nicht, wenn man im Recht ist – und schon gar nicht mit gewissen Schweizern, die sich geradezu notorisch, allumfassend, pedantisch und global im Recht fühlen. Wer hat denn das Rote Kreuz erfunden?

Also, ich hatte einfach viel zu viel am Hals, und ausserdem

ging es Marti im Grunde um etwas ganz anderes, als die Mutter vor einem Unhold zu schützen, der sie belästigt. Wenn er wirklich etwas für sie hätte tun wollen, dann hätte er Gabi freigelassen, solange sie noch lebte. Dies wäre eventuell sogar in seiner Macht gestanden. Nein, es geht Marti um den anonymen Brief.

Denn inzwischen habe ich von der Mutter erfahren, dass im Bermuda-Dreieck zwischen Pfarrerin, Eltern und Bezirksanwaltschaft so etwas wie ein kleiner Wirbel um diesen Brief entstanden ist. Sie fürchtet tatsächlich «in Teufels Küche» zu geraten, und ihre gegenwärtige Ruhe bescheibt sie wie ein Dasein im Auge eines Hurrikans.

Als nächste Pendenz hole ich einige Tage nach Martis Anruf auf der Post den avisierten eingeschriebenen Brief. Er kommt von der Seelsorgerin und klingt abschliessend: «Ich nehme Bezug auf unser Telefongespräch und untersage Ihnen hiermit ausdrücklich meinen Namen, Beruf und meine Adresse sowie von mir gegebene Auskünfte in irgendeiner Form öffentlich zu verwenden, sei es nun in einem Buch, einer Zeitung oder einer andern Form von Veröffentlichung. In diesem Verbot eingeschlossen ist meine ganze Familie. Ich hoffe auf Ihr Verständnis und grüsse Sie freundlich (...) Kopie an den Verlag.» – Der Verlag hat nie eine Kopie bekommen. Amen.

Datiert ist der Brief vom 29. November 1985, der Poststempel trägt das Datum 2. Dezember. Und das war zufällig gerade der Tag, an dem mich Marti vor weiteren Kontakten mit der Mutter warnte. – Offensichtlich hatten sich Marti und Frau Pfarrerin gegenseitig abgesprochen. Zudem gleicht ihr Sprachduktus wie ein Ei dem anderen, und die Sprache lügt bekanntlich nicht.

Nun sticht mich der Hafer. Kurz entschlossen rufe ich Marti an und frage, wer sich denn nun wirklich «Hilfe suchend» an ihn gewendet habe, um sich über mich zu beschweren – Gabis Mutter oder Frau Pfarrerin. – Nach einigem Hin und Her gibt Marti zu, dass es die Pfarrerin war und nicht die Mutter.

Nun, wenn er denn schon so ohne Skrupel die Tatsachen ein wenig biegen und flunkern konnte, dann wollte ich mir die Gelegenheit nicht entgehen lassen, ihn auf das Verhaftungsmärchen anzusprechen, das er über Aleks bei Kätis Eltern kolportierte.

Er habe «mit niemandem» über die Verhaftung und das Verfahren von Käti gesprochen. «Das wäre gar nicht möglich», sagt Marti am Telefon, «Käti war volljährig, und allein aus diesem Grund hätte ich auf gar keinen Fall mit ihrem Vater darüber reden dürfen.» – Was sagen Kätis Eltern dazu? Das ist spannend, weil es bei dieser Frage letztlich immer noch um die Untersuchungsmethoden geht, die Gabi zum Verhängnis wurden. Es geht um die Frage, woher stammt das Märchen, Aleks sei aus dem Bett von Käti verhaftet worden, das man Gabi höchstwahrscheinlich im Gefängnis erzählt hatte. Dann wäre der Erfinder und Kolporteur dieser fiesen Geschichte mitverantwortlich, dass dies Gabi im Gefängnis «den Rest gegeben hätte», wie die Mutter im Café «Frosch» vermutet hatte.

Im Verlauf von zwei Telefongesprächen und zwei Besuchen bei Kätis Eltern, einer im Beisein eines Anwalts, bestätigten mir die Eltern Folgendes: «Marti erklärte Kätis Vater unmittelbar nach der Razzia vom 20. November 1984 auf Anfrage, seine Tochter befinde sich zurzeit im Bezirksgefängnis Andelfingen. Sie habe die Nacht mit Aleks Weber gemeinsam in der Wohngemeinschaft an der Neuwiesenstrasse verbracht und sei dort mit ihm zusammen verhaftet worden. Marti hatte aber betont, er sage dies nur aus Gefälligkeit, damit wir im Bilde seien, wie es um unsere Tochter steht. Marti hat uns wirklich einen Gefallen getan, damit wir die Verhaftung begriffen. Später ist es Marti nicht mehr wohl gewesen. Denn einige Zeit später erklärte er uns, er sei mit seiner Auskunft fast ein bisschen zu weit gegangen. Er habe uns fast ein bisschen zu viel gesagt. Als wir später erfuhren, dass unsere Tochter an einem ganz andern Ort festgenommen worden war und auch nicht zusammen mit Aleks, dachten wir, das Ganze beruhe wohl auf einem Missverständnis. Wir liessen die Angelegenheit ruhen und dachten, Marti sei möglicherweise falsch informiert gewesen.» Dies konnte allerdings nicht der Fall sein, weil er selber bei der Verhaftung von Aleks dabei gewesen war.

Zwei Tage nach den Warnungen von Marti und dem Chargébrief der Seelsorgerin erhielt ich einen Brief von der Chefredaktion des «Tages-Anzeigers».

«Lieber Herr Schmid», schrieb Peter Studer am 4. Dezember 1985, «die Bezirksanwaltschaft Winterthur vermutet, dass Sie Angehörige von Gefangenen belästigen [...] und sich mit Ihrer Mitarbeit beim TA einführen, um Informationen für Ihr Buchprojekt zu erhalten. Vorsorglich bitte ich Sie, bei der Erwähnung des ‹Tages-Anzeigers› nicht weiter zu gehen, als es Ihrem heutigen Verhältnis freier und gelegentlicher Mitarbeit entspricht. Alles andere ist Ihre Sache.»

Studer war die Angelegenheit offenbar unangenehm, sonst hätte er Martis Brief beiliegend mitgeschickt und mich gebeten, selber darauf zu antworten. Er sah darin auch keinen Einschüchterungsversuch. Zudem bestand für ihn keine Notwendigkeit für ein Gespräch mit mir über meine «persönlichen Beziehungen» zur Bezirksanwaltschaft Winterthur. Von ihm aus sei alles klar, ausser ich würde dereinst als Buchautor «eine derart einseitige Brandpolemik gegen die Justiz entfachen, dass eine Gerichtsberichterstattung für den ‹Tages-Anzeiger› nicht mehr sinnvoll» wäre.

Also versuchte ich, das Schreiben von der Quelle zu beziehen, schrieb an Marti und erhielt folgende Antwort: «Was mein Schreiben an Studer betrifft, habe ich es im Moment nicht gefunden. Ich bin mir nicht ganz sicher, ob ich mir damals eine Kopie davon angefertigt habe. Sollte mir das Schriftstück aber in die Finger kommen, werde ich es Ihnen zustellen.»

Ich schickte Studer eine Kopie dieses Antwortbriefs, in der Hoffnung, die Bedenken des Chefredaktors gegen die Herausgabe von Martis Diffamierungsschreiben zerstreuen zu können. Zwei Monate später hielt ich den Brief in der Hand.

In Martis stilistisch-orthografischem Meisterwerk vom 3. Dezember 1985 an den «Tages-Anzeiger» hiess es: «Schmid gibt sich als akreditierter Gerichtsberichterstatter für den Tages-Anzeiger aus. Abklärungen haben ergeben, dass Herr Schmid tatsächlich beim Obergericht des Kantons Zürich akreditiert ist. Herr Schmid will offenbar ein Buch über die sog. Winterthurer Ereignisse herausgeben. In diesem Zusammenhang bemüht er sich, mit Angeschuldigten, deren Eltern und anderen Personen in Kontakt zu kommen. So setzte er alles daran, eine Besuchsbewilligung beim noch inhaftierten Aleks in Regensdorf zu erhalten. Aus direkter Mitteilung wissen wir, dass sich Herr Schmid auch bei der Mutter von Gabi, welche sich im Dezember 1984 in der Untersuchungshaft in Winterthur das Leben nahm, gemeldet hat.

Auch dort – wie an andern Orten – gab er sich als Gerichtsberichterstatter des Tages-Anzeigers aus und setzte die Mutter offenbar derart unter Druck, dass sich diese Frau Hilfe suchend an unsere Amtsstelle wandte. Es scheint, dass sich Herr Schmid sehr gerne dann der Bezeichnung akreditierter Gerichtsberichterstatter bedient, wenn er von Leuten Informationen erhältlich machen will, die er sonst allenfalls nicht erhalten würde. Mithin erweckt er bewusst den Eindruck, als ob ein akreditierter Gerichtsberichterstatter besonders vertrauenswürdig sei. Ich ersuche Sie daher höflich uns mitzuteilen, ob Herr Schmid nach wie vor vom Tages-Anzeiger als akreditierter Gerichtsberichterstatter eingesetzt wird. Ebenso interessiert die Frage, ob es aus Ihrer Sicht angängig ist, dass sich Herr Schmid für private Zwecke (Herausgabe eines Buches) dann der Bezeichnung akreditierter Gerichtsberichterstatter bedient, wenn er sich dadurch Vorteile erhofft. Für Ihre baldige Antwort bedanke ich mich im voraus bestens und verbleibe mit vorzüglicher Hochachtung, Bezirksanwaltschaft Winterthur, lic. iur. P. Marti.»

Martis Fragen an den «Tages-Anzeiger» waren natürlich keine Fragen, sondern Aufforderungen. Es waren Anschuldigungen, ungefähr so, wie wenn ich Marti gefragt hätte: Stimmt es, dass Sie ein hinterhältiger Lügner sind? Und wenn er dann sauer geworden wäre, hätte ich sagen können: Aber Herr Marti, das war doch bloss eine Frage! Der Unterschied wäre dann allerdings gewesen, dass meine Frage stimmte und seine Fragen an den «Tages-Anzeiger» auf falschen Behauptungen beruhten.

Denn Marti hatte gegenüber meinem Arbeitgeber mit der Formulierung, dass es sich bei der Beschwerde der Mutter um eine «direkte Mitteilung» handelte, suggeriert, dass sich die Mutter von Gabi bei der Amtsstelle beschwert habe. Dabei hatte er mir gegenüber einstweilen schon zugegeben, dass es die Pfarrerin und nicht die Mutter gewesen war.

Doch bei so viel intriganter Energie begann ich allmählich grundsätzlich an den Vorgängen im Bermuda-Dreieck zu zweifeln. Ich weiss nicht, welche Intuition mich dazu bewog, noch vor Weihnachten 1985 die Pfarrerin anzurufen. Vielleicht weil ich dachte, dass in dieser Zeit die Menschen ein bisschen anders sind als sonst, zwar aggressiver und depressiver, aber vielleicht gerade deswegen auch ehrlicher. Mal schauen, wie die Seelsorgerin darauf reagiert, wenn sie hört, dass Marti mir sagte, sie habe sich im Namen von Gabis Mutter bei ihm über mich beschwert. Vorsorglich nehme ich das Gespräch aus Tonband auf.

Die Pfarrerin dementiert, und ich habe keinen Grund, ihr nicht zu glauben: Wenn Marti erkläre, sie habe sich an die Bezirksanwaltschaft gewendet, so sei dies nicht wahr. Sie habe zwar einmal mit Arbenz in einem andern Zusammenhang über private Dinge gesprochen. Aber falls Marti beim «Tages-Anzeiger» etwas unternommen hätte, dann sei ich *versecklet* worden.
– Diese Schärfe war erstaunlich bei einer Frau Pfarrerin.

Es war offenbar keine schlechte Zeit für solche Telefonate. Sofort wählte ich die Nummer von Gabis Mutter und fragte auch sie, ob sie sich tatsächlich über mich beklagt habe, wie Marti anfänglich behauptet, dann dementiert und schliesslich gegenüber dem «Tages-Anzeiger» wieder schriftlich bestätigt hatte.

«Wie bitte!», höre ich die Mutter. «Wie sagten Sie! – Ich soll mich bei Bezirksanwalt Marti über Sie beklagt haben? Das ist ja unerhört! Das letzte Mal habe ich mit Bezirksanwalt Marti wegen Gabis Effekten zu tun gehabt. Das ist schon sehr lange her. – Wie kommen die dazu, so etwas zu behaupten! Das ist doch die Höhe!» Auch die Mutter regt sich auf. Sie tat mir wirklich Leid, und wieder geht es um die Methoden der Winterthurer Untersuchungsbehörden. Ich beruhige sie, das sei alles nur halb so schlimm, und erinnere sie dann nochmals an die versprochene Kopie des anonymen Briefs.

Darauf sagt die Mutter: «Es war ein Fehler, dass ich Ihnen diesen Brief versprochen habe. Ich habe es ja schon einmal angedeutet, seit unseren Gesprächen ist bei mir der Teufel los. Wenn ich jetzt noch mehr über Gabis Tod erfahre, dann würde mich dies noch stärker belasten. Am liebsten hätte ich auch die Sache mit der Verhaftung von Aleks gar nie erfahren.»

Die Mutter scheint noch immer an das Verhaftungsmärchen

zu glauben. Sie habe stets grössere Mühe bekommen, klar darüber nachzudenken. Schliesslich sei es schlimmer und schlimmer geworden. «Bis ich die Seelsorgerin um Rat gefragt habe. Aber sie sagte mir bloss, man solle die Angelegenheit besser ruhen lassen. Gabi sollte jetzt ihre Ruhe finden.»

Plötzlich fragt mich die Mutter, ob hinter dem Verlangen nach dem anonymen Brief ein «Komplott» der Anwälte stecke.

«Wie kommen Sie darauf?»

«Heute Morgen», fuhr sie fort, «als ich zur Arbeit ging und aus dem Garten vor dem Haus auf die Strasse trat, da …» Klick. – «Mist!» Ich stehe in jener Telefonkabine, die ich seit längerem für Recherchen benutze, seit ich realisierte, dass mein Anschluss angezapft war. In den Fichen sollte ich später dann noch die schriftliche Bestätigung dafür bekommen. Aber jetzt ist der letzte Zwanziger gefallen! Ich rase über die Strasse, kehre zurück mit Kleingeld und rufe die Mutter nochmals an.

«Ich bin froh», sagt sie, «dass Sie nochmals anrufen. Ich war also auf der Strasse, und da stand ein Wagen vor dem Haus. Dieser Wagen folgte mir. Als ich es bemerkte, machte ich einen Umweg, aber er folgte mir weiter. Wo immer ich abbog, bog auch der Wagen ab. Zwei junge Männer sassen im Wagen. Bei der Hauptstrasse ging ich ein Stück stadtauswärts. Dort stand ein Mann am Strassenrand, der dem Wagen winkte. Dann stieg er ein. Wieder bog ich ab. Doch der Wagen fuhr immer im Schritttempo hinter mir her. Ich sollte es wohl nicht merken. Denn er hielt Abstand. Aber der Fahrer hatte vergessen, das Parklicht zu löschen. Ich sah immer wieder dieses Parklicht. Als ich am Arbeitsort ankam, holte mich der Wagen ein. Ich schaute hin. Da hatten die Kerle das Seitenfenster heruntergekurbelt und grinsten frech zu mir herüber. – Wissen Sie, das war nicht das erste Mal», erklärt die Mutter, «sonst würde ich es Ihnen nicht erzählen. – Ich habe Angst. Am liebsten würde ich alles, auch den anonymen Brief, einfach alles in den Ofen schmeissen. Dann hätte ich wohl endlich Ruhe.»

Zweimal noch raste ich über die Strasse und holte Kleingeld. Es wurde ein langes Gespräch. Ich ahnte, dass es im Zusammenhang mit meinen Winterthurer Recherchen mein letztes mit der Mutter sein würde. Denn jetzt war ich bereit zu kapitulieren, eine Niederlage einzustecken, auch die Traurigkeit über mich einbrechen zu lassen, bis ich wieder gerade stehen konnte. Ich hatte genug vom Ringen um Informationen über die Hintergründe von Gabis Tod im Gefängnis, denn immer besser konnte ich mir vorstellen, mit welchen Mitteln sie zum Selbstmord getrieben worden war. Und nun drohte auch noch die Mutter Opfer dieser kleinen kaputten Welt zu werden.

Wenige Tage vor Weihnachten rief mich Thomas Biland an. Er war seit Herbst 1985 Redaktionsleiter des «Tages-Anzeigers». «Sie müssen entschuldigen», sagte er am Telefon, «dass ich so lange gewartet habe mit meinem Anruf.» Es gehe um meinen neuen Arbeitsvertrag mit der Redaktion. Man habe halt intern noch grundsätzlich über den Umfang der Gerichtsberichterstattung diskutieren wollen. Er könne mir deshalb noch nichts Definitives sagen, ausser dass sich an der Absicht, meinen Vertrag zu erneuern, nichts geändert habe.

Ich war sehr zufrieden, wünschte ihm frohe Festtage und wollte gerade auflegen, als er hinzufügte: «Wann sind Sie eigentlich fertig mit Ihrem Buch?»

Ich wusste es nicht.

«Sie haben doch sicher Verständnis dafür, dass wir da gewisse Befürchtungen haben. Weil Ihnen als Schreiber das Temperament gelegentlich mal durchbrennt. – Von daher ist es sicher ein guter Rat von Peter Studer, dass Sie da Ihr Temperament ein bisschen zügeln – oder!»

Biland versprach mir, spätestens Mitte Januar wieder anzurufen, hat sich aber nie mehr gemeldet. Einige Tage danach bestätigte mir der altgediente Redaktor Licinio Valsanciacomo, der als Jurist verantwortlich für die Gerichtsberichterstattung war, dass die Chefredaktion mit meinem neuen Arbeitsvertrag noch abwarten wollte, bis das Buch über Winterthur erschienen sei. Väterlich meinte er, warum ich denn immer so heisse Eisen anfasse wie diese Winterthurer Ereignisse.

«Da verbrennst du dir doch bloss die Finger, merkst du das denn nicht! Schreib doch lieber mal – wie Bruno Glaus – übers Sexgewerbe! Dann bekommst du erstens keine *Lämpen,* und zweitens erhältst du dann vielleicht auch einmal ein Gratisabonnement – oder!» Cino hat es natürlich nicht so gemeint und redete nur so daher. Aber der Scherz verbarg doch die Tatsache, dass es diejenigen beim «Tages-Anzeiger» besser hatten, die sich an harmlosere Themen hielten.

Inzwischen ist der Todestag von Gabi wie Blei herangerückt. Ich bin für einen Besuch bei Aleks Eltern verabredet. Auch sie haben mir etwas Wichtiges mitzuteilen. Es ist schon spät. Ihr Haus liegt in Winterthur-Seen gegenüber der früheren Wohngemeinschaft. Die Strassen sind ausgestorben, die Lichter erloschen, die Wintis aus der Wohngemeinschaft längst ausgezogen. Dennoch markiert ein Streifenwagen Präsenz. – Die Eltern glauben, die Anwesenheit der Polizei gelte ihnen und hätte mit Gabis Todestag zu tun. Immerhin wird auch ziemlich genau zum gleichen Zeitpunkt, wie ich bei den Eltern eintrete, Pasci am Obertor 17 zusammengeschlagen. – Zufall?

Aleks Mutter hat vor einigen Tagen bei Gabis Mutter angefragt, ob sie ihr über diese Tage hinweg behilflich sein könne. Doch sie habe abgelehnt. Ihnen müsse niemand mehr helfen. Es gehe ihnen wieder gut. Sie wollten sich von allem lösen. Gabis Mutter habe ihr schliesslich etwas für mich ausrichten lassen: Ich solle sie nicht mehr anrufen. Ich hätte die Seelsorgerin doch belogen. Und den anonymen Brief habe sie nicht mehr. Alle hätten immer nur von diesem Brief geredet. Daraufhin hätte ihr Ehemann Bezirksanwalt Marti angerufen und ihm gesagt, er lege diesen anonymen Brief nun in den Milchkasten vor ihrem Haus. Marti solle ihn dort abholen, und dann wollen sie ihre Ruhe.

Nach einer halben Stunde sei der Milchkasten leer gewesen.

Analogien bei Majuskeln und Minuskeln

Einzig der «Hofnarr» des «Königs», wie sich der Verteidiger von Res in seinem offenen Brief an Bezirksanwalt Ulrich Arbenz genannt hatte, war noch legitimiert, Klarheit zum anonymen Brief zu fordern. Denn Gabi hatte Res im letzten Verhör insofern belastet, als sie sagte, möglicherweise habe Res in der WG-Küche an der Waldeggstrasse einen «Bekennerbrief» zum Friedrich-Anschlag geschrieben.

Ob es diesen «Bekennerbrief» überhaupt gab, ist unklar. Aufgetaucht war er nie. Diese vage Aussage, die sie mit den Worten unterstrich, sie wisse es nicht und sie könne nichts Genaues sagen, wurde zwar von der Bezirksanwaltschaft als Geständnis ausgeschlachtet.

Aber Gabi wurde mit dem anonymen Brief erpresst. Sie bekam während der neun Stunden des Verhörs kein Essen. Und danach war die Essenszeit vorbei. Um dem Druck auszuweichen, musste Gabi Dinge gesagt haben, die sie – wie im Protokoll vermerkt – nicht wusste. Und genau an diesem Punkt setzte nun die Verteidigung von Res den Hebel an.

Konsequenterweise beantragte der «Hofnarr» Anfang 1986 die Einvernahme von Zeuginnen und Zeugen zu den Fragen des anonymen Briefs und zum Verhaftungsmärchen von Aleks. Bezirksanwalt Arbenz musste einlenken und zitierte am 28. April zuerst mich, dann Gabis Mutter, am 12. Mai Kantonspolizist B. und am 18. Juli die Verteidigerin von Gabi zur Einvernahme nach Winterthur.

Als ich eintrat, sah das riesige Schreibpult anders aus, als die Verteidigerin es beschrieben hatte, als sie am 18. Dezember 1984 an jener Stelle sich unbedingt hätte setzen sollen, wo ich jetzt sass.

Sicher lag in diesen Papierbergen irgendwo der Marti-Brief an den «Tages-Anzeiger», der meine «Akreditierung» in Frage stellt. Dennoch fragte mich Arbenz, ob ich tatsächlich akkreditierter Gerichtsberichterstatter sei. Noch konnte ich dies guten Gewissens bejahen. Im Übrigen sagte ich, was ich wusste.

Als die Mutter am 28. April an der Reihe war, gab sie zu Protokoll: «Ich würde auch gern viel sagen, ich habe einfach kapituliert. Ich habe Erich Schmid auch gesagt, dass man in Bern und Winterthur versagt habe ...»

Und dann kam die grosse Überraschung. Plötzlich zog sie den anonymen Brief, der kurz vor Weihnachten einmal eine ganze halbe Stunde lang in ihrem Milchkasten gelegen hatte, aus der Tasche und reichte ihn zu den Akten. – Wie war sie wieder in Besitz dieses Briefs gelangt? Sie schien tatsächlich «in Teufels Küche» geraten zu sein, wo Gegenstände plötzlich verschwinden und unverhofft wieder auftauchen konnten.

Aber die Frage, wer ihr das Verhaftungsmärchen, Aleks sei im Bett von Käti verhaftet worden, erzählt hatte, beantwortete sie nicht. Sie antwortete nur mechanisch: «Es war jemand, der mich gut mag, der mir helfen wollte, es war ein ganz seriöser, rechtschaffener Mann. Der Zusammenhang war übrigens der, dass ich Aleks in Schutz nehmen wollte und dass ich ihm sagte, nur Gabi und Aleks wüssten, was wirklich geschehen sei. Daraufhin hat mir der Mann gesagt, Aleks habe Gabi schlecht behandelt und sei auch brutal gewesen.»

Genau dasselbe hatte Bezirksanwalt Marti Aleks in der Untersuchung so oft vorgeworfen, bis der Verteidiger, der bei den Einvernahmen dabei war, «gegen die Befragung zu sachfremden Themen» Einspruch erhob.

Die Ironie der Geschichte war, dass Bezirksanwalt Arbenz nun tatsächlich der Mutter zu erklären versuchte, dass das Verhaftungsmärchen nicht zutraf. Aber die Mutter sagte bloss:

«Etwas muss ja wahr sein ...» Die Tragik war nicht mehr aufzuhalten.

Im Zeugenstand sagte am 12. Mai 1986 der Aufsichtsbeamte, Kantonspolizist B.: «Gabi hat zu ihrer Verteidigerin gesagt, es sei ihr ein anonymer Brief vorgehalten oder ihr gegenüber erwähnt worden. Es muss jemand von der Bundespolizei und ein Mann vom Kanton gewesen sein, bei der Bundespolizei eventuell Vogt.»

Schliesslich sagte die Verteidigerin von Gabi aus, das Gespräch mit ihrer Mandantin über die Zustände in der Untersuchungshaft habe «etwa 45 Minuten» gedauert. Dabei sei es um «die Bedeutung dieses anonymen Briefs» gegangen. Einer der beiden Männer, die Gabi mit dem anonymen Brief unter Druck setzten, habe Gabi als grossen, etwas älteren Mann mit dunklen Haaren beschrieben.

Diese Beschreibung deckte sich ziemlich genau mit den Eindrücken, die Kommissär Hans Vogt nach seinem Besuch im Winterthurer Kunstmuseum beim Personal hinterliess.

Kommissär Vogt hatte am 19. November 1984 Gabis Haftbefehl unterzeichnet und am 20. November 1984 Gabis Haftverfügung. Neben Vogt hatte der stellvertretende Bundesanwalt Jörg H. Rösler am 20. November 1984 die Haftverfügung mitunterschrieben. Auf diesem Aktenstück fügte Vogt einen persönlichen Vermerk bei: «Beschuldigte verweigert Unterschrift».

Zur Frage, ob Vogt tatsächlich der Verfasser des anonymen Briefs war, arbeitete das Urkundenlabor der Kantonspolizei ein Gutachten aus. Es kam zum Schluss, dass Vogt als Urheber dieses Briefes nicht ausgeschlossen werden könne. Dies hiess im Klartext, dass Vogt den anonymen Brief geschrieben hatte. Denn meistens tauchen bei einer ausreichenden Menge von Vergleichsmaterial irgendwann einmal Differenzen auf, die bestimmte Personen ausschliessen. Wenn nach einer gründlichen Untersuchung nicht mehr ausgeschlossen werden kann, dass zwei Schriften identisch sind, dann kann man annehmen, dass sie identisch sind. So einfach ist das.

Nun wurde der anonyme Brief zum offiziellen Untersuchungsgegenstand. Endlich konnte auch die Verteidigung ihren eigenen Gutachter konsultieren. Er war international anerkannt und machte Expertisen für das Obergericht. Er konnte nur noch bestätigen: «Kein Zweifel, Vogt ist der Verfasser.»

Inzwischen fuhr ich mit dem erfahrenen Journalisten und Publizisten Jürg Frischknecht zur Witwe von Hans Vogt nach Bern, um ihr den anonymen Brief persönlich vorzulegen. Sie sagte: «Die Schrift ist zwar etwas verstellt, aber ich erkenne sie von weitem als diejenige meines Mannes.» Ein paar Tage später rief ich sie nochmals an und fragte, ob sie bei einer allfälligen Kontroverse in der Öffentlichkeit zu ihrer Äusserung stehen würde. Sie sagte, dass sie zwar hoffe, dass die Bundesanwaltschaft nicht dementiere, aber ihre Meinung habe sie nicht geändert.

Am 1. September 1986 erhielten wir von Professor W. Conrad von der Universität Mannheim eine weitere vierseitige «Gutachtliche Stellungnahme» zum anonymen Brief. Conrad stellte beim Schriftvergleich zwischen der Briefkopie und mehreren Ansichtskarten von Kommissär Vogt «vielfältige Merkmalsanalogien in Bezug auf eine Reihe grafischer Grundkomponenten sowie die Bewegungsführung spezifischer Majuskeln und Minuskeln» fest.

Alle sagten dasselbe. Dies sollte ausreichen, dachten wir, um noch vor dem Prozess gegen Aleks, der auf den 15. September 1986 angesetzt war, eine Pressekonferenz in Zürich zu veranstalten. Denn wir wollten noch rechtzeitig einen Beitrag zur Wahr-

Hoi ▮

Ich mags einfach nicht
mehr mitansehen wie
dich der ▮ verarscht.

Hinterlings schlecht
machen und andere Chicks
ficken ist ehrlich fis und
für dich ein Frust.

Hilf dir selbst, ich kanns
leider aus bestimmten
Gründen nicht aber ich meins
recht mit dir.

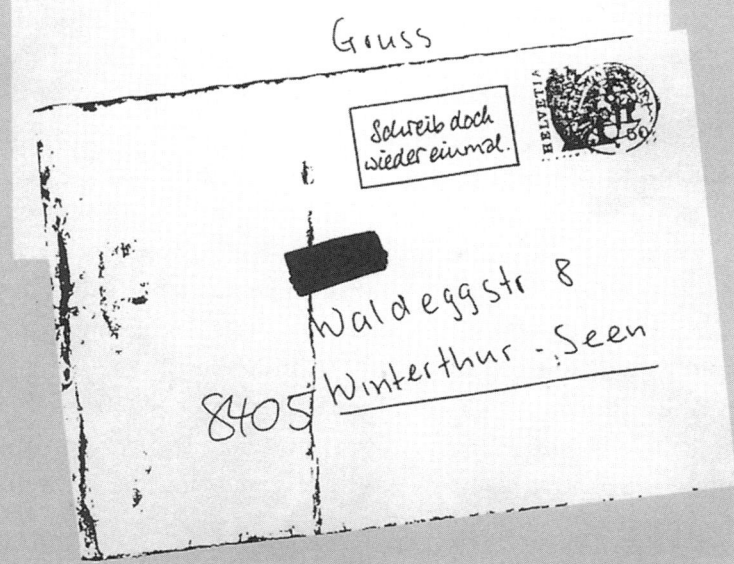

          Gruss

Schreib doch wieder einmal.

▮ Waldeggstr 8
8405 Winterthur - Seen

heitsfindung leisten und dem Gericht zu verstehen geben, dass es nach wie vor eine Öffentlichkeit gibt, die sehr genau verfolgt, auf welchen Grundlagen ein Urteil zustande kommen soll. Die Richter werden uns völlig ignorieren.

Noch am gleichen Tag, an dem meine Recherchen publik wurden und vom Bodensee bis nach Genf auf den Titelseiten erschienen, wies die Bundesanwaltschaft alle unsere Fakten «vehement und global» zurück. Kommissär Vogt habe nie etwas mit Gabi zu tun gehabt. Er habe auch «keine Dienstregel verletzt», sei «ganz normal» zur «Auswertung von Ermittlungsergebnissen» nach Bern zurückgerufen worden und an einer Krankheit gestorben.

Aleks Weber wurde vom Zürcher Obergericht zu acht Jahren Zuchthaus verurteilt. Die Richter konnten ihm zwar keinen einzigen der angelasteten Sprengstoffanschläge nachweisen. Aber sie gingen davon aus, dass er von den Anschlägen wusste, weswegen er als «Mittäter» zu bestrafen sei.

Nach unserer Pressekonferenz vom 4. September 1986 erhielt ich am 5. September einen Brief vom «Tages-Anzeiger», der auf meine weitere Mitarbeit verzichte, da ich mich in einer politischen Kontroverse einseitig positioniert habe. Darauf entzog mir das Obergericht die Akkreditierung.

Zu guter Letzt drohte Staatsanwalt Pius Schmid, die Verteidigerin von Gabi anzuklagen, falls sich herausstellen sollte, dass Kommissär Vogt offiziell doch noch als Verfasser des anonymen Briefes anerkannt werden müsse. Denn in diesem Fall hätte sie als Anwältin «im Anschluss an die Klagen ihrer Mandantin unverzüglich Beschwerde einreichen müssen». Da sie dies aber unterlassen hätte, läge eine schwere Verletzung der Anwaltspflichten vor.

Der Absolutismus an den Höfen der Justiz trieb noch manche Blüten. Staatsdiener Eugen Thomann bearbeitete telefonisch die Witwe von Hans Vogt. Sie solle ihre Aussage, ihr Mann habe den anonymen Brief geschrieben, öffentlich zurücknehmen. Aber die Witwe blieb fest. Auf nicht nachlassende Anfragen von Journalisten aus der ganzen Schweiz kündigte die Bundesanwaltschaft schliesslich eine umfassende Stellungnahme an, um meine «zusammengeschmierten» Vorwürfe «zur gegebenen Zeit im Detail» zu widerlegen. Doch sie wurden nie widerlegt, nur dementiert.

Man zielte wieder einmal, wie so oft, wenn staatliche Organe ins Schussfeld der Kritik geraten, auf eine öffentliche Kontroverse, die suggerieren sollte, dass da lediglich Aussage gegen Aussage stehe – und dass zum Schluss wie in einem Märchen niemand mehr weiss, was die Wahrheit ist.

Abschied von Aleks Weber

Nach seiner Verurteilung zu acht Jahren Zuchthaus musste sich die nächsthöhere Instanz noch einmal eingehend mit Aleks befassen. Das Kassationsgericht des Kantons Zürich hob das Urteil des Obergerichts auf und rügte die ungesetzliche Beweisführung. Aleks Weber könne keine Schuld an den Sprengstoffanschlägen nachgewiesen werden. Der Fall ging zur Neubeurteilung zurück ans Obergericht. Nach 973 Tagen Gefängnis wurde Aleks Weber aus der Haft entlassen. Das Obergericht verurteilte ihn im zweiten Prozess zu einer Zuchthausstrafe von vier Jahren.

Die Justiz tat sich schwer mit den Winterthurer Ereignissen. Mehr als ein halbes Dutzend Mal rügten die Kassationsgerichte die Strafverfahren gegen die Wintis. In einem Fall bekam der Anwalt von Res sogar bei der Europäischen Menschenrechtskommission in Strassburg Recht, weil sein Mandant unverhältnismässig harten Massnahmen während der Untersuchungshaft ausgesetzt war. Daraufhin dauerte es nicht lange, bis die Volkspartei von Bezirksanwalt Peter Marti eine (erfolglose) parlamentarische Kampagne zur Abschaffung des Zürcher Kassationsgerichts lancierte.

Marti selber wollte in Winterthur Bezirksrichter werden und kandidierte bei jeder sich bietenden Gelegenheit. Doch seine Heimatstadt erteilte ihm jedes Mal eine Abfuhr. Durch Zufall rückte er schliesslich einem wegen dubioser Geschäfte ausgeschiedenen Parlamentarier seiner Partei im Kantonsrat nach und wurde Ratsmitglied. Dort frass er Kreide, um sich nach einigen Jahren des Vergessens von seiner Partei als Richterkandidat für das Obergericht portieren zu lassen. Da die Oberrichter nicht vom Volk, sondern vom Parlament, das heisst vom Kantonsrat, gewählt werden, schaffte es Marti schliesslich auf diesem Weg.

Sein Kollege, Eugen Thomann, der zur Zeit der Winterthurer Ereignisse noch stellvertretender Kommandant der Kantonspolizei war, beging seine erste Amtsgeheimnisverletzung im Jahr 1993. Er wurde deswegen verurteilt und kurz darauf trotzdem zum Kommandanten der Kantonspolizei befördert. Doch 1996 holte ihn seine zweite Amtsgeheimnisverletzung endgültig vom hohen Ross. Er ist mit grosser Klappe hoch aufgestiegen und kleinlaut tief gefallen.

Bundesanwalt Rudolf Gerber stürzte über die Fichenaffäre, ebenso Bundespolizeichef Peter Huber. Vogt, das wissen wir, fiel seiner eigenen Dienstwaffe zum Opfer.

Mit Aleks Weber hatte ich während seiner ganzen Haftzeit Briefkontakt, sofern Marti nicht gerade wieder einmal als Zensor dazwischentrat. Aleks überstand das Gefängnis mit Malen. Die fertigen Bilder, der er verschickte, steckten jeweils in gelben Normcouverts der Haftanstalt und kamen oft recht mitgenommen an. Denn er musste sie auf jenes kleine Format zusammenfalten, das einem Gefangenen zur Verfügung stand. Beim Öffnen klebten die Farben wie Leim aneinander. Aleks konnte nicht warten, bis die Bilder trocken waren. Denn dafür gab es in der Zelle nicht genügend Platz. Wie besessen kämpfte er mit Pinsel und Farbe gegen die erdrückenden Wände an, gegen die Gitter und den Stacheldraht, um sich die Depressionen und die Gedanken an Gabis Tod vom Leib zu halten.

In dieser Zeit erzählte mir Aleks einmal, dass man Gabi und ihn kurz nach der Verhaftung für ein paar Stunden in zwei benachbarte Abstandszellen sperrte. Zwischen ihnen gab es nur eine dünne Trennwand. Sie hätten sich unterhalten können. Aber er habe kein Wort herausgebracht. Die Kehle sei wie zugeschnürt gewesen, und als er rufen wollte, habe es ihn gewürgt. Die letzten Worte, die er von Gabi gehört habe, seien ihre Schreie gewesen: Aleks, Aleks! Und ihr Poltern mit den Fäusten. – Er stellt sich vor, dass die Beamten Gabi anschliessend erzählt hätten, dass er nichts mehr von ihr habe wissen wollen. Aber er habe effektiv keinen Ton herausgebracht.

Als Gabi tot war, befürchteten die Behörden einen weiteren Gefängnistod und steckten Aleks aus Sicherheitsgründen in eine Videozelle, die Tag und Nacht seine Trauer bewachte.

Nachdem Aleks in die Strafanstalt Regensdorf verlegt worden war, schrieb mir einer seiner Mitgefangenen, er wolle mich sehen, ob ich ihn besuchen könne. Da ich nicht wusste, was los war, fuhr ich hin und hörte, dass in Regensdorf das Heroin wesentlich leichter erhältlich sei als draussen auf der Gasse. Das Dumme daran sei bloss, dass es im Gefängnis keine sauberen Spritzen gebe. Und da die Gefangenen untereinander die unsterilen Nadeln tauschen, bedeute dies das Todesurteil. Auch Aleks habe sich in der Verzweiflung so eine Nadel in den Arm gesteckt. Jetzt sei er HIV-positiv.

Ich konnte nicht verifizieren, ob dies zutraf. Die Tatsache, dass sich an diesen Zuständen wohl wenig geändert haben dürfte, war hinreichend. Ich hatte den Mitgefangenen von Aleks weder vorher noch nachher je wieder gesehen. Bloss einige Jahre später drangen zwei Beamte – angeblich seinetwegen – in meine Wohnung ein. Sie durchsuchten alle Zimmer und streckten die Nase sogar hinter den Duschvorhang. Der Mann sei vom Hafturlaub nicht ins Gefängnis zurückgekehrt, und er hätte sich in meiner Wohnung verstecken können, erzählten die Polizisten einem Freund, der ihnen aufmachte, als ich gerade nicht zu Hause war.

Aleks Weber wanderte aus, nach New York, wo er mit einem Stipendium der Stadt Zürich in den Genuss eines Ateliers am West Broadway kam. Als er in die Schweiz zurückkam, wohnte er kurze Zeit bei mir, bis ich die Mutter bat, ihn nach Hause zu nehmen, weil er wesentlich mehr Pflege und Zuwendung brauchte, als ich sie ihm bieten konnte. Sein Gesundheitszustand schwankte, und ich wusste nie genau, wie ernst ich seine Klagen nehmen musste, wenn er nach einer Technoparty am Morgen nach Hause kam. Ich kam mir schon fast wie ein Kleinbürger vor, wenn ich es nicht mit meiner Vernunft vereinbaren konnte, dass er ganze Nächte durchmachen konnte, um anschliessend im Erschöpfungszustand allerlei Hilfeleistungen zu erwarten.

Dann war eines Morgens plötzlich mein Rasierapparat verschwunden. Auf dem Küchentisch fand ich folgende Notiz. «Lieber Erich, dein Rasierer (Braun) fehlt – und das kam so: nach dem Bade hatte ich plötzlich eine (wie es so schön heisst) unzähmbare Lust, meine Haare vom Körper zu entfernen, wozu mir der Rasierer hilfreich zur Seite stand. Folge: du kannst ihn nicht mehr brauchen, und dienstags morgen als erstes werde ich in die Kaufhalle gehen und obgenannten zu deinen Handen (neu!) ersetzen. Liebe Grüsse, nix ungut für Aleks». Er hatte sich mit dem Rasierer verletzt und fürchtete, ich könnte mich durch seine Blutreste infizieren.

Es hatte ihm bei mir gefallen. Wir hatten oft zusammen gelacht. Er war sehr schlagfertig und blitzgescheit. Aber sein Zustand verschlechterte sich, bis ihn die Mutter nach Winterthur zurückholen musste. Ich hatte ein schlechtes Gewissen, dass ich nichts mehr für ihn tun konnte. Mit 33 Jahren starb er am 14. April 1993 an Aids.

Es war ein milchig schimmernder nebliger Morgen. Auf dem hölzernen Chinesenbrücklein über der Töss zwischen Winterthur und Kempthal standen etwa fünfzig Freundinnen und Freunde, darunter einige Wintis, die Eltern von Aleks und ein paar Leute, die man nur flüchtig kannte. Zwei junge Musiker packten eine Violine und eine Bassgeige aus. Die Töss führte in diesem regnerischen Vorfrühling sehr viel Wasser, das milchiggrün wie eine zähflüssige Farbe unterhalb der Brücke über eine Schwelle floss. Nach einem Requiem fielen erste Sonnenstrahlen auf die Notenblätter. Die Mutter holte eine tönerne Urne aus einem mit Rosen geschmückten Rattankorb. Im Flüsterton riet ihr jemand, die Asche flussaufwärts zu streuen, weil der Wind gegen die Strömung wehte. Mit rot verweintem Gesicht überlegte sie einen Augenblick, dann fuhr ihr Zeigefinger flink über die Zunge, um hoch in die Luft zu fahren. Die Mutter nickte und entfernte den Deckel. Ganz langsam und sanft trug der leichte Wind die Überreste aufs Wasser. Nie werde ich diese Spur vergessen, die wie ein Negativ der Milchstrasse sich langsam flussabwärts bewegte. Dann warfen die Umstehenden rote Rosen hintennach, alle mit unterschiedlichem Gestus, sanft, trotzig oder demütig, je nach Temperament. Die Blumen folgten dem kläglichen Rest eines unbequemen Menschen, den die Macht im Lande mit aller erdenklichen Härte zu Asche zerrieben hatte. Die roten Tupfer auf dem konträrfarbenen grünen Flüsschen verschwanden bei der Schwelle kurz von der Bildfläche, um sofort wieder aufzutauchen, als würden sie von unsichtbarer Hand getauft – im Namen der Erinnerung, die hier versammelt war. Die Mutter sagte leise und bitter: «Jetzt haben sie ihn, jetzt können sie ihn nicht mehr einsperren. Wir rechnen damit, dass Aleks in einem Monat das Meer erreicht.»

Nachwort
zur überarbeiteten und ergänzten Neuauflage

Es ist wichtig zu wissen, dass ich «Verhör und Tod in Winterthur» zum grössten Teil in den Jahren 1985 und 1986 verfasst habe. Der ursprüngliche Charakter der Geschichte mit dem subjektiven Handlungsstrang ist bei der Überarbeitung erhalten geblieben.

Die kritische Hinterfragung der polizeilichen Methoden war der Winterthurer Strafverfolgung so sehr ein Dorn im Auge, dass ich bei den Recherchen behindert wurde, wo immer sich Gelegenheit bot, und schliesslich musste ich in den Akten über die Sprengstoff- und Brandanschläge in Winterthur feststellen, dass mein Name unmittelbar neben denjenigen der Hauptangeschuldigten aufgeführt war. Unter dem Begriff «Konsorten».

Die Behörden versuchten mich zu kriminalisieren, sie denunzierten mich bei meinem Arbeitgeber mit falschen Anschuldigungen, sie hörten mein Telefon ab, sie kontrollierten meine Post und schüchterten die Mutter der toten Gabi ein, um meine Kontakte mit ihr zu stören. Da ich auf diese Weise Teil der Geschichte wurde, drängte es sich auf, dass ich meine eigenen Erfahrungen in die Handlung einbringen musste. Ich gab mir dabei Mühe, beim Schreiben möglichst grosse Distanz zu wahren.

Meine Recherchen in den Jahren 1985/86 erlebte ich wie eine lokale Reise ins Herz der Finsternis. Winterthur offenbarte mir drei Jahre vor dem so genannten Fichenskandal jene unheimlichen politischen Überwachungen, die später zu einem nationalen Thema wurden. Allerdings konnte ich damals die Ausmasse noch nicht erkennen. Denn erst 1989/90 entdeckte eine parlamentarische Untersuchungskommission in den Archiven der Bundesanwaltschaft in Bern, dass der schweizerische Staatsschutz 900 000 (von knapp sieben Millionen) Einwohner des Landes während Jahrzehnten systematisch observierte.

Obschon auch ich seit März 1969 überwacht wurde, war mir nie etwas aufgefallen. Erst in Winterthur bemerkte ich, dass meine Nachforschungen verfolgt wurden. Aber noch ahnte ich nicht, wer die Fäden zog und wo sie zusammenliefen. Das Einzige, was ich damals zu spüren bekam, waren die Auswirkungen, die mein berufliches und privates Leben zunehmend erschwerten. Unmittelbar nach der Erstveröffentlichung dieses Buches verlor ich meinen Arbeitsplatz, und kurz darauf wurde ich aus meiner Zürcher Altstadtwohnung hinausgeschmissen.

Dies waren bittere Erfahrungen, aber auch eine persönliche Lebensschule. Die kleinmassstäblichen Verhältnisse von Winterthur boten einen eindrücklichen Anschauungsunterricht für die historische Tatsache, dass der Terror, der vom Staat ausgeht, ungleich gefährlicher ist als das, was Individualtäter anrichten können.

Die Wintis hatten im Jahr 1984 einiges angestellt. Sie waren sehr jung und glaubten, mit dilettantischen Anschlägen die Welt verändern zu können. Doch der Sachschaden, der dabei entstand, hielt sich in Grenzen und zeugte höchstens von ihrer Hilflosigkeit. Was sie anrichteten, verstanden sie unter anderem als Reaktion auf die Lieferungen von Atomanlagen der Firma Sulzer an Argentinien. Diese Lieferungen waren problematisch, weil die damaligen Generäle der faschistischen Junta (1976 bis 1983) dabei waren, Atomwaffen herzustellen.

So gesehen, waren die Straftaten der Wintis vergleichsweise harmlos. Aber ihr politischer Symbolgehalt traf mitten ins schlechte Gewissen eines Landes, das auf der einen Seite die Fahne des Roten Kreuzes schwenkte und auf der anderen Seite weltweit immer wieder in zweifelhafte Geschäfte mit totalitären Regimes verwickelt war.

Der Staat schlug mit einer Brutalität zu, die weit herum aufhorchen liess. Die hohen Zuchthausstrafen sprechen für sich. Kürzlich, im Februar 2002, wurde ein junger Schreiner zu neun Monaten Gefängnis bedingt verurteilt, weil er in der durch einen Tunnel fahrenden S-Bahn einen Brand gelegt und einen Sachschaden in der Höhe von einer Million Franken verursacht hatte. Allein dieses Urteil – im Vergleich zu den sieben- und achtjährigen Zuchthausstrafen für die sehr viel harmloseren Winterthurer Anschläge – zeigt mit aller Deutlichkeit, dass die Justiz damals nicht mit gesundem Menschenverstand, sondern mit politischer Absicht gegen die Wintis vorging.

Nachdem ich meine Recherchen über die Hintergründe der Winterthurer Ereignisse abgeschlossen hatte, beschäftigte mich eine Frage, die mich nie mehr ganz losliess: Wie würden sich Politiker, die wegen einiger Bubenstreiche eine *Gefahr für den Staat* heraufbeschwören, verhalten, wenn der Staat tatsächlich einmal in Gefahr wäre?

1986 habe ich diese Reportage gegen das Vergessen geschrieben und im Winter 2001/02 noch einmal überarbeitet. Dabei versuchte ich für die hier vorliegende Neuauflage die Fortsetzungsgeschichte der Winterthurer Ereignisse so weit wie möglich zu integrieren.

Erich Schmid

Zeittafel

1980/1981
Opernhaus-Krawall und Jugendunruhen in Zürich.

18. OKTOBER 1980
Demonstration gegen die Lieferung von Schwerwasseranlagen der Firma Sulzer in Winterthur an die Militärjunta in Argentinien, wo diese Anlagen angeblich als letztes Glied in der Produktionskette den Bau von Atombomben ermöglichte.

29. JUNI–4. JULI 1981
Waffenschau und Waffenausstellung «W 81» in Winterthur. Proteste mit Demonstrationen und Aktionen, unter anderem mit einem Menschenteppich beim Eingang zum Messegelände.

18. MÄRZ 1983
Auf das Stadthaus Winterthur wird mit einem Molotow-Cocktail ein Brandanschlag verübt.

1981–1983
16 Anschläge mit Molotow-Cocktails und anderen Brandsätzen auf Baustellen, Ämter, Restaurants, Armeefahrzeuge, das Elektrizitätswerk Winterthur, die Jugendberatungsstelle, eine Schule und den Ausstellungsraum einer Möbelfirma.

17. JUNI 1984
Ein Sabotageanschlag auf die SBB-Fahrleitung Winterthur-Zürich beim Rossberg in Winterthur-Töss erregt landesweites Aufsehen. Die Heimreise der Besucher des eidgenössischen Turnfestes wurde erheblich verzögert.

17./18. JUNI 1984
Anschlag auf die Altersbeihilfe Winterthur nach Darstellung in der Anklageschrift: «Tatort: Palmstrasse 16. Zeit: nachts.

Spreng-/Brandkörper: Zwei Glasflaschen à 1 Liter und 0,7 Liter mit Benzin-Öl-Gemisch waren mit Abdeckband zu einem Paket geschnürt. Daran war eine mit Schwarzpulver aus Feuerwerkskörpern gefüllte Kapsel befestigt sowie eine Zündvorrichtung mit einer 4,5-Volt-Batterie und einem Reisewecker. Tatablauf: Einschlagen des Parterrefensters mit einem Pflasterstein. Misslungener Versuch, die Ladung mit der Zeitzündung (längstens 55 Min.) ins Gebäude zu werfen, worauf der Bombenkörper vor dem Gebäude zu Boden fiel und ungezündet liegenblieb, weil der Zeiger des Reiseweckers sich im umwickelten Abdeckband verfangen hatte. Fund des Spreng-/Brandkörpers: 06.35 Uhr durch den zur Arbeit gehenden Kurt Lüthi. Schaden: ca. 200 Franken.»

18./19. JUNI 1984
Versuchter Sprengstoff-/Brandanschlag auf einen Baustellenwagen der Firma Lerch AG an der Marktgasse 14 in Winterthur. Wieder verfing sich ein Zündkontaktstift am Uhrgehäuse.

21. JUNI 1984
Die Bundesanwaltschaft schaltet sich in Ermittlungen ein wegen Gefährdung durch Sprengstoffe. Telefonüberwachungen, Observationen, Kehrichtanalysen und weitere Ermittlungen beginnen.

18./19. JULI 1984
Schwarzpulver-Anschlag auf das Gebäude der Hypothekar- und Handelsbank an der Stadthausstrasse 14 in Winterthur mit einem Sachschaden von ca. 11 500 Franken.

7. AUGUST 1984
Sprengstoffanschlag auf das Haus von Bundesrat Rudolf Friedrich, der als Justiz- und Polizeiminister in Bern amtet und in

Winterthur wohnt. Schaden laut Anklageschrift: «ca. 19 598 Franken». Ende August kündigt Friedrich aus gesundheitlichen Gründen seinen Rücktritt aus dem Bundesrat an.

20. AUGUST 1984
Sprengstoff-/Brandanschlag auf eine Bürobaracke der Maschinenfabrik Rieter AG an der Schlosstalstrasse 37 in Winterthur mit einem Sachschaden von ca. 1400 Franken.

21. SEPTEMBER 1984
Schwarzpulver-Anschlag auf das Technikum an der Technikumsstrasse 9 in Winterthur mit einem Sachschaden von «ca. 4143 Franken».

20. OKTOBER 1984
Rudolf Friedrich tritt von seinem Amt als Bundesrat zurück.

20. NOVEMBER 1984
Die Bundesanwaltschaft, die Bezirksanwaltschaft Winterthur, die Kantonspolizei Zürich und die Stadtpolizei Winterthur nehmen in der koordinierten Polizeiaktion «Engpass» 32 Jugendliche Winterthurer fest. Es ist die grösste je im Kanton Zürich durchgeführte Polizeiaktion.

27. NOVEMBER 1984
Kommissär Hans Vogt, der federführende Ermittler der Bundespolizei in Winterthur, erschiesst sich mit seiner Dienstpistole.

15. DEZEMBER 1984
Eltern, Angehörige, Freundinnen und Freunde, Anwälte und Anwältinnen und Besorgte demonstrieren in Winterthur gegen die unmenschlichen Haftbedingungen in den Gefängnissen.

17. DEZEMBER 1984
Die bereits einen Tag vor der Aktion «Engpass» in Zürich ver-

haftete Winterthurerin Gabi St. wird von den Bundespolizisten Knaus und Stadler während acht bis neun Stunden ununterbrochen verhört.

18. DEZEMBER 1984
Gabi wird in der Zelle Nr. 10 des Bezirksgefängnisses Winterthur tot aufgefunden.

FEBRUAR 1985
Aleks Weber ist der einzige Winti, der inhaftiert bleibt. Res, der zweite hauptbeschuldigte Winti, wird auf der Flucht in Genf verhaftet.

3. APRIL 1986
Staatsanwalt Pius Schmid erhebt Anklage gegen Aleks Weber, dem sechs Sprengstoff- /Brandanschläge angelastet werden.

4. SEPTEMBER 1986
An einer Pressekonferenz in Zürich werden die Recherchen «Verhör und Tod in Winterthur» veröffentlicht. Bundespolizei-Kommissär Hans Vogt wird als Verfasser des anonymen Briefes bezeichnet.

5. SEPTEMBER 1986
Erich Schmid erhält vom «Tages-Anzeiger» ein Schreibverbot.

15. SEPTEMBER 1986
Aleks Weber erhält acht Jahre Zuchthaus wegen sechs Brand- und Sprengstoffanschlägen in Winterthur.

20. FEBRUAR 1987
Das Buch «Verhör und Tod in Winterthur» wird in der Strafanstalt Regensdorf verboten.

2. JULI 1987
Das Kassationsgericht des Kantons Zürich hebt das Urteil des

Obergerichtes vom 15. September 1986 gegen Aleks Weber auf.

22. juli 1987
Aleks Weber wird nach knapp drei Jahren Untersuchungshaft entlassen.

13. september 1987
Staatsanwalt Pius Schmid reicht eine Aufsichtsbeschwerde ein, weil er das Kassationsgericht für befangen hält. Die Beschwerde wird am 8. Oktober abgewiesen.

15. januar 1988
Die «Winterthurer Erklärung», ein Zusammenschluss von Eltern, Anwälten und Betroffenen, zieht eine vorläufige Bilanz: Von den 32 Strafverfahren, die mit der «Engpass»-Aktion am 20. November 1984 eröffnet worden waren, resultierten vier Freisprüche, zwölf Sistierungen, drei Verurteilungen wegen Anschlägen, neun Verurteilungen wegen Sprayereien.

27. oktober 1987
Justizministerin Elisabeth Kopp informiert ihren Ehemann, dass wegen Geldwäscherei gegen eine Firma ermittelt wird, in der Hans W. Kopp Verwaltungsrat ist. Dies führt zum Rücktritt der Bundesrätin und zur Einberufung einer Parlamentarischen Untersuchungskommission (PUK 1), um die Zustände im Justizdepartement zu untersuchen.

20. februar 1989
Das Obergericht des Kantons Zürich verurteilt Aleks Weber in einem zweiten Prozess zu vier Jahren Zuchthaus.

frühjahr 1989
Bundesanwalt Gerber wird entlassen.

17. AUGUST 1989
An einer Demonstration gegen die Wohnungsnot in Zürich wird Aleks Weber festgenommen, weil er Steine geworfen haben soll.

1989
«Rückwärts sein», ein Buch mit Bildern von Aleks Weber und Texten von Jürg Wehren, erscheint im Limmat Verlag.

13. OKTOBER 1989
Aleks Weber wird beschuldigt, in einer Galerie in Zürich einen Renoir gestohlen zu haben.

16. OKTOBER 1989
Aleks Weber wird nach drei Tagen aus der Untersuchungshaft entlassen.

24. NOVEMBER 1989
Die PUK I veröffentlicht ihren Bericht über «Vorkommnisse im EJPD», worauf massenhaft Fichierte Einsicht in die geheimen Akten der Polit-Polizei verlangen.

11. DEZEMBER 1989
Das Obergericht verurteilt Res zu sieben Jahren Zuchthaus wegen Sprengstoff- und Brandanschlägen in Winterthur.

1989
Aleks Weber erhält verschiedene Stipendien für Aufenthalte in Paris und New York.

8. FEBRUAR 1990
In einem zweiten Prozess verurteilt das Obergericht Res erneut zu sieben Jahren Zuchthaus.

14. FEBRUAR 1990
Bundespolizei-Chef Peter Huber, der gleichzeitig den militäri-

schen Abwehrdienst leitet, wird entlassen. Huber war der Vorgesetzte von Kommissär Hans Vogt.

3. MÄRZ 1990
Auf dem Bundesplatz in Bern demonstrieren 35 000 Menschen gegen die Schnüffelpolizei und den Fichenstaat.

JUNI 1991
Eine europäische Menschenrechtsbeschwerde von Res wegen unzulässiger Haftbedingungen in Winterthur wird in Strassburg gutgeheissen. Der Europäische Gerichtshof spricht ihm eine Genugtuungssumme von 2500 Franken und eine Prozessentschädigung von 12 500 Franken zu.

25. APRIL 1992
Aleks Weber wird erneut zu 14 Tagen Gefängnis verurteilt wegen Teilnahme an einer unbewilligten Demonstration.

JULI 1992
Das Kassationsgericht des Kantons Zürich hebt das Obergerichtsurteil gegen Res auf.

FEBRUAR 1993
Das Obergericht verurteilt Res in einem dritten Prozess zu einer Zuchthausstrafe von drei Jahren und neun Monaten.

MÄRZ 1994
Das Kassationsgericht des Kantons Zürich hebt das dritte Obergerichtsurteil gegen Res auf.

14. APRIL 1994
Aleks Weber stirbt in Winterthur bei seinen Eltern an den Folgen der Aidserkrankung.

19. MAI 1995
Res wird in einem vierten Obergerichts-Prozess zu 18 Monaten

Gefängnis unbedingt verurteilt. Res erhält keine Entschädigung für die überlange Untersuchungshaft.

1993
Eugen Thomann wird wegen Amtsgeheimnisverletzung ein erstes Mal verurteilt.

1. JUNI 1994
Eugen Thomann wird vom Regierungsrat des Kantons Zürich zum Kommandanten der Kantonspolizei befördert.

18. AUGUST 1995
Eugen Thomann, Kommandant der Kantonspolizei, wird per sofort seines Amtes enthoben.

24. OKTOBER 1997
Eugen Thomann wird gut zwei Jahre nach seiner Amtsenthebung von der 7. Abteilung des Bezirksgerichts Zürich zum zweiten Mal wegen Verletzung des Amtsgeheimnisses schuldig gesprochen und verurteilt.

JANUAR 2002
Der auf dem gleichnamigen Buch von Erich Schmid basierende Dokumentarfilm «Verhör und Tod in Winterthur» von Richard Dindo wird an den 37. Solothurner Filmtagen uraufgeführt.

Namenregister

Arbenz, Peter 19–21, 28, 30, 47, 85, 94, 114
Arbenz, Ulrich 28, 30, 35, 40, 42, 54, 56f., 74–76, 79, 85, 92f., 99, 104, 113f., 121, 123, 138f., 141f., 144, 146, 177, 182, 184, 192, 197f.
Bänziger, Kathrin 94, 106
Biland, Thomas 194f.
Bremi, Hans 89
Bührle, Dieter 34
Bürgi, Bernhard 149, 152f.
Cincera, Ernst 57, 88–90, 96, 102, 170
Conrad, W. 200
Costa-Gavras, Constantin 151
Egg, Dieter 133–135
Friedrich, Rudolf 6f., 10, 12f., 46–49, 55, 61, 67, 72, 87, 106, 141, 161, 197, 214f.
Frischknecht, Jürg 200
Furgler, Kurt 156, 158
Glaus, Bruno 195
Gerber, Rudolf 40, 99, 168, 205, 217
Graf, Urs 102f., 105
Helfer, Hans-Ulrich 102f., 105
Hildebrand, Emil 93f.
Knaus, Hans 62, 79f., 118, 135–137, 216
Kühnis, Andreas 57
Lieberherr, Emilie 168
Marti, Peter 10f., 33, 40, 54, 62f., 66–72, 95, 100, 112, 118, 138, 171, 175–177, 180, 183–192, 196, 198, 204f.

Meienberg, Niklaus 47f.
Merki, Kurt-Emil 45
Reinhart, Oskar 14–16, 26, 29
Reinhart, (Tschöntsch) Georg 16
Rösler, Jörg H. 41, 51, 72, 199
Schilling, Inspektor 72, 74, 80–83
Schmid, Pius 19, 97f., 171, 202, 216f.
Schmidhauser, Thomas 106
Schürmann, Leo 16
Stadler, Hansrudolf 62, 79–83, 118, 135, 216
Stähelin, Lisbeth 125f.
Stauffacher, Werner 55–57, 67
Strickler 127–129
Studer, Peter 189f., 194
Thomann, Eugen 10f., 17, 33, 40, 42, 45, 88f., 92, 98, 102–104, 129–132, 145, 159f., 171, 203, 205, 220
Thum/Brenn 96, 101, 171
Utz, Hansjörg 94f.
Valsanciacomo, Licinio 195
Vogt, Hans 17f., 59, 72, 99, 144f., 147f., 151–163, 166–170, 173, 184, 199f., 202f., 205, 215f., 219
Volkart, Salomon 15
Widmer, Urs 16, 90, 150

Wir wollen alles, und zwar subito!
Die Achtziger Jugendunruhen in der Schweiz und ihre Folgen

Herausgegeben von Heinz Nigg
Mit DVD und Website
www.sozialarchiv.ch/80

Ein Referenzwerk zur Geschichte der Achtziger Bewegung: Porträts und Biografien von einstigen Aktivistinnen und Aktivisten, eine reiche Bilddokumentation, wissenschaftliche Auswertungen und ausführliche Chronologien rekapitulieren den «eisbrechenden» Aufbruch – und was aus ihm geworden ist. Das Werk ist Instrument und Portal für die weitere Forschung und die kritische Auseinandersetzung mit diesem aufschlussreichen Kapitel jüngster Sozialgeschichte.

«Allen, die an lebendig skizzierter, kritischer wie auch selbstkritischer, griffiger und jargonfreier Zeitgeschichte liegt, sei dieses Buch dringend empfohlen.» *Peter Studer, Tages-Anzeiger*

«Wer sich für die jüngere Sozial- und Kulturgeschichte der Schweiz interessiert, für den ist das Buch Pflichtlektüre. Und zwar eine ausgesprochen spannende.» *St. Galler Tagblatt*

Aleks Weber
RückwärtsSein

Bilder, Zeichnungen und Tagebuchskizzen aus dem Gefängnis
Mit Texten von Jürg Wehren

«Zusammen mit knappen Begleittexten von Jürg Wehren ist es ein künstlerisches Dokument über Isolationshaft, über das Ausgeliefertsein eines Unangepassten. Die Bilder geben Aufschluss über den Alltag als Eingeschlossener, über die kleinen Hoffnungen und den grossen Hass, der durch Schikanen und Willkür ständig genährt wird. Eindrücklich ist auch, wie Webers Phantasie die Zellenmauern sprengt.» *Luzerner Neuste Nachrichten*

«Der Band ist beeindruckend, die Bilder und Zeichnungen enthalten eine starke Kraft. Tagebuchnotizen werden zu Zeugnissen von etwas, das kaum in Worten zu fassen ist. Die Verbindung von Text und Bild macht den Zugang einfacher, unausweichlicher auch. ‹Eine Pflanze in der Zelle zu haben, wurde dir nicht erlaubt. Vom Hofgang brachtest du eine Handvoll Erde. Du stecktest Apfelkerne und gossest sie geduldig. Daraus wuchs tatsächlich ein Apfelbäumchen, das sich nicht darum kümmerte, dass es eine illegale Pflanze war.›» *Der Bund*